CONTES CHOISIS

DE

CHARLES NODIER

2ᵉ Série

CHARLES NODIER

1780—1844

COLLECTION PICARD

BIBLIOTHÈQUE D'ÉDUCATION RÉCRÉATIVE

CONTES CHOISIS
DE
CHARLES NODIER

ÉDITION REVUE POUR LA JEUNESSE

AVEC INTRODUCTION ET NOTES DE

CHARLES SIMOND

LAURÉAT DE L'ACADÉMIE FRANÇAISE

Portrait par A. Jamas et 120 compositions de F. Besnier

PARIS
Librairie d'Éducation Nationale
A. PICARD ET KAAN, ÉDITEURS
11, RUE SOUFFLOT, 11

(Tous droits réservés.)

*Il a été tiré 25 exemplaires de cet ouvrage
sur papier vélin teinté, au prix de* **20 francs**

CHARLES NODIER

(1780—1844)

Le tribunal criminel de Besançon avait, en 1791, pour président M. Nodier qui était une des illustrations bisontines. Révolutionnaire de la veille, en correspondance avec tous les hommes marquants et remuants de la fin du dix-huitième siècle, il donnait aux études classiques, pour lesquelles il se passionnait, la plus grande partie des loisirs que lui laissait sa profession. Comme beaucoup de pères qui ont le goût des lettres, il voulait réaliser dans l'éducation et l'instruction de son fils l'idéal qu'il s'était fait de la culture morale et intellectuelle.

— Charles sera un savant, aimait-il à répéter.

L'enfant, docile au désir paternel, fit de son mieux pour ne pas tromper ces espérances. Il faut dire que son naturel y prêtait. Ses dispositions secondèrent admirablement l'ambition du président.

Le petit Charles Nodier[1] avait alors une dizaine d'années. A cet âge où, de nos jours, on commence à peine le latin, il lisait déjà couramment les auteurs difficiles. Il est vrai qu'on avait fait à peu près pour lui comme au seizième siècle pour Montaigne[2] : il avait appris la langue de Cicéron[3] et de Virgile[4] par une méthode qui ôtait aux leçons tout ennui et toute fatigue. Aussi était-on enchanté de ses progrès.

---

1. La date de sa naissance n'est pas connue très exactement. Ses biographes les plus dignes de foi la fixent au 28 ou 29 avril 1780.

2. Michel Eyquem de Montaigne, né le 28 février 1533, mort le 13 septembre 1592. Auteur des *Essais*, qui ont fait époque dans l'histoire de la langue française et dans celle des idées modernes.

3. Illustre orateur et écrivain latin, né en l'an de Rome 645, mort en 709. Un des maîtres de l'éloquence et de la philosophie antiques.

4. Poète latin illustre, né en 684 (an de Rome), mort en 735. Auteur des *Bucoliques*, des *Géorgiques* et de l'*Énéide*, qui est un chef-d'œuvre de la littérature épique.

Son père fut d'abord et longtemps son seul maître. Grâce à lui, il reçut de très bonne heure un enseignement « élaboré à perfection » comme dit Rabelais[1], et de même que Pantagruel, il « rompit l'os et sugça la substantificque moelle par méditation fréquente ». J'avoue que les livres qu'on lui mettait entre les mains un peu témérairement en comptant sur sa précocité auraient pu fausser son jugement et faire de lui un petit pédant; mais ce fut le contraire qui arriva : l'érudition ne gâta point l'originalité de son esprit charmant et n'alourdit pas sa pensée primesautière.

A peine il sut marcher et réfléchir que le président le mit, comme nous disons maintenant, dans le mouvement. Ce bonhomme qui avait lu avant ses onze ans révolus tout l'auteur des *Essais* dans l'édition in-folio de Mlle de Gournay[2], et en citait des passages, qui s'essayait à composer des discours politiques et assistait aux réunions de la société révolutionnaire *les Amis de la Constitution* dont il était membre effectif, apparaît comme une des plus curieuses figures de son temps, où tout d'ailleurs avait des côtés extraordinaires. On ne l'élève pas comme l'Émile de Jean-Jacques[3], en écartant de sa portée les influences, en l'isolant de la société et des traditions, en disposant avec une assidue prévoyance autour de ses regards et de ses conceptions les incidents et les rencontres propres à faire naître spontanément ses connaissances, ses croyances, ses convictions. On suit le procédé absolument inverse : on le jette en une pleine eau tout enfant dans la houle des idées, des théories, des passions et des haines de partis, et ces vagues qui déferlent avec une fureur incomparable le portent, ô miracle! aussi tranquillement que l'eût fait la mer la plus calme caressée par la brise la plus douce.

Ne croyez pas toutefois que, durant la période de la Terreur, il ait grandi loin de la tempête : personne ne fut plus au beau milieu.

Son père l'envoie, en 1793, à Strasbourg, pour prendre des leçons de grec d'Euloge Schneider, non moins célèbre dans la philologie hellé-

---

1. Célèbre écrivain français né à Chinon (Touraine) vers 1495, mort vers 1553. Auteur de *Gargantua* et de *Pantagruel*, dans lesquels il met en scène, sous l'allégorie d'histoires de géants, la société de son temps, étudiée au point de vue politique, économique et religieux, en l'accablant de ses railleries.

2. Marie de Jars de Gournay, (1566-1645) femme savante, auteur de quelques ouvrages (petits traités moraux ou littéraires et poésies), mais surtout connue par son admiration pour Montaigne qui la nomma sa « fille d'alliance ». On lui doit l'édition la plus importante des *Essais*.

3. Jean-Jacques est le nom sous lequel on désigne communément Rousseau (Jean Jacques) écrivain et philosophe social célèbre (né en 1712, mort en 1778). Auteur de nombreux ouvrages, parmi lesquels *Emile ou de l'Education* eut une grande influence sur les tendances et la direction de la famille à la fin du XVIIIe siècle, ainsi que sur les idées qui préparèrent la Révolution française.

nique que son contemporain et homonyme Jean Gottlob[1]. Cet Euloge, qui commentait le tendre Anacréon[2] était, en Franche Comté, un sanguinaire pourvoyeur de la guillotine par laquelle il périt à son tour. Le petit Nodier, s'il faut croire ce qu'il écrivit plus tard, fut emprisonné avec son professeur, mais mis en liberté sur l'ordre de Saint-Just[3]. Ses aventures ne s'arrêtent pas là. Il devient le secrétaire et le confident du général Pichegru[4]. Un secrétaire, un confident de quinze ans ! Mais c'était l'époque où les grands commandants d'armée, Hoche[5], Bonaparte[6], Marceau[7] n'en avaient pas plus de vingt-quatre à vingt-cinq.

Charles Nodier traverse ces temps d'orage, de révolution et de guerre sans que son caractère en reçoive des impressions violentes. Ce qui le met à l'abri, c'est qu'il aime les insectes et les livres. Un ami de son père, M. de Chantrans, avait pris plaisir à encourager ces prédilections, développant son talent inné de l'observation, et dans les causeries au cours des longues promenades, l'initiant aux mystères de l'histoire naturelle. En 1795, le bonhomme est déjà un entomologiste de première force et un bibliophile expert. En 1796 (il avait seize ans), nous le trouvons assis sur les bancs de l'École centrale de Besançon où il a pour professeur de belles-lettres Joseph Droz[8], le futur auteur de l'*Essai sur l'art d'être heureux*. Droz était son aîné de six ou sept ans seulement et venait de faire le coup de feu à la frontière avec les Volontaires. Le maître et l'élève se lient bientôt d'amitié. La protection de Droz vaut au petit Nodier la place de bibliothécaire adjoint de la ville. C'était ce qu'il avait toujours rêvé quand, entre deux leçons de son père, pendant les échappées de récréation, il

---

1. Jean Gottlob Schneider (1750-1822), célèbre philologue et naturaliste allemand, auteur de remarquables commentaires sur Pindare, Aristote, les Tragiques Grecs, etc.

2. Poète grec né vers 560 avant notre ère, mort vers 475, auteur d'odes célèbres, *la Colombe*, *l'Amour mouillé*, etc., remarquables par la grâce et le mouvement lyrique.

3. Une des principales figures de la Révolution française; né en 1767, mort en 1794, membre de la Convention et du Comité du salut public.

4. Général français, né en 1761, mort en 1804, professeur de Bonaparte, à Brienne, commandant des armées du Rhin et de la Meuse, en 1795. Accusé de conspiration en faveur des Bourbons, il fut déporté à Cayenne, s'évada et entra, en 1803, dans la conspiration de Cadoudal contre Bonaparte. Arrêté et emprisonné, il mourut en captivité, suicidé suivant les uns, assassiné suivant les autres.

5. Lazare Hoche, né en 1768, mort en 1797, général français, pacificateur de la Vendée, commandant des armées de Sambre-et-Meuse, un des héros de la Révolution française. Il remporta en 1793 la victoire de Wissembourg.

6. Napoléon Bonaparte, né en 1769, commandant des armées d'Italie, en 1794.

7. Général français, né en 1769, se couvrit de gloire à la bataille de Fleurus, en 1794.

8. Né en 1773, à Besançon, mort en 1850, membre de l'Académie française en 1824. Ses écrits se distinguent par la pureté de la morale, l'honnêteté élevée des sentiments, le soin consciencieux de la forme.

allait faire sauter des cailloux plats sur le Doubs pour s'amuser aux ricochets. Le voilà fonctionnaire public avant d'avoir atteint sa dix-septième année, touchant des appointements dûment gagnés, et ayant le droit de mettre le nez dans tous les volumes sans demander la permission. Vite il profite de sa bonne fortune pour reprendre ses travaux sur les antennes dans lesquelles il découvre le sens de l'ouïe chez l'insecte. Il écrit une dissertation sur ce sujet intéressant et la publie en 1798. Trois ans plus tard, il fait paraître une *Bibliographie entomologique* avec l'exposition des méthodes et des notes critiques.

Son père avait voulu qu'il fût savant : il l'est réellement à vingt-et-un ans, autant par obéissance filiale que par amour de la science. Cependant celle-ci ne le captive pas tout entier. La même année (1801), il donne son recueil des *Pensées de Shakespeare*[1]. C'était presque une découverte qu'il faisait dans le domaine littéraire. Le grand poète anglais n'était connu en France que par la très incomplète traduction de Letourneur[2], dont le véritable mérite est d'avoir, en dépit des injures de Voltaire[3], proclamé le premier, dans son discours d'introduction, le génie souverain de l'illustre tragique. Nodier défend résolument la même cause. On juge que le jeune bibliothécaire bisontin est bien hardi. La cabale lui fait perdre sa place. Il s'en console en étudiant Gœthe[4], comme il a étudié Shakespeare, et prend le coche pour aller chercher meilleure fortune à Paris, où la ville et les esprits sont moins étroits qu'à Besançon.

Les relations et le nom de son père lui ouvrent les portes des éditeurs et des bureaux de journaux. Sa plume court sur le papier sans relâche. Dans sa modeste chambrette, il travaille douze, quinze heures par jour. D'année en année, même plusieurs fois l'an, on voit de lui quelque livre nouveau à tous les étalages. De 1802 à 1806, il écrit cinq romans qui ont du succès; il pousse une pointe dans la poésie avec ses *Essais d'un jeune Barde*; il bataille, à coups d'épigrammes, dans les euilles de l'opposition républicaine; il laisse couler sa verve satirique faux dépens du premier consul et doit à sa *Napoléone*, qui circule sous le

---

1. William Shakespeare (1564-1616), le plus grand des poètes dramatiques modernes et le plus célèbre des écrivains anglais. Auteur de *Hamlet*, *Othello*, *Macbeth*.

2. Pierre Letourneur, né en 1736, mort en 1788. Sa traduction de Shakespeare, plus élégante que fidèle, rendit néanmoins de grands services. Voltaire, adversaire déclaré du poète anglais, disait par raillerie : « Gilles Shakespeare, traduit par Pierrot Letourneur, » mais le traducteur ne se laissa pas détourner de son travail par ces sarcasmes.

3. Né en 1694, mort en 1778, célèbre écrivain français, un des maîtres de la prose et l'un de ceux qui exercèrent le plus d'influence sur les idées du xixe siècle.

4. Le plus grand des écrivains allemands, né en 1789, mort en 1832. Il eut une action décisive sur la littérature.

manteau, et dont on mène grand bruit, une incarcération de quelques semaines. Avoir des affaires avec Napoléon n'était point, à ce moment, chose prudente. Quelques amis donnent à Nodier, après sa mise en liberté, le conseil de retourner s'assagir en province. Il les écoute et revient à Besançon, mais le naturel comtois reprend bientôt le dessus. De nouvelles imprudences l'obligent à s'enfuir dans les montagnes. Il y trouve heureusement de quoi s'occuper et l'entomologie comme la botanique lui fournit des éléments d'application.

Napoléon et sa police avaient, par bonheur pour Nodier, d'autre besogne sur les bras que de se mettre à la piste du trop bouillant et spirituel épigrammatiste de Besançon. Il faut croire que ses coups d'épingle n'avaient piqué qu'à fleur de peau le consul devenu empereur. Peut-être aussi Nodier lui-même comprit-il que les lutins ne taquinent les géants que dans les légendes fantaisistes ou les contes fantastiques. Il se fait oublier en s'adonnant exclusivement à des travaux de philologie, qui lui procurent un moyen d'exercer sa malicieuse raillerie contre les érudits non moins irritables assurément, mais moins à craindre. Son *Dictionnaire des Onomatopées françaises*, ses *Questions de Littérature légale* sont, sous des titres sévères, de joyeuses chevauchées dans des domaines où l'occasion ne lui manque point de décocher des traits bien emplumés et parfois acérés autant qu'acerbes. Par le général Bertrand, il rentre en grâce auprès de l'administration officielle; il redevient bibliothécaire, mais on l'envoie si loin que c'est presque un exil, à Laybach, en Illyrie. Il y fonde un journal polyglotte, qu'il rédige presque à lui seul, et au premier coin qu'il trouve dans une diligence se remet en route pour Paris.

Geoffroy[1] tenait alors, dans le *Journal de l'Empire* (depuis *Journal des Débats*), le sceptre de la critique. « Il avait, dit Sainte-Beuve[2], le style gros, l'expression grasse, manquait de distinction, mais non d'esprit ni d'un certain sel. » Nodier devient son suppléant au feuilleton : Puck continuant un article qu'aurait commencé Caliban[3]. A la mort de Geoffroy, en 1814, Nodier est nommé rédacteur titulaire. Il écrit aussi dans *la Quotidienne*. L'Empire tombe. L'ancienne opposition républicaine se rallie en partie à la Restauration, par haine ou rancune contre les Bonaparte. Nodier est parmi les militants. Au fond, il n'a pas le tempérament du journaliste et moins encore du polémiste. Il écrit trop pour avoir le temps de peser ses flèches. Il improvise sous l'influence des impressions

---

1. Célèbre critique français, né en 1743, mort en 1814.
2. Né en 1804, mort en 1869, un des maîtres de la critique française.
3. Puck et Caliban sont deux personnages allégoriques de *la Tempête* de Shakespeare, le premier personnifiant l'esprit vif et léger, le second la lenteur et la lourdeur d'idées.

du moment. Aussi ne faut-il pas incriminer sévèrement ses virements de convictions politiques, ni prendre ses souvenirs de la Révolution et de l'Empire absolument à la lettre. Il est de ceux qui ont surtout pour Égérie[1] leur imagination et qui croient ou feignent de croire à ce qu'elle leur inspire. Ce qu'il faut voir dans ses écrits d'alors, d'avant et d'après, c'est le grand erre de la fantaisie, et le charme avec la science du style. Ceux qui le connaissaient bien et qui appréciaient ses véritables qualités applaudirent à l'habileté du gouvernement qui le replaça dans le poste qu'il pouvait remplir le mieux en lui donnant la direction de la bibliothèque de l'Arsenal. On le mettait ainsi à l'abri des coups de vent qui renversent les ministres et les trônes ; on garantissait l'homme de lettres contre les incertitudes du lendemain, si nombreuses dans cette carrière.

A dater de là, Nodier reste jusqu'à la fin de sa vie fidèle à la littérature. Autour de lui se groupent tous les hommes distingués qui forment l'école romantique : Victor Hugo[2], Alfred de Musset[3], Sainte-Beuve, et tant d'autres. Lui-même, esprit actif, humoriste, lettré des plus fins, aussi apte à transmettre les influences qu'à s'ouvrir à elles, est un des chefs de sa génération littéraire. Il a l'ardeur, l'élan et la patience du travail. « Placé à l'origine du romantisme, dit M. Vapereau[4], il excite et l'encourage, mais n'entre pas dans ses rangs ; il relève directement des maîtres anciens ou modernes, nationaux ou étrangers qui ont uni le culte de la forme aux caprices de l'imagination. »

Le salon de Nodier à l'Arsenal est un centre et un foyer, comme celui de Mme Récamier[5], mais Châteaubriand[6] n'y vient point. Ce sont les Tuileries des romantiques, les petites Tuileries, comme on disait. Nodier en est l'âme. Chaque dimanche, Hugo, Lamartine[7], Dumas, de Vigny[8], Musset, Sainte-Beuve s'y assemblent familièrement pour l'écouter raconter. « C'était, dit Alexandre Dumas[9], tout à la fois Walter Scott[10] et Perrault[11], c'était

1. La conseillère de Numa Pompilius, le second roi de Rome.
2. Illustre poète français, né à Besançon en 1802, mort à Paris en 1885.
3. Un des grands poètes français de l'époque romantique, né en 1810, mort en 1857.
4. Auteur du *Dictionnaire universel des Littératures*.
5. Née en 1777, morte en 1849, célèbre par ses relations littéraires et son salon de l'Abbaye-aux-Bois, dont Chateaubriand était « l'orgueil et l'âme ».
6. Un des maîtres de la littérature française au xixe siècle (1768-1848).
7. Poète illustre, homme politique (1790-1869), auteur des *Méditations*, des *Harmonies*, de l'*Histoire des Girondins*.
8. Poète illustre et romancier (1799-1863), auteur des *Poèmes antiques et modernes*, de *Cinq-Mars*, de *Servitude et grandeur militaires*. Un des maîtres importants de la littérature française.
9. Dumas père, le maître du roman français, né en 1802, mort en 1870.
10. Célèbre romancier anglais (1771-1832), auteur de *Waverley*, *Ivanhoé*, *Rob Roy*, *Quentin Durward*, etc.
11. L'auteur des *Contes de Fées* (1628-1703).

le savant aux prises avec le poète, c'était la mémoire en lutte avec l'imagination. Non seulement alors Nodier était amusant à entendre, mais encore Nodier était charmant à voir. Son long corps efflanqué, ses longs bras maigres, ses longues mains pâles, son long visage plein d'une mélancolique bonté, tout cela s'harmonisait avec sa parole un peu traînante qui modulait, sur certain ton ramené périodiquement, un accent franc-comtois que Nodier n'a jamais entièrement perdu. Oh! alors le récit était chose inépuisable, toujours nouvelle, jamais répétée. Le temps, l'espace, l'histoire, la nature étaient pour Nodier cette bourse de Fortunatus d'où Pierre Schlemihl[1] tirait ses mains toujours pleines. »

Nodier excelle, en effet, dans cet art si délicat, si difficile, si périlleux, qui a pour objet de suspendre un auditoire à ses lèvres. Et il y excelle, parce qu'il conte avec conviction, parce qu'il sait tout le pouvoir de séduction d'une légende, d'un récit dont les héros ou les péripéties captivent. « Vous craignez, disait-il, l'ennui des spectacles, vous craignez surtout l'ennui des salons; c'est le cas de faire chez vous un grand feu, bien clair, bien vif et bien pétillant; de baisser les lampes devenues presque inutiles, d'ordonner à votre domestique, si par hasard vous en avez un, de ne rentrer qu'au bruit de la sonnette, et ces dispositions prises, je vous engage à raconter et à écouter des lectures au milieu de votre famille et de vos amis. »

*
* *

Les contes de Nodier sont ce que l'on peut appeler le dessus du panier de ses trésors littéraires : *Contes de la Veillée, Contes fantastiques, Souvenirs de Jeunesse*. Ce qui les caractérise, c'est une sensibilité naïve, agréablement enfantine. Car il a été toute sa vie un enfant, et, en dépit de son érudition, de son contact avec les réalités et les révolutions, un enfant inexpérimenté. Ajoutez à cela une délicieuse rêverie, un charmant laisser-aller paradoxal, s'égarant souvent à plaisir dans les sentiers fleuris de l'invention, si bien qu'on ne sait jamais si ce qu'il dit est chose vue ou chose trouvée en un coin de sa féconde imagination.

Ne lui demandez donc point si ce qu'il raconte est arrivé. Il vous répondrait peut-être avec un fin sourire que le vraisemblable est rarement voisin du vrai. Il vit avec un volontaire oubli du réel dans le monde d'Obéron et de Titania, et si jamais il y a eu quelqu'un dont une fée tissa la destinée, ce fut lui, qui aimait avant tout ces gracieuses créations nées de son cerveau : la fée Belkis, le lutin Trilby, Jeannie. De toutes,

---

1. Ouvrage célèbre du conteur allemand Chamisso. *Pierre Schlemihl* est l'histoire d'un homme qui a vendu son ombre au diable pour la bourse inépuisable de Fortunatus et la perte de cette ombre fait son malheur et son désespoir.

la plus jolie est la *Fée aux Miettes*, quoique je sois tout aussi bien tenté de donner la préférence à *Trilby*. Nodier y a déversé la corne d'abondance de sa fantaisie, et avec quelle inépuisable prodigalité! « Cette *Fée aux Miettes*, dit Janin[1], est pleine de caprice, d'esprit, de malice et d'une piquante bonhomie toute naturelle à l'esprit franc-comtois. » Il n'est pas facile de la raconter en cent lignes, parce que Nodier y emploie cent vingt pages, mais les parenthèses y ont une belle place. « Jamais, dit encore Janin, Nodier n'avait plus d'esprit qu'entre deux parenthèses. » Voici à peu près le canevas de cette histoire fantastique dont la broderie est d'or, de soie et de fil de la Vierge.

Un pauvre diable de charpentier, Michel, honnête, simple et lunatique, habite Granville, en Normandie. Dans la même ville demeure une petite sorcière, vieille, ratatinée, laide comme le péché, qui ramasse les miettes de pain des écoliers et s'appelle pour cette raison la Fée aux Miettes. Il y a quatre ou cinq siècles qu'on la connaît, sans qu'elle ait jamais eu d'autre genre d'existence. De temps à autre elle disparaît pour revenir ensuite. Michel lui vient en aide, lui donne un peu d'argent, suivant ses moyens. En revanche elle l'assiste de ses bons conseils. Elle lui fait croire qu'elle est mortelle et promettre de l'épouser. Elle lui remet un portrait magique qui est celui de la fée Belkis, celle que Salomon désigne sous le nom de reine de Saba. Le jeune lunatique s'éprend de cette image qu'il retrouve partout où il va; il la rencontre dans ses rêves, ses chimères, elle est son idéal et son idée fixe. Injustement accusé d'un meurtre commis dans une hôtellerie où il a passé la nuit, on le condamne à mort. Il va être pendu. On le mène à la potence au milieu des clameurs. Cependant on lui apprend qu'il peut être sauvé si une jeune fille le demande en mariage. Et voici que la jolie Folly Grilfree, la jolie « Folly, blonde, éveillée, pleine de grâce dans sa marche et surtout dans sa danse, aimable, fraîche, ravissante comme une rose qui s'épanouit, » s'approche de l'échafaud, renverse en arrière son front d'où flottent ses beaux cheveux, et dit :

— N'allez pas plus loin, monsieur le shérif!... Annoncez que Michel de Granville est pris en mariage par Folly Grilfree, vous savez bien, la petite *mantua-maker*; j'ai travaillé pour madame.

Mais Michel réfléchit, il n'aime pas Folly, tant son cœur appartient à son idéal, à la fée Belkis. Il contemple Folly, les yeux inondés de larmes, et demande à être pendu. On cède à son désir, déjà il a la corde au cou, quand éclate « une tempête de rires frénétiques à rendre les gens

---

[1]. Jules Janin, un des rédacteurs du *Journal des Débats*, où pendant de nombreuses années il fit de la critique littéraire, dont il tenait alors le sceptre; né en 1804, mort en 1874.

sourds ». Il se tourne du côté du peuple, et « vous pouvez, dit-il, juger de mon étonnement quand j'aperçus la Fée aux Miettes la béquille étendue à l'horizon en signe de commandement, ainsi que je l'avais laissée quand je la perdis dans ces dunes de Greenock où elle me fit faire tant de chemin. » La fée prouve l'innocence de Michel. Il l'épouse par reconnaissance, et alors elle lui révèle qu'elle est elle-même cette fée Belkis à laquelle il est resté fidèle jusqu'à la dernière heure ; il partage son cœur entre la vieille Fée aux Miettes et la jeune reine de Saba, jusqu'à ce qu'il s'évade de la maison des lunatiques, trouve la mandragore et s'élève dans l'air en chantant pour monter jusqu'au delà des nues où est le royaume de Belkis.

Les sept Châteaux du Roi de Bohême témoignent des mêmes caprices de l'imagination, si bien appelée la folle du logis. Ici l'auteur a recours non seulement à la fantaisie du scénario et du style, il fait servir le texte typographique même et la disposition des caractères d'imprimerie, à des effets d'optique qui rendent le fantastique visible et tangible. Il commande et les lettres s'allongent au point de remplir tout une page, il ordonne et elles se rapetissent jusqu'à des proportions microscopiques ; il pousse un cri et elles tressaillent ; il s'attriste et elles ont des attitudes éplorées ; les gothiques, les onciales, les latines se groupent suivant les événements ; il y en a qui marchent sur la tête, en sorte qu'il faut retourner le volume pour les lire ; d'autres montent et descendent en escalier.

Nodier éparpillait ses contes dans les revues, dans les feuilletons, dans les recueils, tel un millionnaire qui sèmerait des perles précieuses sur les chemins, ou un berger qui laisse, suivant l'expression de Janin, courir ses brebis vagabondes faute d'un chien de garde.

Nous avons cru qu'il pouvait être agréable à bien des lecteurs de trouver ces brebis réunies dans un même bercail ou, pour nous servir de l'autre comparaison, les perles rassemblées dans un même écrin, et en acceptant cette tâche nous avons éprouvé la joie de relire Nodier, un des plus grands plaisirs littéraires que l'on puisse avoir.

CHARLES SIMOND.

JEAN-FRANÇOIS-LES-BAS-BLEUS

Le costume de Jean-François était de nature à égayer les passants.

CONTES CHOISIS
DE CHARLES NODIER

JEAN-FRANÇOIS-LES-BAS-BLEUS

En 1793, il y avait à Besançon un idiot, un monomane, un fou, dont tous ceux de mes compatriotes qui ont eu le bonheur ou le malheur de vivre autant que moi se souviennent comme moi. Il s'appelait Jean-François Touvet, mais beaucoup plus communément, dans le langage insolent de la canaille et des écoliers, Jean-François *les Bas-Bleus*, parce qu'il n'en portait jamais d'une autre couleur. C'était un jeune homme de vingt-quatre à vingt-cinq ans, si je ne me trompe, d'une taille haute et bien prise, et de la plus noble physionomie qu'il soit possible d'imaginer. Ses cheveux noirs et touffus sans poudre, qu'il relevait sur son front, ses sourcils épais, épanouis et fort mobiles, ses grands yeux, pleins d'une douceur et d'une tendresse d'expression que tempérait seule une certaine habitude de gravité, la régularité de ses beaux traits, la bienveillance presque céleste de son sourire, composaient un ensemble propre à pénétrer d'affection et de respect jusqu'à cette populace grossière qui poursuit de stupides risées la plus touchante des infirmités de l'homme : « C'est Jean-François *les Bas-Bleus*, disait-on en se poussant du coude, qui appartient à une honnête famille de vieux Comtois, qui n'a jamais dit ni fait de mal à personne, et qui est, dit-on, devenu fou à force d'être savant. Il faut le laisser passer tranquille pour ne pas le rendre plus malade. »

Et Jean-François *les Bas-Bleus* passait en effet sans avoir pris garde à rien ; car cet œil que je ne saurais peindre n'était jamais arrêté à l'horizon, mais incessamment tourné vers le ciel, avec lequel l'homme dont je vous parle (c'était un visionnaire) paraissait entretenir une communication cachée, qui ne se faisait connaître qu'au mouvement perpétuel de ses lèvres.

Son père l'habillat de quelques vêtements de rencontre.

Le costume de ce pauvre diable était cependant de nature à égayer les passants et surtout les étrangers. Jean-François était le fils d'un digne tailleur de la rue d'Anvers, qui n'avait rien épargné pour son éducation, à cause des grandes espérances qu'il donnait. Il avait été en effet le lauréat de toutes ses classes, et le savant abbé Barbélenet, le sage Quintilien[1] de nos pères, s'informait souvent dans son émigration de ce qu'était devenu son élève favori ; mais on ne pouvait le contenter parce qu'il n'apparaissait plus rien de l'homme de génie dans l'état de déchéance et de mépris où Jean-François *les Bas-Bleus* était tombé. Le vieux tailleur, qui avait beaucoup d'autres enfants, s'était donc nécessairement retranché sur les dépenses de Jean-François, et bien qu'il l'entretînt toujours dans une exacte propreté, il ne l'habillait plus que de quelques vête-

---

1. Quintilien (35 ap. J.-C. 120), célèbre rhéteur latin, dont les *Institutions oratoires* furent, dans l'antiquité, la grammaire et le code de la rhétorique et de l'éloquence.

ments de rencontre que son état lui donnait occasion d'acquérir à bon marché, ou des *mise-bas* de ses frères cadets, réparées pour cet usage. Ce genre d'accoutrement, si mal approprié à sa grande taille, qui l'étriquait dans une sorte de fourreau prêt à éclater, et qui laissait sortir des manches étroites de son frac vert plus de la moitié de l'avant bras, avait quelque chose de tristement burlesque. Son haut-de-chausses collé strictement à la cuisse, et soigneusement, mais inutilement tendu, rejoignait à grand'peine aux genoux les bas-bleus dont Jean-François tirait son surnom populaire. Quant à son chapeau à trois cornes, coiffure fort ridicule pour tout le monde, la forme qu'il avait reçue de l'artisan, et l'air dont Jean-François le portait, en faisaient sur cette tête si poétique et si majestueuse un absurde contre-sens. Je vivrais mille ans que je n'oublierais ni la tournure grotesque ni la pose singulière du petit chapeau à trois cornes de Jean-François *les Bas-Bleus*.

Une des particularités les plus remarquables de la folie de ce bon jeune homme, c'est qu'elle n'était sensible que dans les conversations sans importance, où l'esprit s'exerce sur des choses familières. Si on l'abordait pour lui parler de la pluie, du beau temps, du spectacle, du journal, des causeries de la ville, des affaires du pays, il écoutait avec attention et répondait avec politesse; mais les paroles qui affluaient sur ses lèvres se pressaient si tumultueusement qu'elles se confondaient, avant la fin de la première période, en je ne sais quel galimatias inextricable, dont il ne pouvait débrouiller sa pensée. Il continuait cependant, de plus en plus inintelligible, et substituant de plus en plus à la phrase naturelle et logique de l'homme simple le babillage de l'enfant qui ne sait pas la valeur des mots, ou le radotage du vieillard qui l'a oubliée.

Et alors on riait; et Jean-François se taisait sans colère, et peut-être sans attention, en relevant au ciel ses beaux et grands yeux noirs, comme pour chercher des inspirations plus dignes de lui dans la région où il avait fixé toutes ses idées et tous ses sentiments. Il n'en était pas de même quand l'entretien se résumait avec précision en une question morale et scientifique de quelque intérêt. Alors les rayons si divergents, si éparpillés de cette intelligence malade se resserraient tout à coup en faisceau, comme ceux du soleil dans la lentille d'Archimède[1], et prêtaient tant d'éclat à ses discours, qu'il est permis de douter que Jean-François eût jamais été plus savant, plus clair et plus persuasif dans l'entière jouissance de sa raison. Les problèmes les plus difficiles des sciences exactes, dont il avait fait une étude particulière, n'étaient pour lui qu'un jeu, et la solution s'en élançait si vite de son esprit à sa bouche, qu'on l'aurait prise bien moins pour le résultat de la réflexion et du calcul, que pour celui d'une opération mécanique, assujettie à l'impulsion d'une touche ou à l'action d'un ressort. Il semblait à ceux qui l'écoutaient alors et qui étaient dignes de l'entendre, qu'une si haute faculté n'était pas payée trop cher au prix de l'avantage commun d'énoncer facilement des idées vulgaires en vulgaire langage ; mais c'est le vulgaire qui juge, et l'homme en question n'était pour lui qu'un idiot en bas bleus, incapable de soutenir la conversation même du peuple. Cela était vrai.

Comme la rue d'Anvers aboutit presque au collége, il n'y avait pas de jour où je n'y passasse quatre fois pour aller et pour revenir ; mais ce n'était qu'aux heures intermédiaires, et par les jours tièdes de l'année qu'éclairait un peu de soleil, que j'étais sûr d'y trouver Jean-François, assis sur un petit escabeau, devant la porte de son père, et déjà le plus souvent enfermé dans un cercle de sots écoliers, qui s'amusaient du dévergondage de ses phrases hétéroclites. J'étais d'assez loin averti de cette scène par les éclats de rire de ses auditeurs, et quand j'arrivais, mes dictionnaires liés sous le bras, j'avais quelquefois peine à me faire jour jusqu'à lui ; mais j'y éprouvais toujours un plaisir nouveau, parce que je croyais avoir surpris, tout enfant que j'étais, le secret de sa double vie, et que je me promettais de me confirmer encore dans cette idée à chaque nouvelle expérience.

Un soir du commencement de l'automne qu'il faisait sombre, et que le temps se disposait à l'orage, la rue d'Anvers, qui est d'ailleurs peu fréquentée, paraissait tout à fait déserte, à un seul homme près. C'était Jean-François assis sans mouvement et les

---

[1]. Le plus grand savant de l'antiquité, né en 287 avant notre ère, mort en 212 au siège de Syracuse. On lui doit plusieurs lois importantes de la physique et de la mécanique.

yeux au ciel, comme d'habitude. On n'avait pas encore retiré son escabeau. Je m'approchai doucement pour ne pas le distraire ; et, me penchant vers son oreille, quand il me sembla qu'il m'avait entendu : — Comme te voilà seul ! lui dis-je sans y penser ; car je ne l'abordais ordinairement qu'au nom de l'aoriste ou du logarithme, de l'hypothénuse ou du trope, et de quelques autres difficultés pa-

Seul ! me répondit Jean-François en me saisissant par le bras.

reilles de ma double étude. Et puis, je me mordis les lèvres en pensant que cette réflexion niaise, qui le faisait retomber de l'empyrée sur la terre, le rendait à son fatras accoutumé, que je n'entendais jamais sans un violent serrement de cœur.

— Seul ! me répondit Jean-François en me saisissant par le bras. Il n'y a que l'insensé qui soit seul, et il n'y a que l'aveugle qui ne voie pas, et il n'y a que le paralytique dont les jambes défaillantes ne puissent pas s'appuyer et s'affermir sur le sol...

Nous y voilà, dis-je en moi-même, pendant qu'il continuait à parler en phrases obscures, que je voudrais bien me rappeler, parce qu'elles avaient peut-être plus de sens que je ne l'imaginais alors. Le pauvre Jean-François est parti, mais je l'arrêterai bien. Je connais la baguette qui le tire de ses enchantements.

— Il est possible, en effet, m'écriai-je, que les planètes soient habitées, comme l'a pensé M. de Fontenelle[1], et que tu entretiennes un secret commerce avec leurs habitants, comme M. le comte de Gabalis[2]. Je m'interrompis avec fierté après avoir déployé une si magnifique érudition.

Jean-François sourit, me regarda de son doux regard, et me dit :

— Sais-tu ce que c'est qu'une planète ?

— Je suppose que c'est un monde qui ressemble plus ou moins au nôtre.

— Et ce que c'est qu'un monde, le sais-tu ?

— Un grand corps qui accomplit régulièrement de certaines révolutions dans l'espace.

— Et l'espace, t'es-tu douté de ce que ce peut être ?

— Attends, attends, repris-je, il faut que je me rappelle nos définitions... L'espace ? un milieu subtil et infini, où se meuvent les astres et les mondes.

— Je le veux bien. Et que sont les astres et le monde relativement à l'espace ?

— Probablement de misérables atomes, qui s'y perdent comme la poussière dans les airs.

— Et la matière des astres et des mondes, que penses-tu qu'elle soit auprès de la matière subtile qui remplit l'espace ?

— Que veux-tu que je te réponde ?... Il n'y a point d'expression possible pour comparer des corps si grossiers à un élément si pur.

---

1. Fontenelle (1657-1757), littérateur français, auteur des *Entretiens sur la Pluralité des Mondes*.

2. *Le comte de Gabalis* est le titre d'un ouvrage de Montfaucon de Villars, littérateur français né en 1635 près de Toulouse et mort en 1673 Cet ouvrage, plusieurs fois réimprimé au dix-septième et au dix-huitième siècle est un ensemble de dialogues d'un tour fin et agréable dirigés contre les sciences occultes et principalement contre la secte d'illuminés connus en Allemagne au XVIIe siècle sous le nom de Rose-Croix.

— A la bonne heure ! Et tu comprendrais, enfant, que le Dieu créateur de toutes choses, qui a donné à ces corps grossiers des habitants imparfaits sans doute, mais cependant animés, comme nous le sommes tous deux, du besoin d'une vie meilleure, eût laissé l'espace inhabité ?...

— Je ne le comprendrais pas ! répliquai-je avec élan. Et je pense même qu'ainsi que nous l'emportons de beaucoup en subtilité d'organisation sur la matière à laquelle nous sommes liés, ses habitants doivent l'emporter également sur la subtile matière qui les enveloppe. Mais comment pourrais-je les connaître ?

— En apprenant à les voir, répondit Jean-François, qui me repoussait de la main avec une extrême douceur.

Au même instant, sa tête retomba sur le dos de son escabelle à trois marches ; ses regards reprirent leur fixité, et ses lèvres leur mouvement.

Je m'éloignai par discrétion. J'étais à peine à quelques pas quand j'entendis derrière moi son père et sa mère qui le pressaient de rentrer, parce que le ciel devenait mauvais. Il se soumettait comme d'habitude à leurs moindres instances ; mais son retour au monde réel était toujours accompagné de ce débordement de paroles sans suite qui fournissait aux manants du quartier l'objet de leur divertissement accoutumé.

Je passai outre en me demandant s'il ne serait pas possible que Jean-François eût deux âmes, l'une qui appartenait au monde grossier où nous vivons, et l'autre qui s'épurait dans le subtil espace où il croyait pénétrer par la pensée.

Je m'embarrassai un peu dans cette théorie, et je m'y embarrasserais encore.

J'arrivai ainsi auprès de mon père, plus préoccupé, et surtout autrement préoccupé que si la corde de mon cerf-volant s'était rompue dans mes mains, ou que ma paume lancée à outrance fût tombée de la rue des Cordeliers dans le jardin de M. de Grobois. Mon père m'interrogea sur mon émotion, et je ne lui ai jamais menti.

— Je croyais, dit-il, que toutes ces rêveries (car je lui avais raconté sans oublier un mot ma conversation avec Jean-François *les Bas-Bleus*) étaient ensevelies pour jamais avec les livres de Swedenborg[1] et de Saint-Martin[2] dans la fosse de mon vieil ami Cazotte[3] ; mais il paraît que ce jeune homme qui a passé quelques jours à Paris, s'y est imbu des mêmes folies. Au reste, il y a une certaine finesse d'observation dans les idées que son double langage t'a suggérées, et l'explication que tu t'en es faite ne demande qu'à être réduite à sa véritable expression. Les facultés de l'intelligence ne sont pas tellement indivisibles qu'une infirmité du corps et de l'esprit ne puisse les atteindre séparément. Ainsi l'altération d'esprit que le pauvre Jean-François manifeste dans les parties les plus communes de son jugement peut bien ne s'être pas étendue aux propriétés de sa mémoire, et c'est pourquoi il répond avec justesse quand on l'interroge sur les choses qu'il a lentement apprises et difficilement retenues, tandis qu'il déraisonne sur toutes celles qui tombent inopinément sous ses sens, et à l'égard desquelles il n'a jamais eu besoin de se prémunir d'une formule exacte. Je serais bien étonné si cela ne s'observait pas dans la plupart des fous ; mais je ne sais si tu m'as compris.

— Je crois vous avoir compris, mon père, et je rapporterais dans quarante ans vos propres paroles.

— C'est plus que je ne veux de toi, reprit-il en m'embrassant. Dans quelques années d'ici, tu seras assez prévenu par des études plus graves contre des illusions qui ne prennent d'empire que sur de faibles âmes ou des intelligences malades. Rappelle-toi seulement, puisque tu es si sûr de tes souvenirs, qu'il n'y a rien de plus simple que les notions qui se rapprochent du vrai, et rien de plus spécieux que celles qui s'en éloignent.

---

1. Swedenborg (1688-1772), philosophe mystique suédois, fondateur d'une religion (la Nouvelle Église de la Jérusalem céleste) qui compte encore aujourd'hui d'assez nombreux partisans en Angleterre, dans l'Amérique du Nord, dans l'Allemagne du Sud, en Russie, et quelques-uns en France. Le Swedenborgianisme est un rationalisme fantastique basé sur les visions d'outre-monde et les rapports avec les esprits. Son histoire a été écrite en français par Matter (1863).

2. Louis-Claude de Saint-Martin (1743-1803) fondateur de la secte des Martinistes, qui propagea en France les idées du célèbre théosophe allemand Jacob Bœhme, cordonnier de Gorlitz (1575-1624), en rattachant cette philosophie mystique à la franc-maçonnerie.

3. Jacques Cazotte (1720-1792), littérateur français, auteur du *Diable Amoureux*.

— Il est vrai, pensai-je en me retirant de bonne heure, que les *Mille et Une Nuits*[1] sont incomparablement plus aimables que le premier volume de Bezout[2]; et qui a jamais pu croire aux *Mille et Une Nuits*?

L'orage grondait toujours. Cela était si beau que je ne pus m'empêcher d'ouvrir ma jolie croisée sur la rue Neuve, en face de cette gracieuse fontaine dont mon grand-père l'architecte avait orné la ville, et qu'enrichit une sirène de bronze, qui a souvent, au gré de mon imagination charmée, confondu des chants poétiques avec le murmure de ses eaux. Je m'obstinai à suivre de l'œil dans les nues tous ces météores de feu qui se heurtaient les uns contre les autres, de manière à ébranler tous les mondes. — Et quelquefois le rideau enflammé se déchirant sous un coup de tonnerre, ma vue plus rapide que les éclairs plongeait dans le ciel infini qui s'ouvrait au-dessus, et qui me paraissait plus pur et plus tranquille qu'un beau ciel de printemps.

C'est plus que je ne veux de toi reprit mon père en m'embrassant.

Oh! me disais-je alors, si les vastes plaines de cet espace avaient pourtant des habitants, qu'il serait agréable de s'y reposer

---

1. Les *Mille et une Nuits* est un recueil de contes arabes, traduits en français par Galland et publiés pour la première fois en 1704. C'est dans ce recueil célèbre que se trouvent les *Aventures de Sindbad-le-Marin*, d'*Ali-Baba et des quarante voleurs*, la *Lampe d'Aladin*.

2. Bezout, mathématicien français né à Nemours (1730-1783). Ses ouvrages étaient encore en usage dans les classes, à la fin du dix-huitième siècle quand Charles Nodier faisait ses études au collège de Besançon.

avec eux de toutes les tempêtes de la terre ! Quelle paix sans mélange à goûter dans cette région limpide qui n'est jamais agitée, qui n'est jamais privée du jour du soleil, et qui rit, lumineuse et paisible, au-dessus de nos ouragans comme au-dessus de nos misères ! Non, délicieuses vallées du ciel, m'écriai-je en pleurant abondamment, Dieu ne vous a pas créées pour rester désertes, et je vous parcourrai un jour, les bras enlacés à ceux de mon père !

La conversation de Jean-François m'avait laissé une impression dont je m'épouvantais de temps en temps ; la nature s'animait pourtant sur mon passage, comme si ma sympathie pour elle avait fait jaillir des êtres les plus insensibles quelque étincelle de divinité. Si j'avais été plus savant, j'aurais compris le panthéisme. Je l'inventais. Mais j'obéissais aux conseils de mon père ; j'évitais même la conversation de Jean-François *les Bas-Bleus*, où je ne m'approchais de lui que lorsqu'il s'alambiquait dans une de ces phrases éternelles qui semblaient n'avoir pour objet que d'épouvanter la logique et d'épuiser le dictionnaire. Quant à Jean-François *les Bas-Bleus*, il ne me reconnaissait pas, ou ne me témoignait en aucune manière qu'il me distinguât des autres écoliers de mon âge, quoique j'eusse été le seul à les ramener, quand cela me convenait, aux conversations suivies et aux définitions sensées.

Il s'était à peine passé un mois depuis que j'avais eu cet entretien avec le visionnaire, et, pour cette fois, je suis parfaitement sûr de la date. C'était le jour même où recommençait l'année scolaire, après six semaines de vacances qui couraient depuis le 1ᵉʳ septembre, et par conséquent le 16 octobre 1793. Il était près de midi, et je revenais du collège plus gaiement que je n'y étais rentré, avec deux de mes camarades qui suivaient la même route pour retourner chez leurs parents, et qui pratiquaient à peu près les mêmes études que moi, mais qui m'ont laissé fort en arrière. Ils sont vivants tous deux et je les nommerais sans crainte d'en être désavoué, si leurs noms, que décore une juste illustration, pouvaient être hasardés sans inconvenance dans un récit duquel on n'exige sans doute que la vraisemblance requise aux contes bleus, et qu'en dernière analyse je ne donne pas moi-même pour autre chose.

En arrivant à un certain carrefour où nous nous séparions pour prendre des directions différentes, nous fûmes frappés à la fois de l'attitude contemplative de Jean-François *les Bas-Bleus*, qui était arrêté comme un terme au plus juste milieu de cette place, immobile, les bras croisés, l'air tristement pensif, et les yeux imperturbablement fixés sur un point élevé de l'horizon occidental. Quelques passants s'étaient peu à peu groupés autour de lui, et cherchaient vainement l'objet extraordinaire qui semblait absorber son attention.

— Que regarde-t-il donc là-haut ? se demandaient-ils entre eux. Le passage d'une volée d'oiseaux rares, ou l'ascension d'un ballon ?

— Je vais vous le dire, répondis-je pendant que je me faisais un chemin dans la foule, en l'écartant du coude à droite et à gauche.

— Apprends-nous cela, Jean-François, continuai-je ; qu'as-tu remarqué de nouveau ce matin dans la matière subtile de l'espace où se meuvent tous les mondes?...

— Ne le sais-tu pas comme moi ? répondit-il en déployant le bras, et en décrivant du bout du doigt une longue section de cercle depuis l'horizon jusqu'au zénith. Suis des yeux ces traces de sang, et tu verras Marie-Antoinette, reine de France, qui va au ciel.

Alors les curieux se dissipèrent en haussant les épaules, parce qu'ils avaient conclu de sa réponse qu'il était fou, et je m'éloignai de mon côté, en m'étonnant seulement que Jean-François *les Bas-Bleus* fût tombé si juste sur le nom de la dernière de nos reines, cette particularité positive rentrant dans la catégorie des faits vrais dont il avait perdu la connaissance.

Mon père réunissait deux ou trois de ses amis à dîner, le premier jour de chaque quinzaine. Un de ses convives qui est étranger à la ville, se fit attendre assez longtemps.

— Excusez-moi, dit-il en prenant place ; le bruit s'était répandu d'après quelques lettres particulières, que l'infortunée Marie-Antoinette[1] allait être envoyée en jugement, et je me suis mis en retard

---

1. Marie-Antoinette, fille de l'empereur d'Autriche François Ier et de la célèbre Marie-Thérèse, naquit à Vienne en 1755. Elle fut mariée à Louis XVI, et mourut, comme lui, sur l'échafaud en 1793.

pour voir arriver le courrier du 13 octobre. Les gazettes n'en disent rien.

— Marie-Antoinette, reine de France, dis-je avec assurance, est morte ce matin sur l'échafaud peu de minutes avant midi, comme je revenais du collège.

— Ah! mon Dieu! s'écria mon père, qui a pu te dire cela?

Ne le sais-tu pas comme moi? répondit Jean-François.

Je me troublai, je rougis, j'avais trop parlé pour me taire.
Je répondis en tremblant :
— C'est Jean-François *les Bas-Bleus*.

Je ne m'avisai pas de relever mes regards vers mon père. Son extrême indulgence pour moi ne me rassurait pas sur le mécontentement que devait lui inspirer mon étourderie.

— Jean-François *les Bas-Bleus*? dit-il en riant. Nous pouvons heureusement nous tranquilliser sur les nouvelles qui nous viennent de ce côté. Cette cruelle et inutile lâcheté ne sera pas commise.

— Quel est donc, reprit l'ami de mon père, ce Jean-François *les Bas-Bleus* qui annonce les événements à cent lieues de distance, au moment où ils doivent s'accomplir ? un somnambule, un convulsionnaire, un élève de Mesmer[1] ou de Cagliostro[2] ?

— Quelque chose de pareil, répliqua mon père, mais de plus digne d'intérêt ; un visionnaire de bonne foi, un maniaque inoffensif, un pauvre fou qui est plaint autant qu'il méritait d'être aimé. Sorti d'une famille honorable, mais peu aisée, de braves artisans, il en était l'espérance et il promettait beaucoup. La première année d'une petite magistrature que j'ai exercée ici était la dernière de ses études ; il fatigua mon bras à le couronner, et la variété de ses succès ajoutait à leur valeur, car on aurait dit qu'il lui en coûtait peu de s'ouvrir toutes les portes de l'intelligence humaine. La salle faillit crouler sous le bruit des applaudissements, quand il vint recevoir enfin un prix sans lequel tous les autres ne sont rien, celui de la bonne conduite et des vertus d'une jeunesse exemplaire. Il n'y avait pas un père qui n'eût été fier de le compter parmi ses enfants, pas un riche, à ce qu'il semblait, qui ne se fût réjoui de le nommer son gendre. Je ne parle pas des jeunes filles, que devaient occuper tout naturellement sa beauté d'ange et son heureux âge de dix-huit à vingt ans. Ce fut là ce qui le perdit ; non que sa modestie se laissât tromper aux séductions d'un triomphe, mais par les justes résultats de l'impression qu'il avait produite. Vous avez entendu parler de la belle madame de Sainte-A... Elle était alors en Franche-Comté, où sa famille a laissé tant de souvenirs et où ses sœurs se sont fixées. Elle y cherchait un précepteur pour son fils, tout au plus âgé de douze ans, et la gloire qui venait de s'attacher à l'humble nom de Jean-François détermina son choix en sa faveur. C'était, il y a quatre ou cinq ans, le commencement d'une carrière honorable pour un jeune homme qui avait profité de ses études, et que n'égaraient pas de folles ambitions. Par malheur (mais à partir de là, je ne vous dirai plus rien que sur la foi de quelques renseignements imparfaits), la belle dame qui avait ainsi

---

1. Mesmer (1733-1815) fondateur de la **Théorie du magnétisme animal**, connue sous le nom de *mesmérisme*. Les *baquets* de Mesmer eurent une vogue immense sous la Révolution.

2. Cagliostro (Joseph-Balsamo, comte de) (1743-1795) très habile charlatan, médecin et alchimiste, qui eut une grande célébrité. Il fut impliqué dans l'Affaire du Collier.

récompensé le jeune talent de Jean-François était mère aussi d'une fille, et cette fille était charmante. Jean-François ne put la voir sans l'aimer; cependant, pénétré de l'impossibilité de s'élever jusqu'à elle, il paraît avoir cherché à se distraire d'une passion invincible qui ne s'est trahie que dans les premiers moments de sa maladie, en se livrant à des études périlleuses pour la raison, aux rêves des sciences occultes et aux visions d'un spiritualisme exalté; il devint complètement fou, et renvoyé de Corbeil, séjour de ses protecteurs, avec tous les soins que demandait son état, aucune lueur n'a éclairci les ténèbres de son esprit depuis son retour dans sa famille. Vous voyez qu'il y a peu de fond à faire sur ses rapports, et que nous n'avons aucun motif de nous en alarmer.

Cependant on apprit le lendemain que la reine était en jugement, et deux jours après, qu'elle ne vivait plus.

Mon père craignit l'impression que devait me causer le rapprochement extraordinaire de cette catastrophe et de cette prédiction. Il n'épargna rien pour me convaincre que le hasard était fertile en pareilles rencontres, et il m'en cita vingt exemples, qui ne servent d'arguments qu'à la crédulité ignorante, la philosophie et la religion s'abstenant également d'en faire usage.

Je partis peu de semaines après pour Strasbourg, où j'allais commencer de nouvelles études. L'époque était peu favorable aux doctrines des spiritualistes, et j'oubliai aisément Jean-François au milieu des émotions de tous les jours qui tourmentaient la société.

Les circonstances m'avaient ramené au printemps. Un matin (c'était, je crois, le 3 messidor), j'étais entré dans la chambre de mon père pour l'embrasser, selon mon usage, avant de commencer mon excursion journalière à la recherche des plantes et des papillons.

— Ne plaignons plus le pauvre Jean-François d'avoir perdu la raison, dit-il en me montrant le journal. Il vaut mieux pour lui être fou que d'apprendre la mort tragique de sa bienfaitrice, de son élève, et de la jeune demoiselle qui passe pour avoir été la première cause du dérangement de son esprit. Ces innocentes créatures sont aussi tombées sous la main du bourreau.

— Serait-il possible ! m'écriai-je...

— Hélas ! je ne vous avais rien dit de Jean-François, parce que je sais que vous craignez pour moi l'influence de certaines idées mystérieuses dont il m'a entretenu...

— Mais il est mort !

— Il est mort ! reprit vivement mon père ; et depuis quand ?

— Depuis trois jours, le 29 prairial. Il avait été immobile, dès le matin, au milieu de la place, à l'endroit même où je le rencontrai, au moment de la mort de la reine. Beaucoup de monde l'entourait à l'ordinaire, quoiqu'il gardât le plus profond silence, car sa préoccupation était trop grande pour qu'il pût en être distrait par aucune question. A quatre heures enfin, son attention parut redoubler. Quelques minutes après, il éleva les bras vers le ciel avec une étrange expression d'enthousiasme ou de douleur, fit quelques pas en prononçant les noms des personnes dont vous venez de parler, poussa un cri et tomba. On s'empressa autour de lui, on se hâta de le relever, mais ce fut inutilement. Il était mort.

— Le 29 prairial, à quatre heures et quelques minutes ? dit mon père en consultant son journal. C'est bien l'heure et le jour !... ... Écoute, continua-t-il après un moment de réflexion, et les yeux fixement arrêtés sur les miens, ne me refuse pas ce que je vais te demander !... Si jamais tu racontes cette histoire, quand tu seras homme, ne la donne pas pour vraie, parce qu'elle t'exposerait au ridicule.

— Y a-t-il des raisons qui puissent dispenser un homme de publier hautement ce qu'il reconnaît pour la vérité ? repartis-je avec respect.

— Il y en a une qui les vaut toutes, dit mon père en secouant la tête. La vérité est inutile.

HISTOIRE DU CHIEN DE BRISQUET

Femme, je vous prie de ne laisser courir ni Biscotin ni Biscotine, tant que M. le grand-louvetier ne sera pas venu.

HISTOIRE DU CHIEN DE BRISQUET

En notre forêt de Lions, vers le hameau de la Goupillière, tout près d'un grand puits-fontaine qui appartient à la chapelle Saint-Mathurin, il y avait un bonhomme, bûcheron de son état, qui s'appelait Brisquet, ou autrement le fendeur à la bonne hache, et qui vivait péniblement du produit de ses fagots, avec sa femme qui s'appelait Brisquette. Le bon Dieu leur avait donné deux jolis petits enfants, un garçon de sept ans qui était brun, et qui s'appelait Biscotin, et une blondine de six ans qui s'appelait Biscotine. Outre cela, ils avaient un chien bâtard à poil frisé, noir par tout le corps, si ce n'est au museau qu'il avait couleur de feu; et c'était bien le meilleur chien du pays, pour son attachement à ses maîtres.

On l'appelait *la Bichonne*, parce que c'était une chienne.

Vous vous souvenez du temps où il vint tant de loups dans la forêt de Lions. C'était dans l'année des grandes neiges, que les pauvres gens eurent si grand'peine à vivre. Ce fut une terrible désolation dans le pays.

Brisquet, qui allait toujours à la besogne, et qui ne craignait pas les loups, à cause de sa bonne hache, dit un matin à Brisquette : — Femme, je vous prie de ne laisser courir ni Biscotin ni Biscotine, tant que M. le grand-louvetier ne sera pas venu. Il y aurait du danger pour eux. Ils ont assez de quoi marcher entre la butte et l'étang, depuis que j'ai planté des piquets le long de l'étang pour les préserver d'accident. Je vous prie aussi, Brisquette, de ne pas laisser sortir la Bichonne, qui ne demande qu'à trotter.

Brisquet disait tous les matins la même chose à Brisquette. Un soir il n'arriva pas à l'heure ordinaire. Brisquette venait sur le pas de la porte, rentrait, ressortait, et disait, en se croisant les mains : — Mon Dieu, qu'il est attardé!...

Et puis elle sortait encore, en criant : — Eh! Brisquet!

La Bichonne etait arrivée au moment où Biscotin et Biscotine allaient être dévorés par un gros loup.

Et la Bichonne lui sautait jusqu'aux épaules, comme pour lui dire : — N'irai-je pas?

— Paix! lui dit Brisquette. — Écoute, Biscotine, va jusque devers la butte pour savoir si ton père ne revient pas. — Et toi, Biscotin, suis le chemin au long de l'étang, en prenant bien garde s'il n'y a pas de piquets qui manquent. — Et crie fort : Brisquet! Brisquet!...

— Paix! la Bichonne!

Les enfants allèrent, allèrent, et quand ils se furent rejoints à l'endroit où le sentier de l'étang vient couper celui de la butte :

— Mordienne, dit Biscotin, je retrouverai notre pauvre père, ou les loups m'y mangeront.

— Pardienne, dit Biscotine, ils m'y mangeront bien aussi.

Pendant ce temps-là, Brisquet était revenu par le grand chemin de Puchay, en passant à la Croix-aux-Anes sur l'abbaye de Mortemer, parce qu'il avait une hottée de cotrets à fournir chez Jean Paquier. — As-tu vu nos enfants? lui dit Brisquette.

Brisquet enterra la Bichonne au fond de son petit courtil.

— Nos enfants? dit Brisquet. Nos enfants? mon Dieu! sont-ils sortis?

— Je les ai envoyés à ta rencontre jusqu'à la butte et à l'étang, mais tu as pris par un autre chemin.

Brisquet ne posa pas sa bonne hache. Il se mit à courir du côté de la butte.

— Si tu menais la Bichonne? lui cria Brisquette.

La Bichonne était déjà bien loin.

Elle était si loin que Brisquet la perdit bientôt de vue. Et il avait beau crier : — Biscotin, Biscotine! on ne lui répondait pas.

Alors, il se prit à pleurer, parce qu'il s'imagina que ses enfants étaient perdus.

Après avoir couru longtemps, longtemps, il lui sembla reconnaître la voix de la Bichonne. Il marcha droit dans le fourré, à l'endroit où il l'avait entendue, et il y entra, sa bonne hache levée.

La Bichonne était arrivée là, au moment où Biscotin et Biscotine allaient être dévorés par un gros loup. Elle s'était jetée devant en aboyant, pour que ses abois avertissent Brisquet. Brisquet, d'un coup de sa bonne hache, renversa le loup raide mort, mais il était trop tard pour la Bichonne. Elle ne vivait déjà plus.

Brisquet, Biscotin et Biscotine rejoignirent Brisquette. C'était une grande joie, et cependant tout le monde pleura. Il n'y avait pas un regard qui ne cherchât la Bichonne.

Brisquet enterra la Bichonne au fond de son petit courtil sous une grosse pierre sur laquelle le maître d'école écrivit en latin :

C'EST ICI QU'EST LA BICHONNE,
LE PAUVRE CHIEN DE BRISQUET.

Et c'est depuis ce temps-là qu'on dit en commun proverbe : *Malheureux comme le chien à Brisquet, qui n'allit qu'une fois au bois, et que le loup mangit.*

L'HOMME ET LA FOURMI

APOLOGUE PRIMITIF

Quand l'homme arriva sur la terre, nu, inquiet, peureux, les animaux le regardèrent avec surprise.

L'HOMME ET LA FOURMI[1]

APOLOGUE PRIMITIF

Quand l'homme arriva sur la terre, les animaux y vivaient depuis des siècles sans nombre, chacun selon ses mœurs, et ne reconnaissaient point de maîtres.

L'année n'avait alors qu'une saison qui surpassait en douceur les plus beaux printemps. Toute la terre était chargée d'arbres qui prodiguaient quatre fois par an leurs fleurs aux papillons, leurs fruits aux oiseaux du ciel, et sous lesquels s'étendait un ample et gras pâturage, infini par son étendue, perpétuellement vivace dans sa riche verdure, dont les quadrupèdes, grands et petits, avaient peine à émonder la luxuriante abondance.

Le sol était parfaitement égal et uni, comme s'il eût été poli à la roue du tourneur, parce qu'il n'avait encore été ni remué par les tremblements de terre, ni bouleversé par les volcans, ni ravagé par les déluges. Il n'y avait point de ces sites âpres qui font naître de tristes pensées, comme il n'y avait point de ces besoins dévorants qui développent des passions farouches. Il n'y avait point de

---

1. Nous ne croyons pas nous tromper, affirme un critique faisant autorité, en disant que ce morceau est, dans son originalité, l'un des plus parfaits de la littérature du xixe siècle. Nodier y parle des animaux aussi bien que La Fontaine, du néant et de l'orgueil aussi bien que Joseph de Maistre. Il est impossible de s'inspirer plus heureusement, d'une part, des poètes antiques, pour rajeunir l'âge d'or; de l'autre, des poëmes bibliques, pour mettre en action l'inévitable châtiment qui poursuit cette race humaine, coupable, suivant la belle expression de Nodier, d'avoir *inventé la mort*. Comme dans La Fontaine, l'apologue est ici un poëme complet.

bêtes féroces ni malfaisantes d'aucune espèce. Pour quiconque se serait trouvé une âme, c'était alors plaisir de vivre. Le monde était si beau avant que l'homme fut venu!

Quand l'homme arriva sur la terre, nu, inquiet, peureux, mais déjà ambitieux, convoiteur, impatient d'agitation et de puissance, les animaux le regardèrent avec surprise, s'éparpillèrent devant lui, et le laissèrent passer. Il chercha de nuit un lieu solitaire; les an-

On entendit pour la première fois dans la forêt un bruit immense de gémissements.

ciennes histoires racontent qu'une compagne lui fut donnée dans son sommeil; une race entière sortit de lui, et cette race, jalouse et craintive, tant qu'elle était faible, se parqua dans ses domaines et disparut longtemps.

Un jour enfin, l'espace qu'elle occupait ne suffit plus à la nourrir. Elle fit des sorties fugitives autour de ses enceintes pour surprendre l'oiseau dans son nid, le lièvre dans son gîte du soir, le chevreau sous ses buissons, le chevreuil sous ses grands ombrages.

Elle les emporta palpitants au fond de son repaire, les égorgea sans pitié, et mangea de la chair et du sang.

Les mères s'en aperçurent d'abord. On entendit pour la première fois dans la forêt un bruit immense de gémissements qui ne pouvait se comparer à rien, car on ne connaissait pas les tempêtes.

L'homme était doué d'une faculté particulière, ou, pour s'exprimer plus justement, Dieu l'avait frappé, entre toutes ses autres créatures, d'une infirmité propre à sa malheureuse espèce. Il était intelligent. Il pressentit bientôt que les animaux irrités deviendraient dangereux pour lui. Il inventa des pièges pour traquer les imprudents et les maladroits, des amorces pour duper les faibles, des armes pour tuer les forts. Comme il tenait surtout à se défendre, il s'entoura de palissades et de remparts.

Le nombre de ses enfants s'accroissant de jour en jour, il imagina d'élever leurs demeures au-dessus de la surface des basses terres. Il bâtit des étages sur des étages, il construisit les premières maisons, il fonda la première ville, que les Grecs ont appelée *Biblos*, par allusion au nom de *Biblion*, qu'ils donnaient au livre, et il est probable qu'ils firent ainsi pour représenter par un seul mot l'origine de toutes les calamités du monde. Cette ville fut la reine des peuples.

On ne sait rien d'ailleurs de son histoire, si ce n'est qu'elle vit danser les premiers baladins, approvisionner la première boucherie, et dresser le premier échafaud.

Les animaux s'effrayèrent en effet des accroissements de cette espèce ennemie qui avait inventé la mort; car, avant elle, la cessation de l'existence ne passait que pour ce qu'elle est réellement, pour un sommeil plus long et plus doux que l'autre, qui arrivait à son terme, et que chaque espèce allait goûter à son tour dans un lieu retiré, au jour marqué par la nature.

Depuis l'avènement de l'homme, c'était autre chose. L'agneau manquait au bêlement d'appel de sa mère, et, quand elle cherchait à retrouver sa trace aux débris de ses toisons, elle flairait du sang sur les herbes à l'endroit où il avait cessé de les brouter.

Elle se disait : l'homme a passé là.

On s'assembla pour remédier aux malheurs qu'amenait avec lui ce nouvel hôte de la création, destiné par un instinct fatal à en troubler l'harmonie. Et comme les idées les plus indulgentes prévalaient toujours dans le sage conseil de ces peuples innocents, on avisa d'envoyer vers l'homme des ambassadeurs choisis parmi les plus intelligents et les plus graves, l'éléphant, le cheval, le bœuf, le faucon et le chien. On chargea ces notables personnages d'offrir au nouveau venu la domination de la moitié du monde, sous la condi-

Le lendemain, l'homme mit un chaperon au faucon, un mors et une bride au cheval, au bœuf un joug, des ceps à l'éléphant.

tion qu'il s'y renfermerait avec sa famille, et qu'il cesserait d'épouvanter le reste des êtres vivants de son aspect menaçant et de ses sanglantes excursions.

— Qu'il vive, dit le lion, mais qu'il respecte nos droits et notre liberté, s'il ne veut pas que je fasse sur lui, comme il l'a fait sur nous, l'épreuve de mes ongles et de mes dents! C'est le meilleur parti qu'il puisse prendre, si j'en crois ma force; car les lâches avantages qu'il a usurpés jusqu'ici reposent sur des artifices indignes du vrai courage.

Et en même temps le lion apprit à rugir, et battit ses flancs de sa queue.

— Il n'y a point d'avantages que nous ne possédions bien mieux, dit la biche. Il s'est vainement fatigué à poursuivre le plus petit de mes faons, celui dont la tête s'élève à peine au-dessus des plus modestes bruyères, et je l'ai vu tomber, haletant et rebuté, après quelques efforts maladroits.

— Je construirai comme lui, quand il me plaira, dit le castor, des maisons et des citadelles.

— Je lui opposerai une cuirasse qui ne redoute pas ses atteintes, dit le rhinocéros.

— J'enlèverais, s'il m'en prenait envie, ses nouveau-nés dans les bras de leur mère, dit le vautour.

— Il ne me suivra pas dans les eaux, dit l'hippopotame.

— Ni moi dans les airs, dit le roitelet. Je suis faible et petit, mais je vole.

Les ambassadeurs, assurés des dispositions de leurs commettants, se rendirent à la demeure de l'homme qui les attendait, et qui s'était tenu en mesure de les recevoir.

Il les accueillit avec cette perfidie caressante et fardée qu'on a depuis appelée de la politesse.

Le lendemain, il mit un chaperon au faucon, un mors et une bride au cheval, au bœuf un joug, des ceps à l'éléphant, et il s'occupa de construire sur son dos une tour pour la guerre. C'est ce jour-là que cet exécrable mot fut inventé.

Le chien, qui était de son tempérament paresseux, glouton et couard, se coucha aux pieds de l'homme, et lécha indignement la main qui allait l'enchaîner. L'homme jugea le chien assez méprisable pour le trouver bon à devenir son complice. Mais, comme tout méchant que fût le dernier des animaux créés, il avait du moins apporté avec lui quelque vague sentiment du bien et du mal, il imprima, au nom de son vil esclave, un sceau éternel d'infamie qui ne s'est effacé dans aucun langage.

Ses conquêtes achevées, il s'enhardit au crime par la facilité de le commettre. Il fit profession de la chasse et de la guerre, inonda du sang des animaux la riante parure des prairies, et n'épargna pas même dans sa rage ses frères et ses enfants. Il avait travaillé un métal meurtrier qui perçait et coupait la chair; et il lui avait donné des ailes en le munissant des plumes de l'oiseau. Il ne négligeait pas, pendant ce temps-là, de s'envelopper de nou-

Les animaux qui n'avaient pas encore été soumis par l'homme, n'hésitèrent pas à se soustraire à son dangereux voisinage.

velles forteresses, et les enfants qui sortaient du monstre allaient plus loin construire d'autres villes et porter d'autres ravages.

Et, partout où l'homme arrivait, la création désolée poussait des hurlements de douleur.

La matière inorganisée elle-même parut sensible à l'affreuse détresse des créatures. Les éléments se déchaînèrent contre l'homme avec autant de fureur que s'ils avaient pu le connaître.

La terre qu'il avait vue encore si paisible et si magnifique fut incendiée par des feux souterrains, foudroyée par les météores de l'air, et noyée par les eaux du ciel.

Et quand le phénomène avait disparu, l'homme se retrouvait debout.

Le petit nombre d'animaux qui s'étaient soustraits à ces désastres, et qui ne faisaient pas partie de ceux que l'ennemi commun avait soumis, n'hésitèrent pas à se soustraire à son dangereux voisinage par tous les moyens que leur donnaient leur instinct et leur génie. L'aigle, heureux d'avoir vu surgir des rochers inaccessibles, se hâta de placer son aire à leur sommet; la panthère se réfugia dans des forêts impénétrables; la gazelle, dans des sables mouvants qui auraient aisément saisi des pieds moins vites et moins légers que les siens; le chamois, dans les franges bleues des glaciers; l'hyène, dans les sépultures. La licorne, l'hippogriffe et le dragon firent tant de chemin qu'on ne les a jamais revus depuis. Le bruit commun dans l'Orient est que le griffon s'en alla d'un vol se cacher dans la fameuse montagne de Kaff, qui est la ceinture du monde, et que les navigateurs cherchent encore.

L'homme croyait avoir asservi tout le reste. Il fut content.

Un jour qu'il marchait en grande pompe dans son orgueil insolent (c'était un dieu de ce temps-là), un jour donc, fatigué de carnage et de gloire, il s'assit sur un cône assez grossier que ses ouvriers paraissaient avoir élevé à dessein dans la campagne. La construction en était régulière, solide, assez compacte pour résister au marteau, et rien n'y manquait pour seoir commodément le maître du monde.

— Eh bien! dit-il, que sont devenus les animaux que mes pères ont rencontrés? Les uns ont fui ma colère, et je m'en inquiète peu! Je les retrouverai bien avec mes chiens et mes faucons, avec mes soldats et mes vaisseaux, quand j'aurai besoin de leur duvet pour mes sommiers ou de leur poil pour mes fourrures. Les autres se sont dévoués de bonne grâce au pouvoir de leur maître légitime. Ils ouvrent mes sillons, traînent mes chars, ou servent mes plaisirs. Ils fournissent leurs molles toisons à mes vêtements, leurs plumes diaprées à ma parure, leur sang à ma soif et leur chair à mon appétit. Je n'ai pas trop à me plaindre. Je suis l'homme et je règne. Est-il un seul être animé, sur tout l'espace où je daigne étendre mon empire, qui m'ait refusé son hommage et sa foi?..

L'homme rentra dans son palais.

— Oui, dit une voix grêle, mais aigre et sifflante, qui s'élevait en face de lui du haut d'un grain de sable; oui, tyran, tu n'as pas encore dompté la fourmi Termès qui se rit de ton pouvoir et te forcera peut-être demain à t'enfuir de tes cités, et à te livrer nu comme tu es arrivé, à la mouche de Nubie! Prends garde, roi des animaux, car tu n'as pensé ni à la mouche, ni à la fourmi!...

C'était une fourmi en effet ; et l'homme s'élançait pour la tuer, quand elle disparut dans un trou. Longtemps il le cerna de la pointe de son fer ; mais il eût beau soulever le sable à une grande profondeur : la galerie souterraine se prolongeait en s'élargissant, et il s'arrêta d'épouvante et d'horreur en sentant le sol s'ébranler sous ses pieds, tout près de l'entraîner dans un abîme horrible à concevoir, pour y servir de pâture à la famille de la fourmi Termès.

Il appela ses gardes et ses esclaves. L'homme en avait déjà ; car l'esclavage et l'inégalité sont les premières choses qu'il ait inventées pour son usage. Il fit retourner, il fit labourer, il fit creuser la terre. Il fit renverser à grand'peine tous ces monticules artificiels sur l'un desquels il s'était reposé. La bêche et la sape lui découvrirent partout des trous pareils à celui où la fourmi Termès s'était précipitée à ses yeux. Il calcula en frémissant de terreur que le nombre de ses sujets rebelles excédait, dans une proportion infinie, celui des grains de sable du désert, puisqu'il n'y avait pas un grain de sable qui n'eût son trou, pas un trou qui n'eût sa fourmi, pas une fourmi qui n'eût son peuple. Il se demanda sans doute avec un ressentiment amer pourquoi le vainqueur des éléphants n'avait point de pouvoir sur le plus vil des insectes de la nature ! Mais il était déjà trop avancé en civilisation pour être resté capable d'attacher une solution naturelle à une idée simple.

Que me veut-elle enfin ? s'écria-t-il, cette fourmi Termès qui abuse de sa bassesse et de son obscurité pour insulter à ma juste domination sur tout ce qui respire ? que m'importe qu'elle murmure dans les retraites où elle se sauve de ma colère, et où je suis peu jaloux de la suivre ? Toutes les fois qu'elle se retrouvera sur mon chemin je l'écraserai du talon. C'est à moi que le monde appartient.

L'homme rentra dans son palais. Il s'endormit à la vapeur des parfums et au chant des femmes.

L'homme parvint donc à se distraire ainsi, entre les molles voluptés et les jeux cruels qui se partageaient sa vie, du regret de n'avoir pas assujetti une fourmi à sa puissance, il se reprocha même le mouvement passager de douleur qu'il en avait ressenti, comme une faiblesse indigne de la majesté souveraine.

Pendant ce temps, la fourmi Termès, descendue dans ses chemins couverts, avait convoqué son peuple entier; elle continuait, avec une infatigable persévérance, à ouvrir de loin mille voies convergentes vers la principale ville de l'homme. Elle arriva, suivie d'un monde de fourmis, sous les fondations de ses édifices, et cent

Et, le lendemain tout Biblos tomba sur ses habitants

mille noires légions, plus pressées que des troupeaux de moutons, s'introduisirent de toutes parts dans les pièces de charpente, ou allèrent fouiller la terre autour de la base des colonnes. Quand les pierres angulaires de tous les bâtiments ne s'appuyèrent plus que sur des plans inclinés d'un terrain mobile et perfide; quand les poutres et les solives, rongées intérieurement jusqu'à leur épiderme et vides comme le chalumeau flétri d'une paille sèche, n'offrirent plus qu'une vaine apparence d'écorce, la fourmi Termès se retira subitement avec son armée de mineurs en bon ordre. Et, le lendemain, tout Biblos tomba sur ses habitants. Elle poursuivit ensuite son dessein, en dirigeant ses troupes d'impitoyables ouvriers sur tous les points où l'homme avait bâti ses villes : et, pendant qu'il fuyait, éperdu, devant son invisible vainqueur, il n'y eut pas une de ses villes qui ne tombât comme Biblos. Après cela, l'empire de l'homme ne fut plus qu'une solitude, où s'élevaient seulement çà et là des constructions de peu d'apparence, qui annonçaient aux yeux la demeure du conquérant définitif de la terre. Ce grand ravageur de cités, cet envahisseur formidable à qui demeurait, du droit royal de dernière possession, la propriété des immenses pays qu'il avait parcourus, ce n'était ni Bélus, ni Sésostris[1] : c'était la fourmi Termès. Les faibles débris de la famille humaine qui échappèrent à la ruine des villes, aux obsessions opiniâtres de la mouche homicide et aux ardeurs du seymoun[2], furent trop heureux de se réfugier dans les contrées disgraciées qui ne reçoivent du soleil que des rayons obliques, pâlis par d'incessantes vapeurs, et de relever des villes pauvres, fétides, pétries de fange ou d'ossements calcinés délayés avec du sang, et fières, pour toute gloire, de quelques ignobles monuments qui trahissent partout l'orgueil, l'avarice et la misère.

* * *

Dieu ne s'irrite que dans le langage des orateurs et des prophètes auxquels il permet quelquefois d'interpréter sa parole ; il sourit aux erreurs qu'il méprise, aux fureurs mêmes qu'il sait réparer ; car rien de tout ce qui a été n'a cessé d'être qu'en apparence ; et il ne crut pas que la création eût besoin d'un autre vengeur qu'une pauvre fourmi en colère. « Patient, parce qu'il est éternel, »

---

1. Bélus, chef légendaire assyrien et Sésostris (Ramsès) roi d'Égypte, furent les grand conquérants des premiers âges de l'antiquité.
2. Le seymoun ou simoun est un vent brûlant d'Afrique.

il attendit que la fourmi Termès se fût creusé des routes sous les mers, et qu'elle vînt ouvrir des abîmes sous les cités d'une espèce qu'il ne daignerait pas haïr, s'il était capable de haine ; il la croit assez punie par sa démence et ses passions.

L'homme bâtit encore, et la fourmi Termès marche toujours.

LE BIBLIOMANE

Théodore passait sa vie au milieu des livres.

LE BIBLIOMANE

Vous avez tous connu ce bon Théodore, sur la tombe duquel je viens jeter des fleurs, en priant le ciel que la terre lui soit légère.

Ces deux lambeaux de phrase, qui sont aussi de votre connaissance, vous annoncent assez que je me propose de lui consacrer quelques pages de notice nécrologique ou d'oraison funèbre.

Il y a vingt ans que Théodore s'était retiré du monde pour travailler ou pour ne rien faire : lequel des deux, c'était un grand secret. Il songeait, et on ne savait à quoi il songeait. Il passait sa vie au milieu des livres, et ne s'occupait que de livres, ce qui avait donné lieu à quelques-uns de penser qu'il composait un livre qui rendrait tous les livres inutiles ; mais ils se trompaient évidemment. Théodore avait tiré trop bon parti de ses études pour ignorer que ce livre est fait il y a trois cents ans. C'est le treizième chapitre du livre premier de Rabelais.

Théodore ne parlait plus, ne riait plus, ne jouait plus, ne mangeait plus, n'allait plus ni au bal, ni à la comédie. Les femmes qu'il avait aimées dans sa jeunesse n'attiraient plus ses regards, ou tout au plus il ne les regardait qu'au pied ; et quand une chaussure élégante de quelque brillante couleur avait frappé son attention :
— Hélas ! disait-il en tirant un gémissement profond de sa poitrine, voilà bien du maroquin perdu !

Il avait autrefois sacrifié à la mode : les mémoires du temps nous apprennent qu'il est le premier qui ait noué la cravate à gauche, malgré l'autorité de Garat[1] qui la nouait à droite, et en dépit du vulgaire qui s'obstine encore aujourd'hui à la nouer au milieu. Théodore ne se souciait plus de la mode. Il n'a eu pendant vingt ans qu'une dispute avec son tailleur : — Monsieur, lui dit-il

L'homme éminemment civilisé lui cassa la jambe d'un coup de bâton.

un jour, cet habit est le dernier que je reçois de vous, si l'on oublie encore une fois de me faire les poches *in-quarto*.

La politique, dont les chances ridicules ont créé la fortune de tant de sots, ne parvint jamais à le distraire plus d'un moment de ses méditations. Elle le mettait de mauvaise humeur, depuis les folles entreprises de Napoléon dans le Nord, qui avaient fait enchérir le cuir de Russie. Il approuva cependant l'intervention française dans les révolutions d'Espagne. — C'est, dit-il, une belle occasion

---

1. Littérateur et homme politique français (1749-1833).

pour rapporter de la Péninsule des romans de chevalerie et des *Cancioneros*. — Mais l'armée expéditionnaire ne s'en avisa nullement, et il en fut piqué. Quand on lui parlait *Trocadero*, il répondait ironiquement *Romancero*, ce qui le fit passer pour libéral.

La mémorable campagne de M. de Bourmont[1] sur les côtes d'Afrique le transporta de joie. — Grâce au ciel, dit-il en se frottant les mains, nous aurons les maroquins du Levant à bon marché ; — ce qui le fit passer pour carliste.

Il se promenait l'été dernier dans une rue populeuse, en collationnant un livre. D'honnêtes citoyens, qui sortaient du cabaret d'un pied titubant, vinrent le prier, le couteau sur la gorge, au nom de la liberté des opinions, de crier : *Vivent les Polonais !* — Je ne demande pas mieux, répondit Théodore, dont la pensée était un cri éternel en faveur du genre humain, mais pourrais-je vous demander à quel propos ? — Parce que nous déclarons la guerre à la Hollande qui opprime les Polonais, sous prétexte qu'ils n'aiment pas les jésuites, repartit l'ami des lumières, qui était un rude géographe et un intrépide logicien. — Dieu nous pardonne, murmura notre ami en croisant piteusement les mains. Serons-nous donc réduits au prétendu papier de Hollande de M. Montgolfier[2] !

L'homme éminemment civilisé lui cassa la jambe d'un coup de bâton.

Théodore passa trois mois au lit à compulser des catalogues de livres. Disposé comme il l'a toujours été à prendre les émotions à l'extrême, cette lecture lui enflamma le sang.

Dans sa convalescence même son sommeil était horriblement agité. Sa femme le réveilla une nuit au milieu des angoisses du cauchemar. — Vous arrivez à propos, lui dit-il en l'embrassant, pour m'empêcher de mourir d'effroi et de douleur. J'étais entouré de monstres qui ne m'auraient point fait de quartier.

— Et quels monstres pouvez-vous redouter, mon bon ami, vous qui n'avez jamais fait de mal à personne ?

---

1. Le maréchal de Bourmont (1774-1846), commandant de l'armée française dans l'Andalousie en 1823, et vainqueur d'Alger en 1830.
2. Les descendants des frères Montgolfier, célèbres par la découverte de l'aérostation, furent comme eux des fabricants de papiers en renom.

— C'était, s'il m'en souvient, l'ombre de Purgold[1] dont les funestes ciseaux mordaient d'un pouce et demi sur les marges de mes Aldes[2] brochés, tandis que celle d'Heudier[3] plongeait impitoyablement dans un acide dévorant mon plus beau volume d'édition *princeps*, et l'en retirait tout blanc ; mais j'ai de bonnes raisons de penser qu'ils sont au moins en purgatoire.

Sa femme crut qu'il parlait grec, car il savait un peu le grec, à telles enseignes que trois tablettes de sa bibliothèque étaient chargées de livres grecs dont les feuilles n'étaient pas fendues. Aussi ne les ouvrait-il jamais, se contentant de les montrer à ses plus privées connaissances, par le plat et par le dos, mais en indiquant le lieu de l'impression, le nom de l'imprimeur et la date, avec une imperturbable assurance. Les simples en concluaient qu'il était sorcier. Je ne le crois pas.

Comme il dépérissait à vue d'œil, on appela son médecin, qui était, par hasard, homme d'esprit et philosophe. Vous le trouverez si vous pouvez. Le docteur reconnut que la congestion cérébrale était imminente, et il fit un beau rapport sur cette maladie dans le *Journal des Sciences médicales*, où elle est désignée sous le nom de *monomanie du maroquin*, ou de *typhus des bibliomanes*; mais il n'en fut pas question à l'Académie des sciences, parce qu'elle se trouva en concurrence avec le *choléra-morbus*.

On lui conseilla l'exercice, et comme cette idée lui souriait, il se mit en route l'autre jour de bonne heure. J'étais trop peu rassuré pour le quitter d'un pas. Nous nous dirigeâmes du côté des quais, et je m'en réjouis, parce que j'imaginai que la vue de la rivière le récréerait ; mais il ne détourna pas ses regards du niveau des parapets. Les parapets étaient aussi lisses d'étalages que s'ils avaient été visités dès le matin par les défenseurs de la presse, qui ont noyé en février la bibliothèque de l'archevêché. Nous fûmes plus heureux au quai aux Fleurs. Il y avait profusion de bouquins;

---

1. Relieur renommé.
2. Les Aldes ou éditions aldines, ainsi nommées du nom de leur imprimeur, à Venise, Alde Manuce l'ancien, Paul Manuce et Alde Manuce le jeune, célèbres de 1404 à 1584.
3. Relieur célèbre.

mais quels bouquins ! Tous les ouvrages dont les journaux ont dit du bien depuis un mois, et qui tombent là infailliblement dans la case à cinquante centimes, du bureau de rédaction ou du fonds de libraire.

Philosophes, historiens, poètes, romanciers, auteurs de tous les genres et de tous les formats, pour qui les annonces les plus pompeuses ne sont que les limbes infranchissables de l'immor-

Qu'est devenu l'âge d'or des bouquinistes en plein vent ?

talité, et qui passent, dédaignés, des tablettes du magasin aux margelles de la Seine, Léthé profond d'où ils contemplent, en moisissant, le terme assuré de leur présomptueux essor. Je déployais là les pages satinées de mes *in-octavo*, entre cinq ou six de mes amis.

Théodore soupira, mais ce n'était pas de voir les œuvres de mon esprit exposées à la pluie, dont les garantit mal l'officieux balandran de toile cirée.

— Qu'est devenu, dit-il, l'âge d'or des bouquinistes en plein vent? C'est ici pourtant que mon illustre ami Barbier[1] avait colligé tant de trésors, qu'il était parvenu à en composer une bibliographie spéciale de quelques milliers d'articles. C'est ici que prolongeaient, pendant des heures entières, leurs doctes et fructueuses promenades, le sage Monmerqué[2], en allant au Palais, et le sage Labouderie en sortant de la métropole. C'est d'ici que le vénérable Boulard[3] enlevait tous les jours un mètre de raretés, toisé à sa canne de mesure, pour lequel ses six maisons pléthoriques de volumes n'avaient pas de place en réserve. Oh! qu'il a de fois désiré, en pareille occasion, le modeste *angulus* d'Horace ou la capsule élastique de ce pavillon des fées qui aurait couvert au besoin l'armée de Xerxès, et se portait aussi commodément à la ceinture que la gaîne aux couteaux du grand-père de Jeannot! Maintenant, quelle pitié! vous n'y voyez plus que les ineptes rogatons de cette littérature moderne qui ne sera jamais de la littérature ancienne, et dont la vie s'évapore en vingt-quatre heures, comme celle des mouches du fleuve Hypanis[4] : littérature bien digne en effet de l'encre de charbon et du papier de bouillie que lui livrent à regret quelques typographes honteux, presque aussi sots que leurs livres! Et c'est profaner le nom de livres que de le donner à ces guenilles barbouillées de noir qui n'ont presque pas changé de destinée en quittant la hotte aux haillons du chiffonnier! Les quais ne sont désormais que la Morgue[5] des célébrités contemporaines!

Il soupira encore, et je soupirai aussi, mais ce n'était pas pour la même raison.

J'étais pressé de l'entraîner, car son exaltation qui croissait à chaque pas semblait le menacer d'un accès mortel. Il fallait que ce fût un jour néfaste, puisque tout contribuait à aigrir sa mélancolie.

---

1. Antoine-Alexandre Barbier (1765-1825), célèbre bibliographe, auteur du *Dictionnaire des ouvrages anonymes et pseudonymes*.
2. Magistrat et littérateur français (1780-1860), publia des éditions estimées, entre autres la *Collection de mémoires relatifs à l'Histoire de France*.
3. Antoine Boulard, littérateur français (1754-1825), auteur de nombreux ouvrages littéraires, publia la dernière partie du *Cours de littérature* de La Harpe, dont il fut l'exécuteur testamentaire.
4. Le Dniéper actuel.
5. Local où l'on expose les suicidés, les noyés, etc.

— Voilà, dit-il en passant, la pompeuse façade de Ladvocat[1], le Galiot du Pré des lettres abâtardies du dix-neuvième siècle, libraire industrieux et libéral, qui aurait mérité de naître dans un meilleur âge, mais dont l'activité déplorable a cruellement multiplié les livres nouveaux au préjudice éternel des vieux livres ; fauteur impardonnable à jamais de la papeterie de coton, de l'orthographe ignorante et de la vignette maniérée, tuteur fatal de la prose académique et de la poésie à la mode ; comme si la France avait eu de la poésie depuis Ronsard[2] et de la prose depuis Montaigne ! Ce palais de bibliopole est le cheval de Troie qui a porté tous les ravisseurs du palladium, la boîte de Pandore qui a donné passage à tous les maux de la terre ! J'aime encore le cannibale et je ferai un chapitre dans son livre[3], mais je ne le verrai plus !

Voilà, continua-t-il le magasin aux vertes parois du digne Crozet, le plus aimable de nos jeunes libraires, l'homme de Paris qui distingue le mieux une reliure de Derome l'aîné d'une reliure de Derome le jeune, et la dernière espérance de la dernière génération d'amateurs, si elle s'élève encore au milieu de notre barbarie ; mais je ne jouirai pas aujourd'hui de son entretien dans lequel j'apprends toujours quelque chose ! Il est en Angleterre où il dispute, par juste droit de représailles, à nos avides envahisseurs de Soho-Square[4] et de Fleet-Street[5] les précieux débris des monuments de notre belle langue, oubliés depuis deux siècles sur la terre ingrate qui les a produits ! *Macte animo, generose puer !*...

Voilà, reprit-il en revenant sur ses pas, voilà le Pont-des-Arts, dont l'inutile balcon ne supportera jamais, sur son garde-fou ridicule de quelques centimètres de largeur, le noble dépôt de l'*in-folio* triséculaire qui a flatté les yeux de dix générations de l'aspect de sa couverture en peau de truie et de ses fermoirs de bronze ; passage profondément emblématique, à la vérité, qui con-

---

1. Célèbre éditeur français du xix⁣ᵉ siècle et de la plupart des romantiques.
2. Poète français illustre du xvi⁣ᵉ siècle (1524-1585), auteur des *Odes*, des *Amours*, des *Hymnes* et de *la Franciade*.
3. Il s'agit d'un recueil intitulé le *Livre des Cent-et-Un*, auquel collaborèrent tous les écrivains en renom.
4. Soho-Square est un quartier important de la librairie française à Londres.
5. Une des principales rues de la cité de Londres.

duit du château à l'Institut par un chemin qui n'est pas celui de la science. Je ne sais si je me trompe, mais l'invention de cette espèce de pont devait être pour l'érudit une révélation flagrante de la décadence des bonnes lettres.

Voilà, dit toujours Théodore en passant sur la place du Louvre, la blanche enseigne d'un autre libraire actif et ingénieux, elle a longtemps fait palpiter mon cœur, mais je ne l'aperçois plus sans une émotion pénible, depuis que Téchener[1] s'est avisé de faire réimprimer avec les caractères de Tastu[2], sur un papier éblouissant et sous un cartonnage coquet, les gothiques merveilles de Jehan Bonfons de Paris, de Jehan Mareschal de Lyon, et de Jehan de Chaney d'Avignon[3], bagatelles introuvables qu'il a multipliées en délicieuses contrefaçons. Le papier d'un blanc neigeux me fait horreur, mon ami, et il n'est rien que je lui préfère, si ce n'est ce qu'il devient quand il a reçu, sous le coup de barre d'un bourreau de pressier, l'empreinte déplorable des rêveries et des sottises de ce siècle de fer.

Théodore soupirait de plus belle ; il allait de mal en pis.

Nous arrivâmes ainsi dans la rue des Bons-Enfants, au riche bazar littéraire des ventes publiques de Silvestre[4], local honoré des savants, où se sont succédé en un quart de siècle plus d'inappréciables curiosités que n'en renferma jamais la bibliothèque des Ptolémées[5] qui n'a peut-être pas été brûlée par Omar[6], quoi qu'en

---

1. Éditeur important, qui existe encore aujourd'hui à Paris.

2. Un des principaux imprimeurs de Paris sous la Restauration. Il vint de Perpignan se fixer dans la capitale, après son mariage en 1816 avec Mlle Amable Tastu, devenue célèbre dans la littérature française sous le nom de Mme Tastu. En 1826 il publia en une édition, souvent vantée pour la beauté des caractères, les poésies de Mme Tastu.

3. Jehan Bonfons, Jehan Mareschal et Jehan de Chaney, sont des maîtres de la reliure française, qui, à Paris, à Lyon, à Avignon, inaugura cet art dont l'étranger copia dans la suite les chefs-d'œuvres mais sans parvenir toutefois à en égaler le fini et surtout l'élégance.

4. Cet hôtel des ventes de livres existe encore à la même place.

5. Rois d'Égypte qui régnèrent de 323 à 30 avant notre ère. Ils fondèrent la célèbre bibliothèque d'Alexandrie.

6. Deuxième calife, de 634 à 644 ; on l'a accusé d'avoir incendié la bibliothèque d'Alexandrie sous prétexte qu'elle contenait des ouvrages contraires à la foi musulmane. Aucun document historique ne prouve l'authenticité de cette accusation.

disent nos radoteurs d'historiens. Jamais je n'avais vu étaler tant de splendides volumes.

— Malheureux ceux qui les vendent ! dis-je à Théodore.
— Ils sont morts, répondit-il, ou ils en mourront.

Mais la salle était vide. On n'y remarquait plus que l'infatigable M. Thour, fac-similant avec une patiente exactitude, sur des cartes soigneusement préparées, les titres des ouvrages qui avaient

Théodore changea de couleur encore une fois, et défaillit dans mes bras.

échappé la veille à son investigation quotidienne. Homme heureux entre tous les hommes, qui possède, dans ses cartons, par ordre de matière, l'image fidèle du frontispice de tous les livres connus ! C'est en vain, pour celui-là, que toutes les productions de l'imprimerie périront dans la première et prochaine révolution que les progrès de la perfectibilité nous assurent. Il pourra léguer à l'avenir le catalogue complet de la bibliothèque universelle. Il y avait certainement un tact admirable de prescience à prévoir de si loin le moment où il serait temps de compiler l'inventaire de la civilisation. Quelques années encore, et on n'en parlera plus.

— Dieu me pardonne ! brave Théodore, dit l'honnête M. Silvestre, vous vous êtes trompé d'un jour. C'était hier la dernière vacation. Les livres que vous voyez sont vendus et attendent les porteurs.

Théodore chancela et blêmit. Son front prit la teinte d'un maroquin-citron un peu usé. Le coup qui le frappa retentit au fond de mon cœur.

— Voilà qui est bien, dit-il d'un air atterré. Je reconnais mon malheur accoutumé à cette affreuse nouvelle ! Mais encore, à qui appartiennent ces perles, ces diamants, ces richesses fantastiques dont la bibliothèque des de Thou[1] et des Grolier[2] se serait fait gloire ?

— Comme à l'ordinaire, monsieur, répliqua M. Silvestre. Ces excellents classiques d'édition originale, ces vieux et parfaits exemplaires autographiés par des érudits célèbres, ces piquantes raretés philologiques dont l'Académie et l'Université n'ont pas entendu parler, revenaient de droit à sir Richard Heber. C'est la part du lion anglais auquel nous cédons de bonne grâce le grec et le latin que nous ne savons plus. — Ces belles collections d'histoire naturelle, ces chefs-d'œuvre de méthode et d'iconographie sont au prince de...., dont les goûts studieux ennoblissent encore, par son emploi, une noble et immense fortune. — Ces mystères du moyen âge, ces moralités phénix dont le ménechme n'existe nulle part, ces curieux essais dramatiques de nos aïeux vont augmenter la bibliothèque-modèle de M. de Soleine. — Ces facéties anciennes, si sveltes, si élégantes, si mignonnes, si bien conservées, composent le lot de votre aimable et ingénieux ami, M. Aimé-Martin[3]. — Je n'ai pas besoin de vous dire à qui appartiennent ces maroquins frais et brillants, à triples filets, à larges dentelles, à fastueux compar-

---

1. Jacques de Thou, célèbre historien et magistrat français (1553-1617).
2. Bibliophile français (1479-1565). Sa bibliothèque composée d'exemplaires choisis est restée célèbre. Ces précieux volumes, reliés avec une élégance remarquable, furent dispersés en 1675. La Bibliothèque Nationale de Paris possède quelques *Grolier* de grande valeur. Dans les ventes, ils acquirent des prix très élevés. On cite le *Catulle* d'Alde, qui fut très disputé. L'acquéreur le paya 2 500 fr.
3. Littérateur français (1781-1847), auteur de nombreux ouvrages et d'éditions des grands écrivains.

timents. C'est le Shakspeare de la petite propriété, le Corneille du mélodrame, l'interprète habile et souvent éloquent des passions et des vertus du peuple, qui, après les avoir un peu déprisés le matin, en a fait le soir, emplette au poids de l'or, non sans gronder entre ses dents, comme un sanglier blessé à mort, et sans tourner sur ses compétiteurs son œil tragique ombragé de noirs sourcils.

Théodore avait cessé d'écouter. Il venait de mettre la main sur un volume d'assez bonne apparence, auquel il s'était empressé d'appliquer son elzéviriomètre, c'est-à-dire le demi-pied divisé presqu'à l'infini, sur lequel il réglait le prix, hélas! et le mérite intrinsèque de ses livres. Il le rapprocha dix fois du livre maudit, vérifia dix fois l'accablant calcul, murmura quelques mots que je n'entendis pas, changea de couleur encore une fois, et défaillit dans mes bras. J'eus beaucoup de peine à le conduire au premier fiacre venu.

Mes instances pour lui arracher le secret de sa subite douleur furent longtemps inutiles. Il ne parlait pas. Mes paroles ne lui parvenaient plus. C'est le typhus, pensai-je, et le paroxysme du typhus.

Je le pressais dans mes bras. Je continuais à l'interroger. Il parut céder à un mouvement d'expansion. — Voyez en moi, me dit-il, le plus malheureux des hommes! Ce volume, c'est le Virgile de 1676, en grand papier, dont je pensais avoir l'exemplaire géant, et il l'emporte sur le mien d'un tiers de ligne de hauteur. Des esprits ennemis ou prévenus pourraient même y trouver la demi-ligne. Un tiers de ligne, grand Dieu!

Je fus foudroyé. Je compris que le délire le gagnait.

— Un tiers de ligne! répéta-t-il en menaçant le ciel d'un poing furieux, comme Ajax[1] ou Capanée[2].

Je tremblais de tous mes membres.

Il tomba peu à peu dans le plus profond abattement. Le pauvre homme ne vivait plus que pour souffrir. Il reprenait seulement de

---

[1]. Héros grec de la guerre de Troie, dont le nom est resté synonyme de guerrier bouillant.
[2]. L'un des sept chefs qui assiégèrent Thèbes.

temps à autre : — Un tiers de ligne ! en se rongeant les mains. — Et je redisais tout bas : — Foin des livres et du typhus !

— Tranquillisez-vous, mon ami, soufflais-je tendrement à son oreille, chaque fois que la crise se renouvelait. Un tiers de ligne n'est pas grand'chose dans les affaires les plus délicates de ce monde !

Pourquoi laissait-on la cage ouverte ? répondit Théodore. — Un tiers de ligne !

— Pas grand'chose, s'écriait-il, un tiers de ligne au Virgile de 1676 ! C'est un tiers de ligne qui a augmenté de cent louis le prix de l'Homère[1] de Nerli chez M. de Cotte ; un tiers de ligne ! Ah ! compteriez-vous pour rien un tiers de ligne du poinçon qui vous perce le cœur ?

Sa figure se renversa tout à fait, ses bras se raidirent, ses jambes furent saisies d'une crampe aux ongles de fer. Le typhus gagnait visiblement les extrémités. Je n'aurais pas voulu être obligé

---

[1]. Auteur de l'*Iliade* et de l'*Odyssée*, le plus grand poète épique grec.

d'allonger d'un tiers de ligne le court chemin qui nous séparait de sa maison.

Nous arrivâmes enfin. — Un tiers de ligne! dit-il au portier.

— Un tiers de ligne! dit-il à la cuisinière qui vint ouvrir.

— Un tiers de ligne! dit-il à sa femme en la mouillant de ses pleurs.

Sub judice lis est, interrompit brusquement Théodore.

— Ma perruche s'est envolée! dit sa petite fille qui pleurait comme lui.

— Pourquoi laissait-on la cage ouverte? répondit Théodore. — Un tiers de ligne!

— Le peuple se soulève dans le Midi, et à la rue du Cadran, dit la vieille tante qui lisait le journal du soir.

— De quoi diable se mêle le peuple? répondit Théodore. — Un tiers de ligne!

— Votre ferme de la Beauce a été incendiée, lui dit son domestique en le couchant.

— Il faudra la rebâtir, répondit Théodore, si le domaine en vaut la peine. — Un tiers de ligne !

— Pensez-vous que cela soit sérieux? me dit la nourrice.

— Vous n'avez donc pas lu, ma bonne, le *Journal des Sciences médicales*? Qu'attendez-vous d'aller chercher un prêtre?

Heureusement, le curé entrait au même instant pour venir causer, suivant l'usage, de mille jolies broutilles littéraires et bibliographiques, dont son bréviaire ne l'avait jamais complètement distrait, mais il n'y pensa plus quand il eût tâté le pouls de Théodore.

— Hélas ! mon enfant, lui dit-il, la vie de l'homme n'est qu'un passage, et le monde lui-même n'est pas affermi sur des fondements éternels. Il doit finir comme tout ce qui a commencé.

— Avez-vous lu, sur ce sujet, répondit Théodore, le Traité *de son origine et de son antiquité*?

— J'ai appris ce que j'en sais dans la Genèse[1], reprit le respectable pasteur, mais j'ai ouï dire qu'un sophiste du siècle dernier, nommé M. de Mirabeau[2], a fait un livre à ce sujet.

— *Sub judice lis est*, interrompit brusquement Théodore. J'ai prouvé dans mes *Stromates*[3] que les deux premières parties du *monde* étaient de ce triste pédant de Mirabeau, et la troisième de l'abbé le Mascrier.

— Eh ! mon Dieu, reprit la vieille tante en soulevant ses lunettes, qui est-ce donc qui a fait l'Amérique?

— Ce n'est pas de cela qu'il est question, continua l'abbé. Croyez-vous à la Trinité?

— Comment ne croirais-je pas au fameux volume *de Trinitate*

---

1. Le premier livre de la Bible, contenant l'histoire de la création.
2. Il s'agit ici du père du grand orateur. Il prenait le nom de l'*Ami des hommes*, du titre de son principal ouvrage. Né en 1715, il mourut en 1789, deux ans avant son fils.
3. Les *Stromates* (c'est-à-dire *tapisseries*), sont un recueil de pensées et de maximes philosophiques de saint Clément d'Alexandrie.

de Servet[1], dit Théodore en se relevant à mi-corps sur son oreiller, puisque j'en ai vu céder, *ipsissimis oculis*, pour la modique somme de deux cent quinze francs, chez M. de Maccarthy[2], un exemplaire que celui-ci avait payé sept cents livres à la vente de La Vallière[3]?

— Nous n'y sommes pas, exclama l'apôtre un peu déconcerté. Je vous demande, mon fils, ce que vous pensez de la divinité de Jésus-Christ.

— Bien, bien, dit Théodore. Il ne s'agit que de s'entendre. Je soutiendrai envers et contre tous que le *Toldos-jeschu*[4], où cet ignorant pasquin de Voltaire[5] a puisé tant de sottes fables, dignes des *Mille et une Nuits*, n'est qu'une méchante ineptie rabbinique, indigne de figurer dans la bibliothèque d'un savant!

— A la bonne heure! soupira le digne ecclésiastique.

— A moins qu'on n'en retrouve un jour, continua Théodore, l'exemplaire *in chartâ maximâ*[6] dont il est question, si j'ai bonne mémoire, dans le fatras inédit de David Clément.

Le curé gémit, cette fois, fort intelligiblement, se leva tout ému de sa chaise, et se pencha sur Théodore pour lui faire nettement comprendre, sans ambages et sans équivoques, qu'il était atteint au dernier degré du typhus des bibliomanes, dont il est parlé dans le *Journal des Sciences médicales*, et qu'il n'avait plus à s'occuper d'autre chose que de son salut.

Théodore ne s'était retranché de sa vie sous cette impertinente négative des incrédules qui est la science des sots ; mais le cher

---

1. Michel Servet, philosophe et controversiste protestant (1509-1553); adversaire de Calvin, qui le fit périr sur le bûcher. Le titre exact de son ouvrage cité ici est *De Trinitatis erroribus* (Des erreurs de la Trinité).
2. Prédicateur français (1769-1833) se distingua par son talent oratoire. Il était, comme son père, cité parmi les bibliophiles passionnés.
3. Le duc de La Vallière (1708-1780), était au xviiie siècle un des plus célèbres bibliophiles français, sa bibliothèque fut vendue en 1783 près d'un demi-million. Une partie des ouvrages qui la composaient firent le fonds de la bibliothèque de l'Arsenal.
4. Curé rabbinique, qui dans la littérature hébraïque est souvent cité et a donné lieu à beaucoup de controverses.
5. Pasquin, pasquille ou pasquinade sont des termes employés pour désigner une satire bouffonne et triviale. Le mot pasquin vient de l'italien. C'était le nom d'un personnage fictif très populaire à Rome sous Clément VII, et aussi d'une statue où l'on affichait les satires contre le pouvoir.
6. Papier de très grand format, auquel correspond aujourd'hui le grand aigle.

homme avait poussé trop loin dans les livres la vaine étude de la lettre, pour prendre le temps de s'attacher l'esprit. En plein état de santé une doctrine lui aurait donné la fièvre, et un dogme le tétanos. Il aurait baissé pavillon en morale théologique devant un saint-simonien[1].

Il se retourna vers la muraille.

Au long temps qu'il passa sans parler, nous l'aurions cru mort, si, en me rapprochant de lui, je ne l'avais entendu sourdement murmurer : « Un tiers de ligne ! Dieu de justice et de bonté ! mais où me rendrez-vous ce tiers de ligne, et jusqu'à quel point votre omnipotence peut-elle réparer la bévue irréparable de ce relieur ? »

Un bibliophile de ses amis arriva un instant après. On lui dit que Théodore était agonisant, qu'il délirait au point de croire que l'abbé le Mascrier avait fait la troisième partie du monde, et que depuis un quart d'heure il avait perdu la parole.

— Je vais m'en assurer, répliqua l'amateur.

— A quelle faute de pagination reconnaît-on la bonne édition du *César* Elzévir[2] de 1635 ? demanda-t-il à Théodore.

— 153 pour 149.

— Très bien. Et du *Térence*[3] de la même année ?

— 108 pour 104.

— Diable ! dis-je ; les Elzévirs jouaient de malheur cette année là sur le chiffre. Ils ont bien fait de ne pas la prendre pour imprimer leurs logarithmes !

— A merveille ! continua l'ami de Théodore. Si j'avais voulu écouter ces gens-ci, je t'aurais cru à un doigt de la mort.

— A un tiers de ligne, répondit Théodore dont la voix s'éteignait par degrés.

— Je connais ton histoire, mais elle n'est rien auprès de la mienne. Imagine-toi que j'ai manqué, il y a huit jours, dans une

---

1. École socialiste du commencement du xixe siècle, qui eut pour chef le comte de Saint-Simon (1760-1825).
2. Les Elzévir étaient d'illustres imprimeurs établis en Hollande au xvie et au xviie siècle.
3. Térence, célèbre poète comique latin (194-158 avant notre ère), auteur des *Adelphes*, etc.

vente bâtarde et anonyme dont on n'est averti que par l'affiche de la porte, un Boccace[1] de 1527, aussi magnifique que le tien, avec la reliure en vélin de Venise, les *a* pointus, des témoins partout, et pas un feuillet renouvelé.

Ce dernier effort épuisa le reste de vie qui l'animait encore.

Toutes les facultés de Théodore se concentraient dans une seule pensée :

— Es-tu bien sûr au moins que les *a* étaient pointus ?
— Comme le fer qui arme la hallebarde d'un lancier.

---

1. Un des plus grands prosateurs de l'Italie et l'un des créateurs de la langue littéraire italienne (1319-1378), auteur du *Décaméron*.

— C'était donc, à n'en pas douter, la *vintisettine*[1] elle-même.

— Elle-même. Nous avions ce jour-là un joli dîner, des femmes charmantes, des huîtres vertes, des gens d'esprit, du vin de Champagne. Je suis arrivé trois minutes après l'adjudication.

— Monsieur, cria Théodore furieux, quand la *vintisettine* est à vendre, on ne dîne pas!

Ce dernier effort épuisa le reste de vie qui l'animait encore, et que le mouvement de cette conversation avait soutenu comme le soufflet qui joue sur une étincelle expirante. Ses lèvres balbutièrent cependant encore : — Un tiers de ligne! mais ce fut sa dernière parole.

Depuis le moment où nous avions renoncé à l'espoir de le conserver, on avait roulé son lit près de sa bibliothèque, d'où nous descendions un à un chaque volume qui paraissait appelé par ses yeux, en tenant plus longtemps exposés à sa vue ceux que nous jugions les plus propres à la flatter. Il mourut à minuit, entre un Deseuil et un Padeloup, les deux mains amoureusement pressées sur un Thouvenin[2].

Le lendemain nous escortâmes son convoi, à la tête d'un nombreux concours de maroquiniers éplorés, et nous fîmes sceller sur sa tombe une pierre chargée de l'inscription suivante, qu'il avait parodiée pour lui-même de l'épitaphe de Franklin[3] :

---

1. C'est à dire l'édition de 27 (1527), la plus rare de toutes.
2. Thouvenin, Deseuil et Padeloup furent de célèbres relieurs.
3. Benjamin Franklin, célèbre philosophe et homme d'État américain, né à Boston en 1706, mort à Philadelphie en 1790. Il dût sa popularité, qui fut universelle, à son *Almanach du Bonhomme Richard,* dont les éditions se sont multipliées par milliers aux États-Unis, et dont il existe des traductions dans toutes les langues. « Il fut, dit Laboulaye, un des maîtres de la vie humaine. » Dans l'histoire de la science il tient une place brillante pour avoir établi l'identité de la foudre avec l'électricité. Il eut une très grande part dans les événements qui décidèrent de l'indépendance des États-Unis. Toute sa gloire se résume dans ce vers latin composé pour son épitaphe :

Eripuit cœlo fulmen sceptrumque tyrannis

où faisant allusion à ses travaux scientifiques et à son rôle politique, on proclama que Franklin

Ravit la foudre aux cieux et le sceptre aux tyrans.

CI-GIT
SOUS SA RELIURE DE BOIS,
UN EXEMPLAIRE IN-FOLIO,
DE LA MEILLEURE ÉDITION
DE L'HOMME,
ÉCRITE DANS UNE LANGUE DE L'AGE D'OR,
QUE LE MONDE NE COMPREND PLUS.
C'EST AUJOURD'HUI
UN BOUQUIN
GATÉ,
MACULÉ,
DÉPAREILLÉ,
IMPARFAIT DU FRONTISPICE,
PIQUÉ DES VERS,
ET FORT ENDOMMAGÉ DE POURRITURE.
ON N'OSE ATTENDRE POUR LUI
LES HONNEURS TARDIFS
ET INUTILES
DE LA RÉIMPRESSION.

POLICHINELLE

Polichinelle ne montre pas ses pieds. Ce n'est que sur la foi de la tradition et des monuments qu'on peut assurer qu'il a des sabots.

POLICHINELLE

Polichinelle est un de ces grands personnages tout en dehors de la vie privée, qu'on ne peut juger que par leur extérieur et sur lesquels on se compose, par conséquent, des opinions plus ou moins hasardées, à défaut d'avoir pénétré dans l'intimité de leurs habitudes domestiques. C'est une fatalité attachée à la haute destinée de Polichinelle. Il n'y a point de grandeur humaine qui n'ait ses compensations.

Depuis que je connais Polichinelle, comme tout le monde le connaît, pour l'avoir rencontré souvent sur la voie publique, dans sa maison portative, je n'ai pas passé un jour sans désirer de le connaître mieux; mais ma timidité naturelle, et peut-être aussi quelque difficulté qui se trouve à la chose m'ont empêché d'y réussir. Mes ambitions ont été si bornées, que je ne me rappelle pas qu'il me soit arrivé, en ce genre, d'autre désappointement, et je n'en connais point de comparable à l'inconsolable douleur que celui-ci me laisserait au dernier moment, si j'ai le malheur d'y parvenir, sans avoir joui d'un entretien familier de Polichinelle, en audience particulière. Que de secrets de l'âme, que de curieuses révélations des mystères du génie et de la sensibilité, que d'observations d'une vraie et profonde philosophie il y aurait à recueillir dans la conversation de Polichinelle, si Polichinelle le voulait! Mais Polichinelle ressemble à tous les grands hommes de toutes les époques; il est quinteux, fantasque, ombrageux; Polichinelle est foncièrement mélancolique. Une expérience amère de la perversité de l'espèce, qui l'a d'abord rendu hostile envers ses semblables, et qui s'est convertie depuis en dédaigneuse et insultante ironie, l'a détourné de se commettre aux relations triviales de la société. Il ne consent

Une expérience amère de la perversité de l'espèce, a rendu Polichinelle hostile envers ses semblables.

à communiquer avec elle que du haut de sa case oblongue, et il se joue des vaines curiosités de la foule, qui le poursuivrait, sans le trouver, derrière le pan de vieux tapis dont il se couvre quand il lui plaît. Les philosophes ont vu bien des choses, mais je ne crois pas qu'il y ait un seul philosophe qui ait vu l'envers du tapis de Polichinelle. C'est qu'au milieu de cette multitude qui afflue au bruit de sa voix, Polichinelle s'est fait la solitude du sage et reste étranger aux sympathies qu'il excite de toutes parts, lui dont le cœur, éteint par l'expérience ou par le malheur, ne sympathise plus avec personne, si ce n'est peut-être avec son compère dont je parlerai une autre fois. Je suis trop occupé maintenant de Polichinelle pour m'arrêter aux accessoires. Un épisode ingénieux peut tenir sa place dans les histoires ordinaires, mais l'épisode serait oiseux, l'épisode serait inconvenant, j'ose dire qu'il serait profane dans l'histoire de Polichinelle.

On appréciera, je l'espère, à sa valeur mon grand travail sur Polichinelle (si je le conduis jamais à fin), par un seul fait qui est heureusement bien connu et que je rapporte sans vain orgueil comme sans fausse modestie. Bayle[1] adorait Polichinelle. Bayle passait les plus belles heures de sa laborieuse vie, debout, devant la maison de Polichinelle, les yeux fixés par le plaisir sur les yeux de Polichinelle, la bouche entr'ouverte par un doux sourire aux lazzis de Polichinelle, l'air badaud et les mains dans ses poches, comme le reste des spectateurs de Polichinelle. C'était Pierre Bayle que vous connaissez, Bayle l'avocat général des philosophes et le prince des critiques, Bayle qui a fait la biographie de tout le monde en quatre énormes in-folio ; et Pierre Bayle n'a pas osé faire la biographie de Polichinelle ! Je ne cherche pas toutefois dans ce rapprochement des motifs de m'enorgueillir, comme un sot écrivain amoureux de ses ouvrages. La civilisation marchait, mais elle n'était pas arrivée ; c'est la faute de la civilisation, ce n'est pas la faute de Bayle. Il fallait à Polichinelle un siècle digne de lui ; si ce n'est pas celui-ci, j'y renonce.

L'ignorance où nous sommes des faits intimes de la vie de Polichinelle était une des conditions nécessaires de sa suprématie sociale. Polichinelle, qui sait tout, a réfléchi depuis longtemps sur l'instabilité de notre foi politique et sur celle de nos religions. C'est sans doute lui qui a suggéré à Byron[2] l'idée qu'un système de

---

1. Célèbre érudit et critique français (1647-1706), auteur du dictionnaire *historique et critique* généralement connu sous son nom, et dans lequel il développe avec indépendance ses idées philosophiques et religieuses.
2. Poète anglais auteur de *Pèlerinage de Childe Harold* et d'un grand nombre d'autres poésies célèbres (1788-1824). Il fut un des héros de la guerre d'indépendance de la Grèce.

croyances ne durait guère plus de deux mille ans, et Polichinelle n'est pas homme à s'accommoder de deux mille ans de popularité, comme un législateur ou comme un sectaire. Polichinelle, qui a pour devise l'*Odi profanum vulgus*[1], a senti que les positions solennelles exigeaient une grande réserve, et qu'elles perdaient progressivement de leur autorité en s'abaissant à des rapports trop vulgaires. Polichinelle a pensé comme Pascal[2], si ce n'est Pascal qui l'a pensé comme Polichinelle, que le côté faible des plus hautes célébrités de l'histoire, c'est qu'elles touchaient à la terre par les pieds, et c'est de là que proviennent en effet ces immenses vicissitudes qui ont fait dire à Mahomet[3] :

Mon empire est détruit si l'homme est reconnu[4].

Polichinelle, logicien comme il l'est toujours, n'a jamais touché à la terre par les pieds. Il ne montre pas ses pieds. Ce n'est que sur la foi de la tradition et des monuments qu'on peut assurer qu'il a des sabots. Vous ne verrez Polichinelle ni dans les cafés ou les salons comme un grand homme ordinaire, ni à l'Opéra comme un souverain apprivoisé qui vient complaisamment, une fois par semaine, faire constater à la multitude son identité matérielle d'homme. Polichinelle entend mieux le *décorum* d'un pouvoir qui ne vit que par l'opinion. Il se tient sagement à son entresol au-dessus de toutes les têtes du peuple, et personne ne voudrait le voir à une autre place, tant celle-là est bien assortie à la commodité publique, et heureusement exposée à l'action des rayons visuels du spectateur. Polichinelle n'aspire point à occuper superbement le faîte d'une colonne, il sait trop comment on en tombe ; mais Polichinelle ne descendra de sa vie au rez-de-chaussée, comme Pierre de Provence[5],

---

1. Pensée d'Horace (poète latin célèbre), qui se flatte, dans cette maxime souvent répétée, de mépriser les jugements inconsidérés de la foule ignorant le goût.
2. Ecrivain et philosophe français (1623-1663), célèbre par ses *Pensées*.
3. Fondateur de l'islamisme (571-632), prophète et écrivain, auteur du *Coran*.
4. Citation tirée de *Mahomet*, tragédie de Voltaire. Cette pièce fut dédiée au pape Benoît XIV qui envoya à l'auteur sa bénédiction apostolique. Ce trait est une des anecdotes piquantes de la vie de Voltaire.
5. Nodier fait ici allusion à un ancien roman populaire qui paraît remonter au XVᵉ siècle et que certains critiques croient d'origine provençale. Sa célébrité était si grande qu'il eut jusqu'à 26 éditions et fut traduit dans les langues les plus répandues.

parce qu'il sait aussi que Polichinelle sur le pavé serait à peine quelque chose de plus qu'un homme; il ne serait qu'une marionnette. Cette leçon de la philosophie de Polichinelle est si grave qu'on a vu des empires s'écrouler pour l'avoir laissée en oubli, et qu'on ne connaît aujourd'hui de systèmes politiques bien établis

Polichinelle se cache sous un rideau qui ne doit être soulevé que par son compère.

que ceux dans lesquels elle a passé en dogme, celui de l'empereur de la Chine, celui du grand Lama[1], et celui de Polichinelle.

Aussi est-il des sophistes (et il n'en manque pas dans ce temps de paradoxes) qui vous soutiendront hardiment que Polichinelle se perpétue de siècle en siècle, à la ressemblance du grand Lama, sous des formes toujours semblables, dans des individus toujours nouveaux, comme si la nature prodigue pouvait incessamment fournir à la reproduction de Polichinelle! Il y a près d'un demi-siècle, à

---

1. Le grand Lama est le chef de la religion professée dans une partie de l'Inde.

mon grand regret, que je vois Polichinelle. Pendant tout ce temps-là, je n'ai guère vu que Polichinelle; je n'ai guère médité que sur Polichinelle; et je le déclare dans la sincérité de ma conscience, non loin du moment où je rendrai compte à Dieu de mes opinions philologiques et des autres, je suis encore à concevoir comment le monde pourrait en contenir deux.

Le secret de Polichinelle, qu'on cherche depuis si longtemps, consiste à se cacher à propos sous un rideau qui ne doit être soulevé que par son compère, comme celui d'Isis[1]; à se couvrir d'un voile qui ne s'ouvre que devant ses prêtres; et il y a plus de rapport qu'on ne pense entre les compères d'Isis et le grand-prêtre de Polichinelle. Sa puissance est dans son mystère, comme celle de ces talismans qui perdent toute leur vertu quand on en livre le mot. Polichinelle, palpable aux sens de l'homme comme Apollonius de Tyane[2], comme Saint-Simon, comme Debureau[3], n'aurait peut-être été qu'un philosophe, un funambule ou un prophète. Polichinelle idéal et fantastique occupe le point culminant de la société moderne. Il y brille au zénith de la civilisation, ou plutôt l'expression actuelle de la civilisation perfectionnée est tout entière dans Polichinelle; et si elle n'y était pas, je voudrais bien savoir où elle est.

Pour exercer à ce point l'incalculable influence qui s'attache au nom de Polichinelle, il ne suffisait pas de réunir le génie presque créateur des Hermès[4] et des Orphée[5], l'aventureuse témérité d'Alexandre[6], la force de volonté de Napoléon, et l'universalité de M. Jacotot[7]. Il fallait être *doué*, dans le sens que la féerie attribue

---

1. Déesse des Egyptiens. Sa statue reste toujours voilée.
2. Philosophe grec dont les prétendus miracles furent de son temps (97 de notre ère), mis en parallèle avec ceux de Jésus-Christ.
3. Les Debureau étaient deux, Gaspard (1796-1846) et son fils Charles (1829-1873), qui se rendirent célèbres dans la pantomime.
4. Nom que les Grecs donnaient à l'un de leurs dieux. C'est aussi le titre d'une célèbre grammaire philosophique, publiée au xviii° siècle par Hermès et qui est considérée comme un chef-d'œuvre.
5. Personnage de la Mythologie, considéré comme le créateur de la poésie.
6. Alexandre-le-Grand, roi de Macédoine (356-323 avant notre ère), un des grands conquérants, célèbre par ses victoires.
7. Jacotot, auteur d'un système encyclopédique d'enseignement universel basé sur la maxime « Tout est dans tout » (1770-1840).

à ce mot, c'est-à-dire pourvu d'une multitude de facultés de choix propres à composer une de ces individualités toutes-puissantes qui n'ont qu'à se montrer pour subjuguer les nations. Il fallait avoir reçu de la nature le galbe heureux et riant qui entraîne tous les cœurs, l'accent qui parvient à l'âme, le geste qui lie, et le regard

Le masque de Polichinelle a été retrouvé, saisissant de ressemblance, dans les fouilles de l'Égypte.

qui fascine. Je n'ai pas besoin de dire que tout cela se trouve en Polichinelle. On l'aurait reconnu sans que je l'eusse nommé.

Je vous ai déjà dit que Polichinelle était éternel, ou plutôt j'ai eu l'honneur de vous le rappeler en passant, l'éternité de Polichinelle étant, grâce à Dieu, de toutes les questions dogmatiques celle qui a été le moins contestée, à ma connaissance. J'ai lu du moins tous les livres de polémique religieuse que l'on a écrits depuis que l'on prend la peine d'en écrire, et je n'y ai trouvé de ma vie un seul mot qui pût mettre en doute l'indubitable éternité de Polichinelle, qui est attestée par la tradition monumentale, par la tradition écrite, et par la tradition verbale. — Pour la première, son masque a été retrouvé, saisissant de ressemblance, dans les fouilles de l'Égypte. On sait s'il est possible de se tromper sur la ressemblance du masque de Polichinelle ! et on m'assure que l'authenticité de ce portrait est au moins aussi bien démontrée que celle du testament autographe de Sésostris[1] qu'on a dernièrement retrouvé aussi quelque part, à la grande satisfaction des gens de goût qui ne pouvaient plus se passer du testament de Sésostris. Pour la tradition écrite elle ne remonte pas tout à fait si haut, mais nous savons que Polichinelle existait identiquement et nominativement à l'époque de la création de l'Académie[2], qui partage avec Polichinelle le privilège de l'immortalité, par lettres-patentes du roi. Il est vrai que Polichinelle ne fut pas de l'Académie, et qu'elle en parle même en termes un peu légers dans son *Dictionnaire*, mais cela s'explique naturellement par le sentiment d'aigreur que jettent des concurrences de gloire entre deux grandes notabilités. — Pour la tradition orale enfin, vous ne rencontrerez nulle part d'hommes assez vieux pour avoir vu Polichinelle plus jeune qu'il n'est aujourd'hui, et qui ait entendu parler à son bisaïeul d'un autre Polichinelle. — On a retrouvé le berceau de Jupiter dans l'île de Crète[3] ; on n'a jamais retrouvé le berceau de Polichinelle. « L'âge adulte est l'âge des dieux, » dit Hésiode[4] qui ne devait pas croire au berceau de Jupiter. L'âge adulte est l'âge aussi de Polichinelle, et je n'entends pas tirer de là une conséquence rigoureuse qui risquerait fort d'être une impiété. J'en conclus seulement qu'il a été donné à Polichinelle de fixer ce présent fugitif qui nous échappe toujours. Nous vieillissons incessamment, tous tant que nous sommes, autour de Polichinelle

---

1. Ramsès II, plus connu sous le nom de Sésostris, un des grands conquérants et des rois égyptiens les plus fameux.
2. La création de l'Académie française, par Richelieu, date de 1635.
3. L'île de Crète, ou Candie, située dans la Méditerranée a joué un grand rôle dans l'histoire de la Grèce. Homère en signale déjà l'importance dans l'*Iliade* (II, 646) et dans l'*Odyssée* (XIX, 175). On y montrait, dans l'antiquité, le monument élevé à Jupiter.
4. Poète grec célèbre, auteur des *Travaux et Jours*.

qui ne vieillit pas. Les dynasties passent ; les royaumes tombent, les pairies, plus vivaces que les royaumes, s'en vont ; les journaux, qui ont détruit tout cela, s'en iront faute d'abonnés. Que dis-je ! les nations s'effacent de la terre ; les religions descendent et disparaissent dans l'abîme du passé après les religions qui ont disparu ; l'Opéra-Comique a déjà fermé deux fois, et Polichinelle ne ferme

Polichinelle est invulnérable.

point ! Polichinelle fustige toujours le même enfant ; Polichinelle bat toujours la même femme ; Polichinelle assommera demain soir le Barigel[1] qu'il assommait ce matin, ce qui ne justifie en aucune manière le soupçon de cruauté que des historiens, ignorants ou prévenus, font peser mal à propos sur Polichinelle. Ses innocentes rigueurs ne se déploient que sur des acteurs de bois, car tous les acteurs du théâtre de Polichinelle sont de bois. Il n'y a que Polichinelle qui soit vivant.

Polichinelle est invulnérable ; et l'invulnérabilité des héros de

---

1. Personnage du théâtre de Guignol.

l'Arioste[1] est moins prouvée que celle de Polichinelle. Je ne sais si son talon est resté caché dans la main de sa mère quand elle le plongea dans le Styx[2], mais qu'importe à Polichinelle dont on n'a jamais vu les talons ? Ce qu'il y a de certain, et ce que tout le monde peut vérifier à l'instant même sur la place du Châtelet, si ces louables études occupent encore quelques bons esprits, c'est que Polichinelle, roué de coups par les sbires, assassiné par les *bravi*[3], pendu par le bourreau et emporté par le diable, reparaît infailliblement, un quart d'heure après, dans sa cage dramatique, aussi frisque, aussi vert et aussi galant que jamais, ne rêvant qu'amourettes clandestines et qu'espiègleries grivoises. *Polichinelle est mort! vive Polichinelle!* C'est ce phénomène qui a donné l'idée de la légitimité. Montesquieu l'aurait dit s'il l'avait su. On ne peut pas tout savoir.

Je poursuis. Polichinelle éternel et invulnérable, comme on voudrait l'être quand on ne sait pas ce que vaut la vie, Polichinelle a le don des langues, qui n'a été donné que trois fois : la première fois aux Apôtres, la seconde fois à la Société Asiatique[4], et la troisième fois à Polichinelle. Parcourez la terre habitée, si vous en avez le temps et le moyen ; allez aussi loin de Paris qu'il vous sera possible, et je vous le souhaite, en vérité, du plus profond de mon cœur. Cherchez Polichinelle, et que chercheriez-vous ? Je vous mets au défi de suspendre votre hamac dans un coin du globe où Polichinelle ne soit pas arrivé avant vous.

Polichinelle est cosmopolite. Ce que vous preniez d'abord pour la hutte du sauvage, c'est la maison de Polichinelle sous ses portières de coutil flottant (et vous savez si elle s'annonce de loin par le cercle joyeux qui l'entoure !). Polichinelle encore endormi, sa tête sur un bras et son bras sur la barre de sa tribune en plein vent, comme l'Aurore de La Fontaine[5], ne se sera pas réveillé au brusque appel de son compère, ou au retentissement de l'airain monnayé

---

1. Célèbre poète italien (1474-1533), auteur du *Roland furieux*.
2. Le Styx, fleuve de l'enfer mythologique. Achille y fut plongé par sa mère pour le rendre invulnérable, mais elle le retint par le talon, et c'est là qu'il fut blessé mortellement.
3. Pluriel de *bravo*, assassin soudoyé offrant son bras et son poignard à qui le paie.
4. Société fondée à Londres pour l'étude des langues orientales.
5. Célèbre fabuliste français (1621-1693).

qui sonne harmonieusement sur les pavés, que vous allez le voir tressaillir, sursaillir, bondir, danser, et que vous l'entendrez s'exprimer allégrement, comme un naturel, dans l'idiome du pays. Moi, voyageur nomade à travers toutes les régions de l'ancien monde, je n'ai pas fait vingt lieues sans retrouver Polichinelle, sans le retrouver naturalisé par les mœurs et par la parole, et si je ne l'avais pas retrouvé, je serais revenu ; j'aurais dit comme les compagnons de Regnard [1] :

Hic tandem stetimus nobis ubi defuit orbis [2].

Les colonnes d'Hercule [3] de la civilisation des modernes ! c'est la loge de Polichinelle.

Ce n'est pas tout: Polichinelle possède la véritable pierre philosophale, ou, ce qui est plus commode encore dans la manipulation, l'infaillible denier du juif-errant. Polichinelle n'a pas besoin de traîner à sa suite un long cortège de financiers, et de mander, à travers les royaumes, ses courtiers en estafettes et ses banquiers en ambassadeurs. Polichinelle exerce une puissance d'attraction qui agit sur les menus métaux comme la parole d'un ministre sur le vote d'un fonctionnaire public, puissance avouée, réciproque, solidaire, synallagmatique, amiable, désarmée de réquisitions, de sommations, d'exécutions et des moyens coërcitifs, à laquelle les contribuables se soumettent d'eux-mêmes et sans réclamer, ce qui ne s'est jamais vu dans aucun autre budget, depuis que le système représentatif est en vigueur, et ce qui ne se verra peut-être jamais, car la concorde des payeurs et des payés est encore plus rare que celle des frères. Il n'y a si mince prolétaire qui n'ait pris plaisir à s'inscrire, au moins une fois en sa vie, parmi les contribuables spontanés de Polichinelle. L'ex-capitaliste, ruiné par une banqueroute, le solliciteur désappointé, le savant dépensionné, le pauvre

---

1. Poète comique français, auteur du *Joueur*, du *Légataire universel*.

2. Nous voici parvenus aux limites du monde.

Ce vers est le dernier du quatrain inscrit par Regnard sur la montagne Metavara, lorsqu'il visita la Laponie, qui était, pour lui, l'extrémité septentrionale du monde connu.

3. Nom donné par les anciens aux montagnes situées au sud et au nord du détroit de Gibraltar. On désigne ainsi la limite extrême où l'on peut atteindre.

qui n'a ni feu ni lieu, philosophe, artiste ou poète, garde un sou
de luxe dans sa réserve pour la liste civile de Polichinelle. Aussi
voyez comme elle pleut, sans être demandée, sur les humbles parvis de son palais de bois ! C'est que les nations tributaires n'ont
jamais été unanimes qu'une fois sur la légalité du pouvoir, et c'était
en faveur de Polichinelle ; mais Polichinelle était l'expression d'une
haute pensée, d'une puissante nécessité sociale, et tout homme
d'État qui ne comprendra pas ce mystère, je le prouverai quand on
voudra, est indigne de presser la noble main du compère de Polichinelle.

L'incomparable ministre dont j'ai eu l'honneur d'être le secrétaire particulier, dans le temps où les ministres répondaient encore
aux lettres qui leur étaient écrites, se plaignant un jour de mes
inexactitudes régulières, j'essayai de m'excuser comme un écolier,
par le plaisir que j'avais pris à m'arrêter quelque temps devant la
loge de Polichinelle. « A la bonne heure, me dit-il en souriant,
« mais comment se fait-il que je ne vous y aie pas rencontré ?... »
Mot sublime qui révèle une immense portée d'études et de vues
politiques. Malheureusement il ne conserva le portefeuille que cinquante-trois heures et demie, et je ne le plaignis point, parce que
je connaissais la force et la stoïcité de son esprit. Polichinelle venait
de s'arrêter par hasard devant l'hôtel du ministère ; Polichinelle
insouciant et libre, en sa qualité de Polichinelle, du caprice et de
la mauvaise humeur des rois. Le ministre disgracié s'arrêta, par
un de ces échanges de procédés qui signalent les bonnes éducations, devant la loge de Polichinelle. Polichinelle chantait toujours ;
le ministre se remit à l'écouter avec autant de joie que s'il n'avait
jamais été ministre, et vous l'y trouverez peut-être encore ; mais
vous verrez, hélas ! qu'on n'ira pas le chercher là.

Les notabilités n'y manquent pas devant la loge de Polichinelle ! Tout le monde y passe à son tour ! Peu sont dignes de s'y
fixer. L'oisif hébété la laisse en dédain ; le flâneur, impatient de
nouvelles émotions, la salue tout au plus d'un regard de connaissance ; le pédant, pétrifié dans sa sotte science, la cligne en rougissant d'un coup d'œil honteux. Vous n'y craindrez pas le contact
effronté de la grossière populace aux goûts blasés et abrutis,

écume de l'émeute et de l'orgie, qui se roule, sale cohue, autour des monstres du carrefour, des disputes gymniques des cabarets et des échafauds du Palais ; elle a vu des enfants sans têtes et des enfants à deux têtes ; elle a vu des têtes coupées : elle ne se soucie plus de Polichinelle.

La clientèle ordinaire de Polichinelle est beaucoup mieux com-

Polichinelle possède une puissance d'attraction qui agit comme la parole d'un ministre sur le vote d'un fonctionnaire public.

posée. C'est l'étudiant, fraîchement émoulu de sa province, qui rêve encore les douceurs de sa famille et les adieux de sa mère. Hâtez-vous de goûter sur son visage frais et riant l'expansion de son dernier bonheur; demain il sera classique, romantique ou saint-simonien : il sera perdu ! — C'est le jeune député, patriote de conviction, honnête homme d'instinct, qui brave l'appel nominal pour venir méditer un moment avec Polichinelle sur les institutions rationnelles de la société. Loué soit Dieu qui l'a mis dans la bonne voie ! La tribune de Polichinelle lui apprendra plus de vérités en un quart d'heure que l'autre ne peut lui en désapprendre dans une session. — C'est le pair déshérité qui descend de son cabriolet, devenu plus modeste, pour se former au mépris des grandeurs humaines par l'exemple de Polichinelle. Homme heureux entre tous les hommes ! il a perdu la pairie, mais il a gagné la sagesse. — C'est l'érudit cassé de travail que Polichinelle délasse et reverdit, ou le philosophe épuisé de spéculations inutiles qui vient, en désespoir de cause, humilier ses doctrines trompées aux pieds invisibles de Polichinelle. — Et c'est encore mieux que tout cela !

Voilà, voilà Polichinelle, le grand, le vrai, l'unique Polichinelle ! Il ne paraît pas encore, et vous le voyez déjà ! Vous le reconnaissez à son rire fantastique, inextinguible comme celui des dieux. Il ne paraît pas encore ; mais il susurre, il siffle, il bourdonne, il babille, il crie, il parle de cette voix qui n'est pas une voix d'homme, de cet accent qui n'est pas pris dans les organes de l'homme, et qui annonce quelque chose de supérieur à l'homme, Polichinelle, par exemple. Il s'élance en riant, il tombe, il se relève, il se promène, il gambade, il saute, il se débat, il gesticule, et retombe démantibulé contre un châssis qui résonne de sa chute. Ce n'est rien ; c'est tout, c'est Polichinelle ! Les sourds l'entendent et rient ; les aveugles rient et le voient ; et toutes les pensées de la multitude enivrée se confondent en un cri : C'est lui ! c'est lui ! c'est Polichinelle !

Alors !... Oh ! c'est un spectacle enchanteur que celui-ci !... Alors les petits enfants, qui se tenaient immobiles d'un curieux effroi entre les bras de leurs bonnes, la vue fixée avec inquiétude sur le théâtre vide, s'émeuvent et s'agitent tout à coup, agrandissent encore leurs beaux yeux ronds pour mieux voir, s'approchent, se disputent la première place. — Ils s'en disputeront bien d'autres quand ils seront grands ! — Le flot de l'avant-scène roule à sa surface de petits bonnets, de petits chapeaux, de petits shakos, des toques, des casquettes, des bourrelets, de jolis bras blancs qui se contrarient, de jolies mains blanches qui se repoussent, et tout cela, vous savez pourquoi ? pour saisir, pour avoir Polichinelle vivant! Je le comprends à merveille; mais moi, pauvres enfants, moi qui ai grisonné là, derrière vos pères, il y a quarante ans que je l'attends!

Au second rang cependant se pressent les bonnes et les nourrices, épanouies, vermeilles, joyeuses comme d'autres enfants, sous le bonnet pointu et sous le bonnet rond, sous la cornette aux

Alors!... Oh! c'est un spectacle enchanteur que celui-ci!...

bandes flottantes et sous le madras en turban; les bonnes de la haute société surtout, aux manières de femmes de chambre, au cou penché, à l'épaule dédaigneuse, au geste rond, au regard oblique et acéré que darde, entre de longs cils, une prunelle violette. Je ne sais pas si cela est changé, mais je me souviens qu'elles étaient charmantes.

C'est ici que devrait commencer logiquement l'histoire de Polichinelle; mais ces prémisses philosophiques m'ont entraîné à des considérations si profondes sur les besoins moraux de notre malheureuse société, que l'attendrissement m'a gagné au premier chapitre de l'histoire de Polichinelle. L'histoire de Polichinelle, c'est, hélas! l'histoire entière de l'homme avec tout ce qu'il a d'aveugles croyances, d'aveugles passions, d'aveugles folies et d'aveugles joies. Le cœur se brise sur l'histoire de Polichinelle : *sunt lacrymœ rerum*[1] !

J'ai promis cependant l'histoire de Polichinelle. Eh! mon Dieu! je la ferai un jour, et je ferai plus que cela ; car c'est décidément le seul livre qui reste à faire! et si je ne le faisais pas, je vous conseille en ami de la demander à deux hommes qui la connaissent mieux que moi : — Cruyshank[2] et Charlet[3].

---

[1]. Expression tirée de l'*Enéide* et signifiant que la vue d'une grande infortune arrache des larmes.

[2]. L'orthographe exacte est Cruikshank, c'est le nom d'un célèbre caricaturiste anglais, né en 1792, mort en 1878.

[3]. Peintre et dessinateur français, né en 1792, mort en 1845, célèbre par ses « types militaires ».

BAPTISTE MONTAUBAN.

Vous ne perdrez pas un moment le petit sentier bien frayé que vous voyez courir là dans les prés.

BAPTISTE MONTAUBAN

— Je ne sortirai certainement pas de ces montagnes, dis-je à l'hôtesse en arrivant avec elle sur le pas de la porte, sans avoir vu ce bon M. Dubourg dont vous me parlez. C'était un des plus tendres amis de mon père. Il n'est que sept heures du matin ; trois lieues sont bientôt faites quand le temps est beau à souhait, et je peux disposer d'un jour sans préjudice pour mes affaires. Il me saurait mauvais gré de n'avoir pas dîné avec lui en passant, n'est-il pas vrai ?

— Il ne vous le pardonnerait pas, répondit-elle, puisqu'il n'y a pas de semaine qu'il n'envoie prendre des informations de votre arrivée.

— Je ne me pardonnerais pas davantage d'avoir manqué une occasion de vérifier ce que valent mes prophéties. J'ai prédit, il y a cinq ans, que sa fille Rosalie, qui n'en avait que douze, deviendrait une des piquantes beautés de la province, et je suis curieux de savoir si la petite brunette aux yeux bleus m'a fait mentir.

— Tenez-vous assuré du contraire, s'écria madame Gauthier. On irait à Besançon, et peut-être à Strasbourg (c'était pour madame Gauthier l'équivalent des antipodes), sans rencontrer sa pareille ; et avec cela, élevée comme un charme et sage comme une image ; mais n'allez pas vous y laisser prendre, pour rentrer ici au désespoir, comme vous faisiez du temps de l'autre. Tout gentil que vous êtes, vous pourriez en être cette fois pour vos peines et pour vos soupirs, car voilà déjà bien des mois qu'il est bruit qu'on la marie.

— Diable, diable ! madame Gauthier, vous me prenez toujours pour un jeune homme, quoique j'aie vingt-quatre ans passés, une fortune établie et une position sérieuse. Croyez-vous qu'un avocat stagiaire au barreau de Lons-le-Saulnier se passionne comme un légiste ou comme un clerc d'avoué?... Rassurez-vous, ma chère dame, et montrez-moi seulement le chemin qu'il faut que je tienne pour parvenir chez M. Dubourg, car j'ignorais même que sa maison de campagne fût si près d'ici.

— Vous ne serez pas embarrassé dans toute la première moitié de la route, répliqua-t-elle. Vous ne perdrez pas un moment le petit sentier bien frayé que vous voyez courir là dans les prés, le long de ce ruisseau bordé de saules ; mais une fois arrivé au pied du coteau qui ferme le Val, ce sera une autre affaire ; vous serez aux bois de Châtillon, qu'il faut traverser pour apercevoir le château, et comme ils ne sont pratiqués que par les bûcherons, qui y ont tracé dans leurs allées et venues bien des chemins qui se croisent, je me suis laissé dire que les gens du pays s'y égaraient quelquefois ; mais il ne manque pas de huttes et de baraques à la rive du bois, et vous n'aurez qu'à hucher pour vous procurer un guide.

Fort pénétré de ces utiles renseignements, je saluai mon hôtesse de la main ; je me mis en route, et je gagnai du pays en faisant des tirades pour le premier acte de ma tragédie, avec la délicieuse et immense préoccupation d'un homme qui se complaît dans ses vers. Aussi j'étais fort loin, au bout d'une heure, du petit sentier bien frayé qui court dans les prés le long d'un ruisseau bordé de saules, et je fus fort heureux, pour retrouver ma direction, que la colline ne se fût pas avisée de la fantaisie, à la vérité assez étrange, de se déranger de sa place.

Après avoir longtemps côtoyé la rive du bois, comme disait Madame Gauthier, en suivant inutilement un fourré si épais, que j'aurais à peine compris qu'il pût ouvrir passage à un lièvre poursuivi par les chiens, je fus frappé de la vue d'une petite maison toute blanche, c'est-à-dire assez fraîchement crépie, qui s'adossait au bois comme un oratoire couronné de feuillages, et autour de laquelle se fermait en carré une palissade à treillage fort serré d'où se répandaient de toutes parts des pampres de vigne, de flottantes guirlandes de liseron et de houblon, et des rameaux d'églantier chargés de fleurs. Je fis quelques pas et j'arrivai à l'entrée de ce

Aussi j'étais fort loin au bout d'une heure.

joli réduit, qui ne paraissait guère propre qu'à loger deux ou trois personnes. Sur un bout de banc joint à la porte du logis, et qui était élevé comme elle d'une marche ou deux au-dessus d'un potager de quelques pieds de surface, il y avait un jeune homme assis. Je pris le temps de le regarder, parce que lui ne me regardait pas. Il était vraisemblablement trop occupé pour s'apercevoir de ma présence.

Je ne dirais pas facilement ce qui, dans ce jeune homme, excita soudainement ma curiosité, mon intérêt, mon affection. Je ne suis pas romanesque, on le sait bien ; mais le lieu, la circonstance, la personne surtout, faisaient naître en moi une foule d'idées mélancoliquement poétiques, dont j'étais presque fâché de faire tort à ma composition. Je finis cependant par y prendre un plaisir très vif et par le goûter en silence.

Ce jeune homme, si absorbé dans ses pensées, qu'un peu de bruit que j'avais fait étourdiment en m'approchant de lui n'avait pu un moment l'en distraire, était beau comme une de ces figures qu'on rêve quand on s'endort sur une bonne action, et du sommeil d'un homme qui se porte bien. (Ce sont décidément les deux seules manières d'être heureux que je connaisse.) Il semblait délicat et même faible, et cependant sa blanche et gracieuse figure, qu'inondaient les flots d'une chevelure parfaitement bouclée, ne se serait peut-être pas refusée à l'expression d'une forte nature d'homme. A travers la suave douceur de ses traits languissants, on démêlait le caractère d'une méditation habituelle et d'une profonde résolution. Cela m'étonna.

— Eh quoi! pensai-je à part moi, envierais-tu dans ton cœur navré les avantages dont te privent les aveugles répartitions de la fortune? Regretterais-tu le droit qu'elle t'a ravi de prendre une part active aux agitations de la multitude, et de l'entraîner par l'amour ou de la soumettre par le génie? Dieu t'en préserve, pauvre ange! continuai-je en m'approchant encore de lui, car je l'aimais déjà beaucoup. Reste doux et pur comme te voilà dans ta force inutile, jouis de la solitude, et laisse aux ridicules tyrans du vieux monde, conquérant déçu ou roi détrôné que tu es sur la terre, l'empire absurde qu'ils y exercent depuis tant de siècles!

Le jeune homme tourna les yeux de mon côté, et me regarda fixement pendant que je le saluais. Il fit un mouvement pour se lever, je me hâtai de le retenir sur son banc, parce qu'il m'avait semblé malade.

— Je vous demande pardon, mon ami, lui dis-je, d'avoir interrompu le cours de vos pensées ; la rêverie est si belle à votre âge! Pourriez-vous m'indiquer, sans vous déranger davantage, le chemin du bois qui conduit à la maison de M. Dubourg? Elle ne doit pas être fort loin d'ici.

Il me regarda encore, mais sa physionomie avait subitement passé de l'expression d'une bienveillance timide à celle de l'inquiétude et de l'effroi. Cependant il parut réfléchir.

— La maison de M. Dubourg? répondit-il enfin, comme s'il avait cherché à recueillir quelques souvenirs très confus; Dubourg?

C'est là que j'ai vu pour la première fois des anges qui avaient pris la figure de femmes.

M. Dubourg? la maison de M. Dubourg?... Ah! ah! continua-t-il en riant, il y avait autrefois une belle maison de ce nom là, que j'ai habitée quand j'étais jeune. C'est là que j'ai vu pour la première fois des anges qui avaient pris la figure de femmes, des fleurs de toutes les saisons, et des oiseaux de tous les ramages... Mais ce n'était pas dans ce monde-ci.

Ensuite il laissa tomber sa tête sur ses mains, et oublia que j'étais là.

Je compris alors qu'il était idiot ou innocent, suivant le langage du pays. Merveilleuse société que la nôtre, où ces deux êtres d'élection, celui qui vit inoffensif envers tous, et celui qui vit solitaire, sont repoussés avec mépris jusqu'aux limites de la civilisation, comme de pauvres enfants morts sans baptême !

Au même instant la porte s'ouvrit près de moi, et j'y vis paraître une femme d'une cinquantaine d'années, qui était mieux vêtue que ne le sont ordinairement les paysannes.

— Eh quoi ! dit-elle, Baptiste, vous recevez un voyageur sans le presser d'accepter du lait et des fruits, et d'accorder à notre pauvre toit l'honneur de lui procurer un peu d'ombre et de délassement ?

— Ah ! madame ! m'écriai-je, ne le grondez pas, de grâce ! Il n'y a pas encore une minute que je suis à son côté, et son accueil m'a touché de manière à m'en souvenir toujours !

Baptiste n'avait pas même entendu sa mère. Il était retombé dans ses réflexions. Ses bras étaient croisés, sa tête pendait sur sa poitrine, et il murmurait des mots confus que je ne m'expliquais pas.

Je suivis la bonne femme dans une pièce assez vaste et d'une remarquable propreté, qui devait être la meilleure de la maison. Elle m'y fit asseoir sur une sorte de fauteuil d'honneur, dont le siège était assez joliment tressé de paille jaune et bleue, pendant qu'elle congédiait dans la chambre suivante une volée tout entière de petits oiseaux de la montagne et des champs, qui s'étaient à peine effarouchés à mon approche, et qui lui obéissaient avec un empressement charmant à voir, tant ils étaient bien apprivoisés.

Elle renouvela ensuite les offres qu'elle venait de me faire, et s'assit, sur mon refus réitéré, en me demandant à quoi du moins on pourrait m'être bon dans la maison blanche des bois.

— Je le disais à votre fils quand vous êtes survenue, lui répliquai-je, mais il m'a tout à fait oublié. Le pauvre enfant, madame, est bien affligé ! Le voyez-vous depuis longtemps dans cet état ?

— Non, monsieur, répondit-elle en essuyant une grosse larme, et cela même n'est pas continuel. Il est toujours triste, aussi triste qu'il est bon, le pauvre Baptiste ; mais il ne manque pas de suite dans ses idées et dans ses actions, quand de certains mots que je me garde bien comme vous pouvez croire, de prononcer devant lui, ne le rendent pas à ses accès. Comment ces mots le troublent, c'est ce que je ne sais pas. Je les évite, et voilà tout. Il était né si heureusement, ce cher enfant, qu'il faisait l'espoir et d'avance l'honneur de mes vieux jours ; mais le bon Dieu a changé tout à coup ses intentions sur lui !...

Ses larmes abondèrent à ces derniers mots. Je lui pris la main, en lui demandant pardon de renouveler de telles douleurs.

— Il faut vous dire, puisque vous avez la bonté de vous intéresser à Baptiste, reprit-elle avec plus de calme, que Joseph Montauban, mon mari, était le meilleur ouvrier en bâtiment du Grand-Vau. Cela n'empêchait pas que nous ne fussions fort pauvres, parce que c'était un bien mauvais temps pour l'ouvrage, et que ma famille, d'une condition supérieure à celle de Joseph, avait payé un tribut plus pénible encore aux événements ; mais cela ne fait rien à l'histoire. Nous ne savions trop à quel saint nous vouer, quand un riche et respectacle particulier de la contrée chargea mon mari de la construction d'une maison superbe que vous verrez si vous traversez le bois, car je crois que vous venez d'Aval. Quand la maison fut bâtie jusqu'aux combles, mon pauvre Joseph monta lui-même sur le faîte, comme chef d'ouvriers, pour y planter, selon l'usage, le bouquet et les banderoles d'honneur. Il était près d'y atteindre lorsqu'une pièce de la toiture qu'on avait, à notre grand malheur, oublié de fixer, lui manqua sous le pied. C'est ainsi qu'il mourut. M. Dubourg, qui était et qui est encore le propriétaire du bâtiment, se montra vivement sensible à une si cruelle infortune. Il fit construire pour mon fils et moi ce petit logement sur un terrain assez productif, qui lui appartenait, et dont il nous accorda la jouissance, en y joignant même une pension, afin de subvenir à l'insuffisance du revenu, et de nous mettre à l'abri de tout besoin ; enfin, non content de cela, il voulut encore se charger de l'éducation de Baptiste, qui avait alors cinq à six ans, et qui prévenait à la vérité tout le monde en sa faveur par son esprit précoce et sa jolie figure. Baptiste fut donc élevé chez M. Dubourg avec les mêmes soins et les mêmes maîtres qu'une aimable fille

de son bienfaiteur, qui a trois ans de moins. Cela dura pendant dix ans, et Baptiste avait si bien profité, qu'il ne lui manquait presque rien, au dire des gens les plus savants, pour se faire un chemin honorable dans le monde. M. Dubourg prit la peine de me le venir assurer ici, en ajoutant d'un ton sérieux, mais doux : « Vous comprenez, mère Montauban, qu'il se fait temps d'ailleurs que je sépare Baptiste de ma Rosalie. Il a seize ans, elle en a treize et davantage. Ces jeunes gens touchent à l'âge où vient l'amour ; quoique élevés comme frères et sœurs, ils savent bien qu'il en est autrement, et je n'ai peut-être que trop longtemps tardé à détourner ce piège de leur innocence. Il faut donc reprendre chez vous votre fils, ma bonne amie, en attendant que je lui aie procuré la position favorable dont il s'est rendu digne par ses études et par ses succès, dans quelque famille encore plus opulente que la mienne, ou dans quelque pensionnat en crédit. Il faut davantage, si vous m'en croyez : il faut que nos enfants s'accoutument à ne pas se voir, pour sentir moins péniblement cette privation quand ils seront séparés tout à fait. J'ai mes raisons pour cela, quoique rien ne m'ait indiqué entre eux d'autres rapports que ceux d'une pure et naturelle amitié.
— Baptiste est un ange de tendresse et de soumission. Dites-lui que je ne cesserai jamais de l'aimer, et faites-lui entendre, avec votre cœur et votre esprit de mère, que j'ai quelques motifs de le tenir éloigné de moi. Vous ne manquerez pas de prétexte ; et si vous parvenez à le convaincre que mon bonheur y est intéressé, je ne suis pas en peine de sa résolution. Cependant s'il n'y avait pas d'autre moyen, rappelez-lui mes propres paroles. Dites-lui alors que la réputation des filles est le trésor le plus précieux des pères, et que la voix publique m'imposerait bientôt un sacrifice plus rigoureux pour nous tous, si je ne prenais prudemment un peu d'avance sur le temps. Exigez de lui qu'il ne revienne pas à Château-Dubourg ; je l'en tiendrai pour reconnaissant, et non pour ingrat. — Un mot encore, continua-t-il. — Comme la vue de ma maison pourrait lui inspirer des regrets qui troubleraient son doux repos auprès de vous, obtenez de lui qu'il ne s'éloigne de la forêt de ce côté que jusqu'à cet endroit qu'on appelle la Bée, parce que le bois y prolonge à droite et à gauche deux longues ailes de futaies

qui cernent la route des voitures, à l'endroit où elle est fermée en demi-cercle par le cours de l'Ain. Vous savez que les premières clôtures de mon parc ne se montrent qu'après qu'on a quelque temps suivi ce détour. — Quant à son obéissance, je vous le répète ne vous en inquiétez pas ! Il mourrait plutôt que de manquer à sa parole !... »

« J'avais écouté M. Dubourg tout interdite, parce que mon esprit ne s'était jamais occupé du danger qui l'effrayait, et cependant ce qu'il disait me paraissait si raisonnable, que je me bornai, pour lui répondre, à des expressions de remerciement et de déférence.

« Je comprends, continua-t-il en se levant, que vos charges vont augmenter à mesure que les miennes diminueront, mais cela ne durera pas longtemps, car Baptiste est connu de mes amis sous les rapports les plus avantageux, et j'attends tous les jours la nouvelle qu'il est convenablement placé. En attendant recevez de mon amitié ces cent louis d'or pour vous procurer à tous deux, dans votre petite solitude, quelques douceurs auxquelles il est accoutumé, et comptez toujours sur moi.

« En parlant ainsi, M. Dubourg laissa là bourse et partit, sans vouloir, malgré mes instances, se déterminer à la reprendre.

« C'était l'époque où Baptiste venait chaque année passer quelques semaines avec moi ; il apportait alors ses livres, ses herbiers, ses ustensiles de science. J'étais bien heureuse ! Il ne trouva donc pas étonnant son déplacement d'habitude ; j'aime à croire qu'il l'aurait même désiré, cette fois-là comme à l'ordinaire. Jamais il n'avait été plus beau, plus animé, plus satisfait de vivre, quoique naturellement porté à la tristesse depuis son enfance ; et cela fut bien pendant quelques jours. Seulement je m'affligeais qu'il travaillât tant, de crainte, comme il n'était que trop vrai, que sa santé ne pût tenir à une si continuelle occupation. « Tu as bien le temps, lui dis-je un soir, de feuilleter et de refeuilleter tes auteurs ! Nous ne nous quitterons plus que lorsque tu auras une place, et on n'en trouve pas à volonté dans un pays où il y a tant de savants, surtout depuis la révolution. » Là-dessus je lui racontai ce que m'avait dit M. Dubourg.

« Quand j'eus fini, Baptiste sourit, ne répliqua pas, fit la prière, m'embrassa, et alla se coucher fort tranquille.

« Le lendemain et les jours suivants, il me parut abattu. Il ne parla pas. Je ne m'en étonnai point ; je l'avais vu souvent de cette manière.

« Au bout d'une semaine cependant (il y a quatre ans de cela),

Là-dessus je lui racontai ce que m'avait dit M. Dubourg.

je crus m'apercevoir que son esprit se troublait. Mère infortunée ! c'était ce que j'avais prévu quand il s'opiniâtrait malgré moi dans ses études. Il renonça dès ce moment à ses livres, mais il était trop tard. Il disait des paroles qui n'avaient point de sens ; ou qui signifiaient des choses que je ne comprenais plus. Il riait, il pleurait sans motif ; il n'était bien que seul ; il s'adressait aux arbres, aux oiseaux, comme s'il en avait été entendu ; et ce qu'il y a d'extraordinaire, mais que je n'oserais vous raconter si vous ne veniez d'en voir la preuve, c'est qu'on croirait que les oiseaux le comprennent, à la facilité avec laquelle ils s'en laissent prendre. Ne serait-il pas possible, monsieur, que le bon Dieu, qui a donné un instinct à ces petits animaux pour éviter leurs ennemis, leur eût permis aussi de reconnaître l'innocent qui est incapable de leur vouloir du mal, et qui ne les aime que pour les aimer?... »

Ce récit m'avait grandement ému, et je crois qu'il aurait produit le même effet sur vous, si je m'étais trouvé assez de puissance pour vous le rendre, ainsi que je l'ai entendu, dans son éloquente simplicité. Je passai ma main sur mon front comme pour en écarter les soucis qu'il y avait fait descendre, et puis j'en couvris mes yeux pour me dispenser d'une explication douloureuse et d'un entretien inutile.

— J'ai abusé trop longtemps de votre patience, reprit la mère de Baptiste. Revenons, je vous en prie, à ce que vous pourriez désirer de nous. Il n'y a rien ici qui ne soit à votre service.

— Rien, rien, lui répondis-je avec attendrissement. Je n'avais à vous demander que le chemin de la forêt qui conduit chez M. Dubourg et qui en ramène, car il faut absolument que je rentre ce soir.

— Vous êtes aussi bien tombé que possible pour vous en instruire, monsieur; nous y touchons, mais il n'est pas fort aisé. Baptiste va vous conduire. Il ne vit pas un jour sans aller à la Bée de l'Ain, jusqu'à un certain endroit que je lui ai défendu de passer, et voici justement l'heure où il se met en chasse. Je vous prie seulement de vouloir bien ne pas lui parler de cette maison, parce qu'il me semble que le souvenir de son ancien séjour chez son bienfaiteur n'est pas bon à la raison de mon enfant.

— Quel témoignage de ma reconnaissance pourrais-je vous offrir pour ce service?

— Oh! pour ce qui est de cela, répliqua-t-elle en sursaut, vous ne sauriez en parler sans me mortifier. Nous n'avons besoin de rien, et nous sommes au contraire en état de faire quelque chose pour des voyageurs peu favorisés de la fortune, qui se présentent rarement dans ces chemins écartés. Bien plus, — mais c'est une condition nécessaire, — l'unique grâce que j'attends de vous, c'est de n'avoir aucun égard aux sollicitations de ce genre que Baptiste oserait vous adresser, parce que leur objet accoutumé m'inquiète. Me le promettez-vous?

Je n'hésitai pas. — Au même instant, elle frappa deux fois des mains, et tous les petits oiseaux que j'avais vus un moment auparavant s'empressèrent à la porte avec des gazouillements confus.

— Eh! ce n'est pas encore vous, continua-t-elle, impatients

Vous voilà donc bien sage et bien beau! dit la mère de Baptiste en le baisant au front.

que vous êtes! vos grains ne sont pas triés et vos mangeoires ne sont pas nettes.

Ensuite elle frappa un troisième coup.

A ce dernier signal, Baptiste entra, salua, s'approcha de sa mère, s'assit sur ses genoux, et lia un bras caressant autour de ses épaules.

— Vous voilà donc bien sage et bien beau! dit la mère de Baptiste en le baisant au front. Voyez, monsieur, si je n'ai pas un aimable enfant ! un doux et docile enfant, qui sera mon enfant toute la vie, comme si je l'avais gardé au berceau ? Pensez-vous que je sois à plaindre ?

Elle pleurait pourtant.

— Ce n'est pas tout, Baptiste ; il faut vous récréer un peu, car vous n'avez pas encore pris d'exercice aujourd'hui, bien que l'air fût si tiède et le soleil si riant ! Jamais on n'a vu tant de papillons ! Vous savez, d'ailleurs, que nous avons deux serins verts des dernières couvées qui n'ont point de femelles, et il y a longtemps que vous pensez à remplacer votre vieux chardonneret qui est mort d'âge !

Baptiste fit entendre par des gestes et des cris de joie que sa mère allait au-devant de ses désirs.

— Allez donc mettre vos guêtres de ratine rouge et votre toque polonaise à gland d'or pour faire honneur à monsieur, et conduisez-le jusqu'auprès de la Bée de l'Ain, où vous l'attendrez en chassant à votre ordinaire. Je n'ai pas besoin de vous dire que vous me feriez de la peine en l'accompagnant plus loin.

Je regardais Baptiste avec un intérêt curieux pour savoir quel effet produisait sur lui cette défense, car je croyais avoir pénétré une partie de son secret dans le récit de sa mère. Je ne m'aperçus pas que le nom de la Bée d'Ain lui rappelât rien autre chose. Il alla mettre sa toque polonaise et ses guêtres de ratine rouge, revint, embrassa la bonne femme, et courut devant moi en sifflant, tandis que tous les oiseaux du bois se hâtaient à chanter et à voleter autour de lui. J'imaginai sans peine qu'ils se seraient posés à l'envi sur la toque et sur les épaules de Baptiste, si son compagnon ne les eût effrayés.

Après une demi-heure de marche, nous traversâmes les baraques des bûcherons. Les enfants s'amassèrent sur notre passage.

— Oh ! voilà, criaient-ils, l'innocent aux rouges guêtres, le fils à la mère Montauban, qui va chasser sans filets. — Bonne chasse, brave Bâti ! rapportez-nous quelque oiseau, un gros geai bleu à moustaches, un beau compère-loriot noir et jaune, ou un de ces méchants piverts qui font des trous dans nos arbres ; — et ne fût-ce qu'un verdier.

— Non, non, leur répondait Baptiste, vous n'aurez plus de mes oiseaux comme par le passé, et je me repens bien de vous en avoir donné quelquefois. Vous les emprisonnez dans des cages au lieu de les retenir par des caresses. Vous leur coupez les ailes et vous les faites souffrir ! Vous n'aurez plus de mes oiseaux. L'esprit de Dieu est dans l'oisillon qui vole ; il n'est pas dans le cruel enfant qui le garrotte, qui le mutile, qui le tue et qui le mange. Vous êtes une race méchante, et les petits oiseaux du ciel sont mes frères.

Et Baptiste reprit sa course au milieu des éclats de rire de ces misérables enfants, qui s'étonnaient sans doute de le trouver tous les jours plus stupide et plus insensé !

Je les aurais volontiers frappés, car je ne pouvais me défendre d'aimer Bâti de plus en plus.

Quand nous fûmes arrivés à la Bée d'Ain, Baptiste s'arrêta comme si une barrière de fer s'était opposée à son passage ; il recula même de quelques pas, et se retourna du côté de la forêt en appelant ses oiseaux.

— Oh ! oh ! dit-il, où êtes-vous, les jolis, les mignons, les bien-aimés ?... Où êtes-vous, les jeunes serines du taillis ? où êtes-vous, Rosette ? où êtes-vous, Finette ? Faut-il croire que vous ne m'aimiez plus, ingrates que vous êtes, et plus mauvaises que des femmes, si le hibou ne vous a mangées ! Venez, petites, venez, mes belles ! j'ai des maris à vous donner, deux serins verts d'une couvée !... — Tenez, continua-t-il, en jetant sur le gazon sa toque polonaise, qui laissa ses grands cheveux blonds se répandre sur ses épaules ; dormez là-dedans mes filles, sans rien craindre des hommes, des oiseleurs et des serpents, car je veille sur vous comme une mère sur ses petits.

Pendant qu'il parlait ainsi, je m'étais un peu plus avancé. Je plongeais mes yeux dans cette belle eau si claire et si limpide qui baigne, mon cher Jura, le pied des nobles montagnes qui font ta gloire, et où il n'y a de trop que des villes et des habitants ! L'Ain est un autre ciel dont l'azur n'a rien à envier à celui où nagent les soleils, et le Timave[1] peut-être est le seul digne de lui être comparé sur la terre.

Le langage de Baptiste me tira de ma contemplation. Je m'approchai de sa toque à pas timides et suspendus, mais en souriant

Baptiste se retourna du côté de la forêt en appelant ses oiseaux.

intérieurement de ma crédulité. — Les petites serines y étaient cependant. Elles s'accroupirent en se pressant l'une contre l'autre, hérissèrent et dressèrent leurs plumes pour s'en mieux couvrir,

---

1. Fleuve d'Istrie, formant autrefois la frontière entre cette région et la Vénétie, et ayant son embouchure dans la baie de Tergeste (Trieste).

comme la phalange en tortue qui se cache sous ses boucliers[1], et laissèrent à peine briller au dehors un œil inquiet qu'elles auraient bien voulu rendre menaçant. Je n'ai pas besoin de vous dire que je me retirai soudainement pour ne pas les effrayer davantage.

— Quoique votre chasse, dis-je à Baptiste, me paraisse heureuse et complète, il est probable que vous ne retournerez pas ce matin à la Maison-Blanche des Bois. Votre mère vous a recommandé de l'exercice, et j'espère encore vous trouver en revenant. En tout cas, j'ai assez bien remarqué mon chemin pour ne pas m'y tromper, et je serais fâché de vous retenir ici contre votre gré. Mais, si je ne dois pas vous revoir, Baptiste, j'aurais du regret de vous avoir quitté sans vous laisser quelque souvenir de mon amitié. Gardez en mémoire de moi cette montre d'argent, si vous n'aimez mieux une double pièce d'or pour acheter quelque chose qui vous convienne davantage. — Et ne me refusez pas !

— Une montre ! dit l'innocent en me prenant la main... Croyez-vous donc que le soleil s'éteigne aujourd'hui ? — De l'or ? ma mère en a encore pour nos pauvres. Que saurais-je en faire au milieu de mes oiseaux ?

— Vous n'avez donc rien à désirer, Baptiste ?

— Rien, car ma mère ne m'a rien refusé... si ce n'est un méchant couteau !...

Cette idée me glaça le sang. Je me rappelai ce que m'avait dit sa mère.

— Dieu me garde, Baptiste, de vous donner un couteau. Ma bonne nourrice, qui vit encore, m'a répété cent fois que ce triste cadeau coupait les attachements. — Et d'ailleurs, les gens tels que vous et moi, mon ami, ne portent pas de couteau... Je ne me suis jamais muni de cette arme de l'homme carnassier, du boucher et de l'assassin.

Baptiste se rassit à côté de sa toque polonaise, et se remit à parler à ses serines.

Je l'observais un moment avant de poursuivre ma route, quand

---

1. Allusion à la manœuvre exécutée par les soldats romains faisant l'assaut d'une citadelle.

je m'entendis nommer par un groupe de cavaliers qui la suivaient dans la direction même que j'allais prendre.

— Maxime ici, dirent-ils, Maxime au bord des eaux bleues de l'Ain ! Que le ciel en soit loué ! Mais arrive donc ! les amis de Dubourg ne doivent pas manquer à la bénédiction nuptiale de sa belle Rosalie, et il est déjà plus de midi !...

J'attendis ; je crus le voir sourire, et puis revenir à ses oiseaux.

— Malheureux ! pensai-je, et d'abord je ne répondis pas. Baptiste m'occupait trop. Il avait en effet tourné sur eux des yeux fixes, mais sans expression déterminée. J'attendis ; je crus le voir sourire, et puis revenir à ses oiseaux. Je me flattai qu'il n'avait pas entendu ou qu'il n'avait pas compris, et je me joignis à mes nouveaux compagnons de voyage, sans le perdre tout à fait de vue. Il paraissait tranquille.

La noce fut gaie comme une noce. Les hommes n'ont jamais l'air si heureux que le jour où ils abdiquent leur liberté. Rosalie était charmante, plus charmante que je ne me l'étais faite, mais plus soucieuse encore que ne l'est ordinairement une jeune fille qui se marie. Son âme entretenait sans doute un souvenir vague de ces beaux jours de l'enfance où elle avait dû rêver d'autres amours et un autre époux. J'en ressentis un secret plaisir !...

Quant au marié, c'était le type complet du gendre de convenance dont les familles se glorifient, c'est-à-dire un grand garçon d'une constitution forte qu'aucune émotion n'avait jamais altérée ; doué de cette assurance imperturbable que beaucoup de fortune et un peu d'usage donnent aux sots ; parlant haut, parlant longtemps, parlant de tout, riant de ce qu'il disait ; forçant les autres à prendre part en dépit d'eux à la satisfaction qu'il avait de lui-même ; gros industriel, teint superficiellement de physique, de chimie, de jurisprudence, de politique, de statistique et de phrénologie ; éligible par droit de patente et de capacité foncière ; du reste, libéral, classique, philanthrope, matérialiste, et le meilleur fils du monde : — un homme insupportable !

Je partis aussitôt que j'en fus le maître, dissimulant adroitement mon évasion à travers la confusion des plaisirs et des fêtes. J'étais pressé de revoir Baptiste.

Lorsque j'arrivai à la pointe du bois, près de l'endroit où la Bée de l'Ain s'enfonce profondément dans les terres, je fus un moment surpris de voir la rivière parcourue par quelques petites barques fort agiles que je n'avais pas remarquées le matin. Je supposai qu'elles appartenaient à des gens du canton qui s'efforçaient d'approvisionner Château-Dubourg pour les festins du soir et du lendemain. Tout à coup les barques se rapprochèrent, les paysans descendirent, et un groupe assez épais se forma autour de quelque chose. Je ne suis pas curieux. Je ne sais pourquoi je courus.

— C'est bien lui, murmurait un vieux pêcheur, c'est le pauvre innocent aux rouges guêtres, c'est le garçon à la mère Montauban, qui se sera noyé en poursuivant une hirondelle au vol, sans se rappeler que la rivière fût là, — s'il ne l'a fait d'intention, ce que Dieu veuille épargner à son âme ! Bâti, le bon, l'honnête Bâti !

regardez ce qu'il est devenu. Le malheureux enfant ne me demandera plus de couteau !

— Attendez, attendez, dis-je en reprenant le sentiment et la pensée, et en me précipitant vers le cadavre... Il n'est peut-être pas encore mort!...

Bâti, le bon, l'honnête Bâti! regardez ce qu'il est devenu.

— Mais comment voulez-vous, mon brave jeune homme, repartit un autre pêcheur, qu'il ne soit pas encore mort, puisque c'est un de nos petits qui était où nous sommes, et qui a vu de loin quelqu'un se jeter dans l'Ain, à l'instant où la cavalcade des amis de M. Dubourg a commencé à déborder la pointe du bois? Nous sommes venus au cri du petit, nous avons mis sept heures à chercher l'homme, et voilà que nous le trouvons. Alors il est mort ! et il n'est que trop mort à toujours !

— Quel bonheur ? s'écria un joli petit garçon d'une dizaine d'années en s'élançant dans le bois. — Je sais, moi, où il a laissé sa toque polonaise, qui est toute pleine, comme un nid, de jeunes serines vertes !...

J'ai repassé depuis dans le pays. Je n'ai pu obtenir aucun renseignement sur la mère de Baptiste ; il faut qu'elle soit morte ou retournée dans son village.

LE SONGE D'OR

Les jeunes filles sont toutes fières quand le Kardouon les regarde au passage avec des yeux d'amour et de joie.

LE SONGE D'OR

CHAPITRE PREMIER

LE KARDOUON

Le kardouon est, comme tout le monde le sait, le plus joli, le plus subtil et le plus accort des lézards. Le kardouon est vêtu d'or comme un grand seigneur; mais il est timide et modeste, et il vit seul et retiré; c'est ce qui l'a fait passer pour savant. Le kardouon n'a jamais fait de mal à personne, et il n'y a personne qui n'aime le kardouon. Les jeunes filles sont toutes fières quand il les regarde au passage avec des yeux d'amour et de joie, en redressant son cou bleu chatoyant de rubis entre les fentes d'une vieille muraille, ou en faisant étinceler sous les feux du soleil les reflets innombrables du tissu merveilleux dont il est habillé.

Elles se disent entre elles: « Ce n'est pas toi, c'est moi que le kardouon a regardée aujourd'hui, c'est moi qu'il trouve la plus belle, et qui serai son amoureuse. »

Le kardouon n'y pense pas. Le kardouon cherche çà et là de bonnes racines pour fêtoyer ses camarades et s'en goberger avec eux sur une pierre resplendissante à la pleine chaleur du midi.

Un jour, le kardouon trouva dans le désert un trésor, tout composé de pièces à fleur de coin si jolies et si polies, qu'on aurait cru qu'elles venaient de gémir et de sauter en bondissant sous le balancier. Un roi qui se sauvait s'en était débarrassé là pour aller plus vite.

« Vertu de Dieu! dit le kardouon, voici, ou je me trompe fort, quelque précieuse denrée qui me vient à point pour mon hiver ! Ce doivent être au pire des tranches de cette carotte fraîche et sucrée qui réveille toujours mes esprits quand la solitude m'ennuie ; seulement je n'en vis jamais d'aussi appétissantes. »

Et le kardouon se glissa vers le trésor, non directement, parce que ce n'est pas sa manière, mais en traçant de prudents détours ; tantôt la tête levée, le museau à l'air, le corps tout d'une venue, la queue droite et verticale comme un pieu ; tantôt arrêté, indécis, penchant tour à tour chacun de ses yeux vers le sol pour y appliquer sa fine oreille de kardouon, et chacune de ses oreilles pour en relever son regard ; examinant la droite, la gauche, écoutant partout, voyant tout, se rassurant de plus en plus, filant un trait comme un brave kardouon, se retirant sur lui-même en palpitant de terreur, comme un pauvre kardouon qui se sent poursuivi loin de son trou, et puis, tout heureux et tout fier, relevant son dos en cintre, arrondissant ses épaules à tous les jeux de la lumière, roulant les plis de son riche caparaçon, hérissant les écailles dorées de sa cotte de mailles, verdoyant, ondoyant, fuyant, lançant aux vents la poussière sous ses doigts, et la fouettant de sa queue. C'était sans contredit le plus beau des kardouons.

Quand il fut arrivé au trésor, il y plongea deux perçants regards, se raidit comme un bâton, se redressa sur ses deux pieds de devant, et tomba sur la première pièce d'or qui s'offrit à ses dents.

Il s'en cassa une.

Le kardouon silla de dix pieds en arrière, retourna plus réfléchi, mordit plus modestement.

« Elles sont diablement sèches, dit-il. Oh ! que les kardouons qui amassent ainsi des tranches de carottes pour leur postérité sont coupables de ne pas les tenir dans un endroit humide où elles conservent leur qualité nourrissante ! Il faut convenir, ajouta-t-il intérieurement, que l'espèce du kardouon n'est guère avancée ! Quant à moi, qui dînai l'autre jour, et qui ne suis pas, grâce au ciel, pressé d'un méchant repas comme un kardouon du commun, je vais transporter cette provende sous le grand arbre du désert, parmi des herbes humectées de la rosée du ciel et de la fraîcheur des sources ; je m'endormirai à côté sur un sable doux et fin que la première aube vient échauffer ; et, quand une maladroite d'abeille qui se lève, tout étourdie, de la fleur où elle a dormi, m'éveillera de ses bourdonnements, en tourbillonnant comme une folle, je commencerai le plus beau déjeuner de prince qu'ait jamais fait un kardouon. »

Le kardouon dont je parle était un kardouon d'exécution. Ce qu'il avait dit, il le fit ; c'est beaucoup. Dès le soir, tout le trésor, transporté pièce à pièce, rafraîchissait inutilement sur un beau tapis de mousses aux longues soies qui fléchissaient sous son poids. Au-dessus, un arbre immense étendait ses branches luxuriantes de verdure et de fleurs, comme pour inviter les passants à goûter un agréable sommeil sous son ombrage.

Et le kardouon fatigué s'endormit paisiblement en rêvant racines fraîches.

Ceci est l'histoire du kardouon.

CHAPITRE II

XAÏLOUN

Le lendemain survint dans le même endroit le pauvre bûcheron Xaïloun, qui fut grandement attiré par le mélodieux glouglou des eaux courantes, et par le frais et riant froufrou de la feuillée. Ce lieu de repos flatta tout d'abord la paresse naturelle de Xaïloun, qui était encore loin de la forêt, et qui, selon son usage, ne se souciait pas autrement d'y arriver.

Comme il y a peu de personnes qui aient connu Xaïloun de son vivant, je vous dirai que c'était un de ces enfants disgraciés de la nature, qu'elle semble n'avoir produits que pour vivre. Il était assez mal fait de sa personne, et fort empêché de son esprit ; au demeurant, simple et bonne créature, incapable de faire le mal, incapable d'y penser, et même incapable de le comprendre ; de sorte que sa famille n'avait vu en lui depuis l'enfance qu'un sujet de tristesse et d'embarras. Les rebuts humiliants auxquels Xaïloun était sans cesse exposé lui avaient inspiré de bonne heure le goût d'une vie solitaire, et c'était pour cela qu'on lui avait donné la profession de bûcheron, à défaut de toutes celles que lui interdisait l'infirmité de son intelligence ; car on ne l'appelait à la ville que l'imbécile Xaïloun. — Les enfants le suivaient en effet dans les rues avec des rires malins, en criant : « Place, place à l'honnête Xaïloun, à Xaïloun, le plus aimable bûcheron qui ait jamais manié la cognée, car voilà qu'il va causer de science avec son cousin le kardouon dans les clairières du bois. Oh ! le digne Xaïloun ! »

Et ses frères se retiraient de son passage en rougissant d'une orgueilleuse pudeur.

Mais Xaïloun ne faisait pas semblant de les voir, et il riait aux enfants.

Xaïloun s'était accoutumé à penser que la pauvreté de ses vête-

-ments entrait pour beaucoup dans les motifs de ce dédain et de ces dérisions journalières, car aucun homme n'est porté à juger désavantageusement de son esprit; il en avait conclu que le kardouon, qui est beau entre tous les habitants de la terre quand il se pavane au soleil, était la plus favorisée des créatures de Dieu ; et il se promettait en secret, s'il pénétrait un jour dans les intimes amitiés du kardouon, de se parer de quelque mise-bas de sa garde-robe de fête, pour entrer en se prélassant dans le pays, et fasciner les yeux des bonnes gens de toutes ces munificences.

— D'ailleurs, ajoutait-il, quand il avait réfléchi autant que le permettait son jugement de Xaïloun, le kardouon est, dit-on, mon cousin, et je m'en aperçois à la sympathie qui m'entraîne vers cet honorable personnage. Puisque mes frères m'ont rebuté par mépris, je n'ai point d'autre proche parent que le kardouon, et je veux vivre avec lui, s'il me reçoit bien, quand je ne serais bon qu'à lui faire tous les soirs une large litière de feuilles sèches pour son sommeil, qu'à border proprement son lit quand il s'endort, et qu'à chauffer sa chambre d'un feu clair et réjouissant, lorsque la saison devient mauvaise. Le kardouon peut vieillir avant moi, poursuivit Xaïloun; car il était déjà preste et beau que j'étais encore tout petit, et que ma mère me le montrait en disant: Tiens, voilà le kardouon ! — Je sais, s'il plaît à Dieu, les soins qu'on peut rendre à un malade et les petites douceurs dont on l'amuse. C'est dommage qu'il soit un peu fier !

A la vérité, le kardouon répondait mal aux avances ordinaires de Xaïloun. A son approche il disparaissait comme un éclair dans le sable et ne s'arrêtait que derrière une butte ou une pierre pour tourner sur lui de côté deux yeux étincelants qui auraient fait envie aux escarboucles. Xaïloun le regardait alors d'un air respectueux, en lui disant à mains jointes:

« Hélas! mon cousin, pourquoi me fuyez-vous, moi qui suis votre ami et votre compère ? Je ne demande qu'à vous suivre et à vous servir, de préférence à mes frères, pour lesquels je voudrais mourir, mais qui me paraissent moins gracieux et moins aimables que vous. Ne rebutez pas comme eux votre fidèle Xaïloun, si vous avez besoin, par hasard, d'un bon domestique. »

Mais le kardouon s'en allait toujours, et Xaïloun rentrait en pleurant chez sa mère, parce que son cousin le kardouon n'avait pas voulu lui parler.

Ce jour-là sa mère l'avait chassé en le frappant de colère et en le poussant par les épaules :

Mais, que diable garde-t-il là et que prétend-il faire de toutes ces petites drôleries de plomb jaune ?

— Va-t'en, misérable ! lui avait-elle dit, va rejoindre ton cousin le kardouon, indigne que tu es d'avoir d'autres parents !

Xaïloun avait obéi à l'ordinaire, et il cherchait son cousin le kardouon.

— Oh ! oh ! dit-il en arrivant sous l'arbre aux larges ramées, en voilà vraiment bien d'un autre... Mon cousin le kardouon qui s'est endormi sous ces ombrages, au confluent de toutes les sources, quoique cela ne soit pas dans ses habitudes! — Une belle occasion, s'il en fût jamais, de causer d'affaire avec lui à son réveil. — Mais que diable garde-t-il là, et que prétend-il faire de toutes ces petites drôleries de plomb jaune, si ce n'est qu'il les ait préparées pour rajeunir ses habits? C'est peut-être qu'il est de noces. Foi de Xaïloun, il y a des dupeurs aussi au bazar des kardouons, car cette ferraille est fort grossière à la voir, et il n'y a pas une des pièces du vieux pourpoint de mon cousin qui ne vaille mille fois mieux. J'attendrai cependant qu'il m'en dise son avis, s'il est d'une humeur plus parlante que de coutume; car je dormirai commodément à cette place, et, comme j'ai le sommeil léger, je me réveillerai aussitôt que lui.

A l'instant où Xaïloun allait se coucher, il fut soudainement frappé d'une idée.

— La nuit est fraîche, dit-il, et mon cousin le kardouon n'est pas exercé comme moi à coucher sur le bord des sources et à l'abri des forêts. L'air du matin n'est pas salutaire.

Xaïloun ôta son habit et l'étendit doucement sur le kardouon, en prenant toutes les précautions nécessaires pour ne pas le réveiller. Le kardouon ne se réveilla point.

Quand il eut fait cela, Xaïloun s'endormit profondément en rêvant à l'amitié du kardouon.

Ceci est l'histoire de Xaïloun.

CHAPITRE III

LE FAQUIR ABHOC

Le lendemain survint dans le même endroit le faquir Abhoc, qui feignait d'aller en pèlerinage, mais qui cherchait dans le fait quelque bonne chape-chute de faquir.

Comme il s'approchait de la source pour se reposer, il aperçut le trésor, l'enveloppa du regard, et en supputa promptement la valeur sur ses doigts.

— Grâce inespérée, s'écria-t-il, que le Dieu très puissant et très miséricordieux accorde enfin à ma société après tant d'années d'épreuves, et qu'il a daigné mettre, pour m'en rendre la conquête plus facile, sous la simple garde d'un innocent lézard de murailles et d'un pauvre garçon imbécile ?

Je dois vous dire que le faquir Abhoc connaissait parfaitement de vue Xaïloun et le kardouon.

— Que le ciel soit loué en toutes choses ! ajouta-t-il en s'asseyant quelques pas plus loin. Adieu la robe de faquir, les longs jeûnes et les rudes mortifications de corps. Je vais changer de pays et de vie, et acheter, au premier royaume où je me trouverai bien, quelque bonne province qui me rapporte de gros revenus. Une fois établi dans mon palais, je ne m'occupe désormais que de me réjouir au milieu de mes jolies esclaves, parmi les fleurs et les parfums, et que de bercer mollement mes esprits au son de leurs instruments de musique, en sablant des vins exquis dans la plus large de mes coupes d'or. Je me fais vieux, et le bon vin égaye les cœurs de vieillards. — Il me paraît seulement que ce trésor sera lourd à porter, et il siérait mal en tous cas à un grand seigneur terrien comme je suis, qui a une multitude de domestiques et une milice innombrable, de s'abaisser à un office de porte-faix, même quand je ne devrais pas être vu. Pour que le prince du peuple attire à soi le respect de ses sujets, il faut qu'il se soit accoutumé à se respecter lui-même. On croirait d'ailleurs que ce manant n'a pas été envoyé ici à d'autre fin que de me servir, et, comme il est plus robuste qu'un bœuf, il transportera aisément tout mon or jusqu'à la ville prochaine, où je lui ferai présent de ma défroque et de quelque basse monnaie à l'usage des petites gens.

Grâce inespérée ! s'écria le faquir.

Après cette belle allocution intérieure, le faquir Abhoc, bien certain que son trésor n'avait rien à redouter du kardouon ni du misérable Xaïloun, qui était aussi loin que le kardouon d'en connaître la valeur, se laissa entraîner sans résistance aux douceurs du sommeil, et il s'endormit fièrement en rêvant de sa province, de son harem peuplé des plus rares beautés de l'Orient et de son vin de Schiraz écumant dans des coupes d'or.

Ceci est l'histoire du faquir Abhoc.

CHAPITRE IV

LE DOCTEUR ABHAC

Le lendemain survint dans le même endroit le docteur Abhac, qui était un homme très versé dans toutes les lois, et qui avait perdu sa route en méditant sur un texte embrouillé, dont les juristes donnaient déjà cent trente-deux interprétations différentes. Il était sur le point de saisir la cent trente-troisième, quand l'aspect du trésor la lui fit oublier tout net, en transportant sa pensée sur le terrain scabreux de l'invention, de la propriété et du fisc. Elle s'anéantit si bien dans sa mémoire, qu'il ne l'aurait pas retrouvée en cent ans. C'est une grande perte.

— Il appert, dit le docteur Abhac, que c'est le kardouon qui a découvert le trésor, et celui-ci n'excipera pas, j'en réponds, de son droit d'invention pour réclamer sa part légale dans le partage. Ledit kardouon est donc évincé de fait. Quant au fisc et à la propriété, je tiens que le lieu est vague, commun, propre à chacun et à tous, de façon que l'État et le particulier n'y ont rien à voir, ce qui est d'une heureuse opportunité dans l'occurrence actuelle, ce confluent d'eaux errantes marquant, si je ne me trompe, une délimitation litigieuse entre deux peuples belliqueux, et des guerres longues et sanglantes ayant à surgir du conflit possible de deux juridictions. Je ferais donc un acte innocent, légitime, et même provide, en emportant le trésor de céans, si je pouvais m'en charger d'un voyage. — Quant à ces deux aventuriers, dont l'un me paraît être un malotru de boquillon et l'autre un méchant faquir, gens sans nom, sans aveu et sans poids, il est probable qu'ils ne se sont couchés ici que pour procéder demain à un partage amiable, parce qu'ils ne savent ni textes ni commentaires, et qu'ils se sont estimés d'égale force. — Mais ils ne s'en tireront pas sans procès, ou j'y perdrai ma réputation. Seulement, comme le sommeil me gagne, à cause de la grande contention d'esprit que cette affaire m'a donnée, je vais prendre acte de possession en mettant quelques-unes de ces pièces dans mon turban, pour qu'il conste ostensiblement et péremptoirement en la cour, si la cause y est évoquée, de l'antériorité de mon droit ; celui qui possède la chose par appétence

Il appert, dit le docteur Abhac, que c'est le kardouon qui a découvert le trésor.

d'avoir, tradition d'avoir eu, et première occupation, étant présumé propriétaire, ainsi qu'il est écrit.

Et le docteur Abhac munit son turban de tant de pièces de conviction, qu'il passa une grande partie du jour à le traîner, le pauvre homme, jusqu'à l'endroit où mourait, aux rayons du soleil horizontal, l'ombre des rameaux protecteurs. Encore y retourna-t-il à plusieurs reprises, bourrant toujours son turban de nouveaux témoins, tant qu'enfin il se décida bravement à en combler la forme, sauf à dormir la tête nue au serein.

— Je ne suis pas embarrassé de me réveiller, dit-il en appuyant son occiput, fraîchement rasé, sur le turban bouffi qui lui servait d'oreiller. Ces gens-ci se disputeront dès le point du jour, et ils seront trop heureux d'avoir un docteur ès lois sous la main pour les accommoder, ce qui m'assure part et vacation.

Après quoi le docteur Abhac s'endormit magistralement, en rêvant procédure et or.

Ceci est l'histoire du docteur Abhac.

CHAPITRE V

LE ROI DES SABLES

Le lendemain, au déclin du jour, survint dans le même endroit un fameux bandit dont l'histoire ne conserve pas le nom, mais qui était dans toute la contrée la terreur des caravanes, aux-

Le lendemain, survint dans le même endroit un fameux bandit.

quelles il imposait d'énormes tributs, et qu'on appelait, pour cette raison, le *Roi des Sables*, si les Mémoires de cette époque reculée sont fidèles. Jamais il n'était entré si avant dans le désert, parce que cette route n'était guère fréquentée des voyageurs, et l'aspect de cette source et de ces ombrages réjouit son cœur, ordinairement si peu sensible aux beautés de la nature, de manière qu'il avisa de s'y arrêter un moment.

— Je n'ai pas été mal inspiré vraiment, murmura-t-il entre ses dents en apercevant le trésor. Le kardouon veille ici, suivant l'usage immémorial des lézards et des dragons, à la garde de cet amas d'or dont il n'a que faire, et ces trois insignes écornifleurs sont venus de compagnie pour se le partager. Si je me charge de tout ce butin pendant qu'ils dorment, je ne manquerai pas de réveiller le kardouon, qui réveillera ces misérables, car il a toujours l'œil au guet, et j'aurai affaire au lézard, au bûcheron, au faquir et à l'homme de loi, qui sont gens âpres à la curée et capables de la défendre. La prudence m'enseigne qu'il vaut mieux feindre de dormir à côté d'eux tant que les ténèbres ne sont pas tout à fait tombées, puisqu'il paraît qu'ils se sont proposé de passer ici la nuit, et je profiterai ensuite de l'obscurité pour les tuer un à un d'un bon coup de kangiar. Ce lieu est si infréquenté, que je ne crains pas d'être empêché demain au transport de ces richesses, et je me propose même de ne pas partir sans avoir déjeuné de ce kardouon, dont la chair est fort délicate, à ce que j'ai ouï dire à mon père.

Et il s'endormit à son tour, en rêvant assassinats, pillage et kardouons cuits sur la braise.

Ceci est l'histoire du *Roi des Sables*, qui était un voleur, et qu'on nommait ainsi pour le distinguer des autres.

CHAPITRE VI

LE SAGE LOCKMAN

Le lendemain survint dans le même endroit le sage Lockman, le philosophe et le poète ; Lockman, l'amour des humains, le précepteur des peuples et le conseiller des rois ; Lockman, qui cherchait souvent les solitudes les plus écartées pour y méditer sur la nature et sur Dieu.

Et Lockman marchait d'un pas tardif, parce qu'il était affaibli par son grand âge, car il avait atteint, le même jour, le trois centième anniversaire de sa naissance.

Lockman s'arrêta au spectacle qu'offraient alors les environs de l'arbre du désert, et il réfléchit un instant.

« Le tableau que votre divine bonté montre à mes regards, s'écria-t-il enfin, renferme, ô sublime Créateur de toutes choses ! d'ineffables enseignements, et mon âme est accablée, en le contemplant, d'admiration pour les leçons qui résultent de vos œuvres, et de compassion pour les insensés qui ne vous connaissent point.

« Voilà un trésor, comme s'expriment les hommes, qui a peut-être coûté bien des fois à son maître le repos de l'esprit et de l'âme.

« Voilà le kardouon qui a trouvé ces pièces d'or, et qui, éclairé par le faible instinct dont vous avez pourvu son espèce, les a prises pour des tranches de racines desséchées par le soleil.

« Voilà le pauvre Xaïloun, dont l'éclat des vêtements du kardouon avait ébloui les yeux, parce que son intelligence ne pouvait pas percer, pour remonter jusqu'à vous, les ténèbres qui l'enveloppaient comme les langes d'un enfant au berceau, et adorer, dans ce magnifique appareil, la main toute puissante qui en décore à son gré les plus viles de ses créatures.

« Voilà le faquir Abhoc, qui s'est fié à la timidité naturelle du kardouon et à l'imbécillité de Xaïloun pour rester seul possesseur de tant de biens et se rendre opulent sur ses vieux jours.

« Voilà le docteur Abhac, qui a compté sur le débat que devait exciter, au réveil, le partage de ces trompeuses vanités de la fortune pour se faire médiateur entre les prétendants, et s'attribuer double part.

« Voilà le *Roi des Sables*, qui est venu le dernier, en roulant des idées fatales et des projets de mort, à la manière accoutumée de ces hommes déplorables que votre grâce souveraine abandonne aux passions de la terre, et qui se promettait peut-être d'égorger les premiers venus pendant la nuit, autant que j'en peux juger par la violence désespérée avec laquelle sa main s'est fermée sur son kangiar.

« Et tous cinq se sont endormis pour toujours sous l'ombre empoisonnée de l'upas, dont un souffle de votre colère a jeté ici les semences funestes du fond des forêts de Java. »

Quand il eut dit ce que je viens de dire, Lockman se prosterna, et il adora Dieu.

Et quand Lockman se fut relevé, il passa la main dans sa barbe et il continua :

« Le respect qui est dû aux morts, reprit-il, nous défend de laisser leurs dépouilles en proie aux bêtes du désert. Le vivant juge le vivant, mais le mort appartient à Dieu. »

Et il détacha de la ceinture de Xaïloun la serpe du bûcheron pour creuser trois fosses.

Dans la première fosse il mit le faquir Abhoc.

Dans la seconde fosse il mit le docteur Abhac.

Dans la troisième fosse il enterra le *Roi des Sables*.

« Quant à toi, Xaïloun, continua Lockman, je t'emporterai hors de l'influence mortelle de l'arbre-poison, pour que tes amis, s'il t'en reste sur la terre depuis la mort du kardouon, puissent venir te pleurer sans danger à l'endroit où tu reposeras ; et je le ferai ainsi, mon frère, parce que tu as étendu ton manteau sur le kardouon endormi pour le préserver du froid. »

Ensuite Lockman emporta Xaïloun bien loin de là, et il lui

creusa une fosse dans un petit ravin tout fleuri que les sources du désert baignaient souvent sans jamais l'inonder, sous des arbres dont les frondes flottantes au vent n'épanchaient autour d'elles que de la fraîcheur et des parfums.

Et quand cela fut fini, Lockman passa une seconde fois la main

Après quoi Lockman creusa une fosse très profonde, et y enterra le trésor.

dans sa barbe; et après y avoir réfléchi, Lockman alla chercher le kardouon, qui était mort sous l'arbre-poison de Java.

Après quoi Lockman creusa une cinquième fosse pour le kardouon au-dessus de celle de Xaïloun, sur un petit revers mieux exposé au soleil, dont les rayons naissants éveillent la gaieté des lézards.

Dieu me préserve, dit Lockman, de séparer dans la mort ceux qui se sont aimés !

Et, quand il eut parlé ainsi, Lockman passa une troisième fois sa main dans sa barbe ; et après y avoir réfléchi, Lockman retourna jusqu'au pied de l'arbre upas.

Après quoi il creusa une fosse très profonde, et il y enterra le trésor.

— Cette précaution, dit-il en souriant dans son âme, peut sauver la vie d'un homme ou celle d'un kardouon.

Après quoi Lockman continua son chemin avec une grande fatigue pour venir se coucher près de la fosse de Xaïloun, et il se sentit défaillir avant d'y arriver, à cause de son grand âge.

Et quand Lockman fut arrivé à la fosse de Xaïloun, il défaillit tout à fait, se laissa tomber sur la terre, éleva son âme vers Dieu, et mourut.

Ceci est l'histoire du sage Lockman.

CHAPITRE VII

L'ESPRIT DE DIEU

Le lendemain survint dans l'air un de ces esprits de Dieu que vous n'avez jamais vu que dans vos songes, qui planait, remontait, semblait se perdre parfois dans l'azur éternel, redescendait encore, et se balançait à des hauteurs que la pensée ne peut mesurer, sur de larges ailes bleues, comme un papillon géant.

A mesure qu'il se rapprochait, on le voyait déployer les anneaux d'une chevelure blonde comme l'or dans la fournaise, et il se laissait aller au courant des airs qui le berçaient, en jetant ses bras d'ivoire et sa tête abandonnée à tous les petits nuages du ciel.

Puis il se posa, en bondissant du pied, sur les frêles rameaux, sans peser sur une feuille, sans faire fléchir une fleur; et puis, il vola, en la caressant du battement de ses ailes, autour de la fosse récente de Xaïloun.

— Eh quoi! s'écria-t-il, Xaïloun est donc mort, Xaïloun que le ciel attend, à cause de son innocence et de sa simplicité?

Et de ses larges ailes bleues, qui caressaient la fosse de Xaïloun, il laissa tomber au milieu de la terre qui le couvrait une petite plume qui soudainement y prit racine, y germa et s'y développa comme le plus beau panache qu'on ait jamais vu couronner le cercueil des rois; ce qu'il fit pour mieux le retrouver.

Alors il aperçut le poète qui s'était endormi dans la mort comme dans un rêve joyeux, et dont tous les traits riaient de paix et de félicité.

— Mon Lockman aussi, dit l'esprit, a voulu rajeunir pour se rapprocher de nous, quoiqu'il n'ait passé qu'un petit nombre de saisons parmi les hommes, qui n'ont pas eu le temps, hélas! de profiter de ses leçons. Viens cependant, mon frère, viens avec moi, réveille-toi de la mort pous me suivre; allons au jour éternel, allons à Dieu!...

Au même instant il appliqua un baiser de résurrection sur

L'ange souleva légèrement Lockman de son lit de mousse, et le précipita dans le ciel.

le front de Lockman, le souleva légèrement de son lit de mousse, et le précipita dans le ciel si profond que l'œil des aigles se fatigua de les chercher, avant de s'être tout à fait ouvert à leur départ.

Ceci est l'histoire de l'ange.

CHAPITRE VIII

LA FIN DU SONGE D'OR

Ce que je viens de raconter s'est passé il y a des siècles infinis, et depuis ce temps-là le nom du sage Lockman n'est jamais sorti de la mémoire des hommes.

Et depuis ce temps-là l'upas étend toujours ses rameaux, dont l'ombre donne la mort, entre des sources qui coulent toujours.

Ceci est l'histoire du monde.

TRÉSOR DES FÈVES ET FLEUR DES POIS

(CONTES DES FÉES)

La vieille découvrit dans un coin, sous les touffes les plus dures, un superbe garçon de huit à dix mois.

TRÉSOR DES FÈVES ET FLEUR DES POIS

(CONTE DES FÉES)

> Tout ce que la vie a de positif est mauvais
> Tout ce qu'elle a de bon est imaginaire.
>
> BRUSCAMBILLE.

Il y avait une fois un pauvre homme et une pauvre femme qui étaient bien vieux, et qui n'avaient jamais eu d'enfants : c'était un grand chagrin pour eux, parce qu'ils prévoyaient que dans quelques années ils ne pourraient plus cultiver leurs fèves et les aller vendre au marché. Un jour qu'ils sarclaient leur champ de fèves (c'était tout ce qu'ils possédaient avec une petite chaumière, je voudrais bien en avoir autant); un jour, dis-je, qu'ils sarclaient pour ôter les mauvaises herbes, la vieille découvrit dans un coin, sous les touffes les plus drues, un petit paquet fort bien troussé qui contenait un superbe garçon de huit à dix mois, comme il paraissait à son air, mais qui avait bien deux ans pour la raison, car il était déjà sevré. Tant il y a qu'il ne fit point de façons pour accepter des fèves bouillies qu'il porta aussitôt à sa bouche d'une manière fort délicate. Quand le vieux fut arrivé du bout de son champ aux acclamations de la vieille, et qu'il eut regardé à son tour le bel enfant que le bon Dieu leur donnait, le vieux et la vieille se mirent à s'embrasser en pleurant de joie ; et puis ils firent hâte de regagner la chaumine, parce que le serein qui tombait pouvait nuire à leur garçon.

Une fois qu'ils furent rendus au coin de l'âtre, ce fut bien un autre contentement, car le petit leur tendait les bras avec des rires charmants, et les appelait *maman* et *papa*, comme s'il ne s'en était jamais connu d'autres. Le vieux le prit donc sur son genou, et l'y fit sauter doucement, comme les demoiselles qui se promènent à cheval, en lui adressant mille paroles agréables, auxquelles l'enfant répondait à sa manière, pour ne pas être en reste avec le vieux dans une conversation si honnête. Et, pendant ce temps, la vieille allumait un joli feu clair de gousses de fèves sèches qui éclairait toute la maison, afin de réjouir les petits membres du nouveau venu par une douce chaleur, et de lui préparer une excellente bouillie de fèves où elle délaya une cuillerée de miel qui en fit un manger délicieux. Ensuite elle le coucha dans ses beaux langes de fine toile qui étaient fort propres, sur la meilleure couchette de paille de fèves qu'il y eût à la maison; car de la plume et de l'édredon, ces pauvres gens n'en connaissaient pas l'usage. Le petit s'y endormit très bien.

Quand le petit fut endormi, le vieux dit à la vieille : Il y a une chose qui m'inquiète, c'est de savoir comment nous appellerons ce bel enfant, car nous ne connaissons pas ses parents, et nous ne savons pas d'où il vient. — La vieille, qui avait de l'esprit, quoique ce ne fût qu'une simple femme de campagne, lui répondit sur-le-champ : Il faut l'appeler Trésor des Fèves, parce que c'est dans notre champ de fèves qu'il nous est venu, et que c'est un véritable trésor pour la consolation de nos vieux jours. — Le vieux convint qu'on ne pouvait rien imaginer de mieux.

Je ne vous dirai pas en détail comment se passèrent tous les jours suivants et toutes les années suivantes, ce qui allongerait beaucoup l'histoire. Il suffit que vous sachiez que les vieux vieillirent toujours, tandis que Trésor des Fèves devenait à vue d'œil plus fort et plus beau. Ce n'est pas qu'il eût beaucoup grandi, car il n'avait que deux pieds et demi à douze ans ; et quand il travaillait dans son champ de fèves, qu'il tenait en grande affection, vous l'auriez à grand'peine aperçu de la route ; mais il était si bien pris dans sa petite taille, si avenant de figure et de façons, si doux et cependant si résolu en paroles, si brave dans son sarrau bleu de ciel à rouge ceinture, et sous sa fine toque des dimanches au panache de fleurs de fèves, qu'on ne pouvait s'empêcher de l'admirer comme un vrai miracle de nature, en sorte qu'il y avait nombre de gens qui le croyaient génie ou fée.

Il faut avouer que bien des choses donnaient crédit à cette supposition du moyen peuple. D'abord la chaumine et son champ de fèves, où une vache n'eût trouvé que brouter quelques années auparavant, étaient devenus un des bons domaines de la contrée, sans que l'on pût dire comment; car de voir des pieds de fèves qui poussent, qui fleurissent, qui passent fleur, et des fèves qui mûrissent dans leur gousse, il n'y a vraiment rien de plus ordinaire; mais de voir un champ de fèves qui grandit sans qu'on n'y ait rien ajouté par acquisition ou par empiètement méchamment fait sur le terrain d'autrui, c'est ce qui passe la portée de l'entendement. Cependant le champ de fèves allait toujours grandissant et grandissant, grandissant à vent, grandissant à bise, grandissant à matin, grandissant à ponant; et les voisins avaient beau mesurer leurs terres, leur compte s'y trouvait toujours avec le bénéfice d'une sexterée ou deux, de manière qu'ils en vinrent à penser naturellement que tout le pays était en croissance. D'un autre côté, les fèves donnaient si fort, que la chaumine n'aurait pu contenir sa récolte, si elle ne s'était notablement élargie; et cependant elles avaient manqué partout à plus de cinq lieues à la ronde, ce qui les rendait hors de prix, à cause du grand usage qu'on en faisait à la table des rois et des seigneurs. Au milieu de cette abondance, Trésor des Fèves suffisait à toutes choses, retournant la terre, triant les semences, mondant les plants, sarclant, fouissant, serfouant, moissonnant, écossant, et, de surcroît, entretenant soigneusement les haies et les échaliers; après quoi il employait le temps qui lui restait à recevoir les acheteurs et à régler les marchés; car il savait lire, écrire et calculer sans avoir appris: c'était une véritable bénédiction.

Une nuit que Trésor des Fèves dormait, le vieux dit à la vieille:
— Voilà Trésor des Fèves qui a porté un grand avantage à notre bien, puisqu'il nous a mis en état de passer, sans rien faire, quelques années qui nous restent à vivre encore. En lui donnant par testament l'héritage de tout ceci, nous n'avons fait que lui rendre ce qui lui

appartient ; mais nous serions ingrats envers cet enfant si nous n'avisions à lui procurer un rang plus convenable dans le monde que celui de marchand de fèves. C'est bien dommage qu'il soit trop modeste pour avoir brevet de savant dans les universités, et un tantet trop petit pour être général.

— C'est dommage, dit la vieille, qu'il n'ait pas étudié pour apprendre le nom de cinq ou six maladies en latin ; on le recevrait médecin tout de suite.

— Quant aux procès, continua le vieux, j'ai peur qu'il n'ait trop d'esprit et de raison pour en jamais débrouiller un seul.

— J'ai toujours eu en idée, reprit la vieille, qu'il épouserait Fleur des Pois quand il serait d'âge.

— Fleur des Pois, dit le vieillard en hochant la tête, est bien trop grande princesse pour épouser un pauvre enfant trouvé, qui n'aura vaillant qu'une chaumine et un champ de fèves. Fleur des Pois, ma mie, est un parti pour le sous-préfet ou pour le procureur du roi, et peut-être pour le roi lui-même s'il devenait veuf. Nous parlons ici de choses sérieuses, et vous n'êtes pas raisonnable.

— Trésor des Fèves l'est plus que nous deux ensemble, répondit la vieille, après avoir un brin réfléchi. C'est d'ailleurs lui que l'affaire concerne, et il serait de mauvaise grâce de la pousser plus avant sans le consulter. — Là-dessus le vieux et la vieille s'endormirent profondément.

Le jour commençait à poindre quand Trésor des Fèves sauta de son lit pour aller au champ, selon sa coutume. Qui fut étonné? ce fut lui, de ne trouver que ses habits de fête au bahut où il avait rangé les autres en se couchant. — C'est cependant jour ouvrable ou jamais, si le calendrier n'est pas en défaut, dit-il à part lui ; et il faut que ma mère ait quelque saint à chômer, dont je n'ouïs parler de ma vie, pour m'avoir préparé durant la nuit mon beau sarrau et ma toque de cérémonie. Qu'il soit fait pourtant comme elle l'entend, car je ne voudrais pas la contrarier en rien dans son grand âge, et quelques heures perdues se retrouveront aisément sur ma semaine, en me levant plus tôt et rentrant plus tard. Sur quoi Trésor des Fèves s'habilla aussi galamment qu'il le put, après avoir prié Dieu pour la santé de ses parents et la prospérité de ses fèves.

Comme il se disposait à sortir, afin d'avoir au moins un coup d'œil à donner à ses échaliers avant le réveil de la vieille et du vieux, il rencontra la vieille sur l'huis, qui apportait un bon brouet tout fumant, et le plaça sur sa petite table avec une cuiller de bois :

Trésor des Fèves rencontra la vieille sur l'huis, qui apportait un bon brouet tout fumant.

— Mange, mange, lui dit-elle, et ne te fais pas faute de ce brouet au miel avec une pointe d'anis vert, comme tu l'aimais quand tu étais encore tout enfant ; car tu as du chemin, mon mignon, et beaucoup de chemin à faire aujourd'hui.

— Voilà qui est bien, dit Trésor des Fèves en la regardant d'un air étonné ; mais où donc m'envoyez-vous ?

La vieille s'assit sur une escabelle qui était là, et les deux mains sur ses genoux :

— Dans le monde, répondit-elle en riant, dans le monde,

mon petit Trésor ! tu n'as jamais vu que nous, et deux ou trois méchants regrattiers auxquels tu vends tes fèves pour fournir aux dépenses de la maisonnée, digne garçon que tu es ; et comme tu dois être un jour un grand monsieur, si le prix des fèves se soutient, il est bon, mon mignon, que tu fasses des connaissances dans la belle société. Il faut te dire qu'il y a une grande ville, à trois quarts de lieue d'ici, où l'on rencontre à chaque pas des seigneurs en habit d'or, et des dames en robe d'argent, avec des bouquets de roses tout autour. Ta jolie petite mine si gracieuse et si éveillée ne manquera pas de les frapper d'admiration ! et je serai bien trompée si tu passes le jour sans obtenir quelque profession honorable où l'on gagne beaucoup d'argent sans travailler, à la Cour ou dans les bureaux. Mange donc, mange, mignon, et ne te fais pas faute de ce brouet au miel avec une pointe d'anis vert.

Comme tu connais mieux la valeur des fèves que celle de la monnaie, continua la vieille, tu vendras au marché ces six litrons de fèves choisies à la grande mesure. Je n'en ai pas mis davantage pour ne pas te charger ; avec cela, les fèves sont si chères au temps présent, que tu serais bien empêché d'en rapporter le prix, quand on te payerait tout en or. Aussi nous entendons, ton père et moi, que tu en emploieras moitié à t'ébaudir honnêtement, comme il convient à ton âge, ou en achats de quelques joyaux bien ouvrés, propres à te récréer le dimanche, tels que montre d'argent à breloques de rubis ou d'émeraude, bilboquets d'ivoire et toupies de Nuremberg. Le reste du montant, tu le verseras à la caisse.

Pars donc, mon petit trésor, puisque tu as fini ton brouet, et avise de ne pas t'attarder en courant après les papillons, car nous mourrions de douleur si tu ne rentrais avant la nuit. Garde aussi les chemins battus, crainte des loups.

— Vous serez obéie, ma mère, dit Trésor des Fèves en embrassant la vieille, quoique j'aimasse mieux pour mon plaisir passer la journée au champ. Quant aux loups, je n'en ai cure avec ma serfouette.

Disant cela, il pendit hardiment sa serfouette à sa ceinture, et partit d'un pas délibéré.

— Reviens de bonne heure, lui cria longtemps la vieille, qui regrettait déjà de l'avoir laissé partir.

Trésor des Fèves marcha, marcha, faisant des enjambées terribles comme un homme de cinq pieds, et regardant de ci, de là, les choses d'apparence inconnue qui se trouvaient sur sa route;

Trésor des Fèves marcha, marcha, faisant des enjambées terribles.

car il n'avait jamais pensé que la terre fût si grande et si curieuse. Cependant, quand il eut marché plus d'une heure, ce qu'il jugeait à la hauteur du soleil, et comme il s'étonnait de n'être pas encore rendu à la ville au train qu'il était allé, il lui sembla qu'on le récriait :

— Bou, bou, bou, bou, bou, bou, tui! arrêtez, monsieur Trésor des Fèves, on vous en prie!

— Qui m'appelle? dit Trésor des Fèves, en mettant fièrement la main sur sa serfouette.

— De grâce, arrêtez-ci, monsieur Trésor des Fèves ! Bou, bou, bou, bou, bou, bou, tui ! c'est moi qui vous parle.

— Est-il vrai? dit Trésor des Fèves en dressant son regard jusqu'au sommet d'un vieux pin caverneux et demi-mort, sur lequel un maître hibou se berçait lourdement au souffle du vent; et qu'avons-nous à démêler ensemble, mon bel oiseau?

— Ce serait merveille que vous me reconnussiez, répliqua le hibou, car je ne vous ai obligé qu'à votre insu, comme doit faire un hibou délicat, modeste et homme de bien, en mangeant un à un à mes risques et périls, les canailles de rats qui grignotaient, bon an mal an, la moitié de votre récolte ; mais c'est ce qui fait que votre champ vous rapporte aujourd'hui de quoi acheter quelque part un joli royaume, si vous savez vous contenter. Quant à moi, victime malheureuse et désintéressée du dévouement, je n'ai pas au crochet un misérable rat maigre pour mes bons jours, mes yeux s'étant tellement affaiblis à votre service, que j'ai peine à me diriger même de nuit. Je vous appelais donc, généreux Trésor des Fèves, pour vous prier de m'octroyer un de ces bons litrons de fèves que vous portez pendus à votre bâton, et qui suffirait à soutenir ma triste existence jusqu'à la majorité de mon aîné, que vous pouvez compter pour féal.

— Ceci, monsieur du hibou, s'écria Trésor des Fèves en détachant du bout de son bâton un des trois litrons de fèves qui lui appartenaient, c'est la dette de la reconnaissance, et j'ai plaisir à l'acquitter.

Le hibou s'abattit dessus, le saisit des serres et du bec, et d'un tire-d'ailes il l'emporta sur son arbre.

— Oh ! que vous partez donc vite ! reprit Trésor des Fèves. Oserais-je vous demander, monsieur du hibou, si je suis encore loin du monde où ma mère m'envoie ?

— Vous y entrez, mon ami, dit le hibou ; et il alla se percher ailleurs.

Trésor des Fèves se remit donc en chemin, allégé d'un de ses litrons, et comme sûr qu'il ne tarderait pas d'arriver ; mais il n'avait pas fait cent pas qu'il s'entendait appeler encore.

— Béé-é, béé-é, béé-é, bekki! Arrêtez-ci, monsieur Trésor des Fèves, on vous en prie.

— Je crois connaître cette voix, dit Trésor des Fèves en se retournant. Eh! oui, vraiment, c'est cette mièvre effrontée de

Oserais-je vous demander, monsieur du hibou, si je suis encore loin du monde où ma mère m'envoie?

chevrette de montagne, qui rôdait toujours avec ses petits autour de mon champ pour me râfler quelque bonne lippée. Vous voilà donc, madame la maraudeuse!

— Que dites-vous de marauder, joli Trésor! Ah! vos haies étaient trop bien frondues, vos fossés trop profonds, et vos échaliers trop serrés pour cela! Tout ce qu'on pouvait faire était de tondre le bout de quelques feuilles qui forissaient entre les joints de la claie, et c'est au grand bénéfice des pieds que nous émondons, comme dit le commun proverbe :

> Dent de mouton porte nuisance
> Et dent de chevrette abondance.

— Voilà qui suffit, dit Trésor des Fèves, et le mal que je vous ai souhaité puisse-t-il m'advenir incontinent ! Mais qu'aviez-vous à m'arrêter, et que saurais-je faire qui vous fût à gré, dame chevrette ?

— Hélas ! répondit-elle en versant de grosses larmes... Béé-é, béé-é, bekki... c'est pour vous dire qu'un méchant loup a mangé mon mari le chevret, et que nous sommes en grande misère, l'orpheline et moi, depuis qu'il ne va plus fourrager pour nous ; de sorte qu'elle est en danger de mourir de male-faim, si vous ne lui portez aide, la malheureuse biquette ! Je vous appelais donc, noble Trésor, pour vous prier de nous faire la charité d'un de ces bons litrons de fèves que vous portez pendus à votre bâton, et qui nous serait un suffisant réconfort, en attendant que nous ayons reçu des secours de nos parents.

— Ceci, dame chevrette, s'écria Trésor des Fèves en détachant du bout de son bâton un des deux litrons de fèves qui lui appartenaient encore, c'est œuvre de bienfaisance et de compassion que je me tiens heureux d'accomplir.

La chevrette le happa du bout des lèvres, et d'un bond disparut dans le hallier.

— Oh ! que vous partez donc vite ! reprit Trésor des Fèves. Oserais-je vous demander, ma voisine, si je suis encore loin du monde où ma mère m'envoie ?

— Vous y êtes déjà, cria la chevrette en s'enfonçant parmi les broussailles.

Et Trésor des Fèves se remit en chemin, allégé de deux de ses litrons, et cherchant du regard les murailles de la ville, quand il s'aperçut, à quelque bruit qui se faisait sur la lisière du bois, qu'il devait être suivi de près. Il s'avança soudainement de ce côté, sa serfouette ouverte à la main ; et bien lui en prit, car le compagnon qui l'escortait à pas de loup n'était autre qu'un vieux loup dont la physionomie ne promettait rien d'honnête.

— C'est donc vous, maligne bête, dit Trésor des Fèves, qui

Ceci, dame chevrette, s'écria Trésor des Fèves, c'est œuvre de bienfaisance
et de compassion que je me tiens heureux d'accomplir.

me réserviez l'honneur de figurer chez vous au banquet de la vesprée ? Heureusement ma serfouette a deux dents qui valent bien toutes les vôtres, sans vous faire tort ; et il faut vous tenir pour dit, mon compère que vous souperez aujourd'hui sans moi. Regardez-vous de plus comme bien chanceux, s'il vous plaît, que je ne venge pas sur votre vilaine personne le mari de la chevrette, qui était le père de la Biquette, et dont la famille est réduite par votre cruauté à une piteuse misère. Je le devrais peut-être, et je le ferais justement, si je n'avais été nourri dans l'horreur du sang, jusqu'au point de ménager celui des loups!

Le loup qui avait écouté jusqu'alors en toute humilité, partit subitement d'une longue et plaintive exclamation, en élevant les yeux au ciel comme pour le prendre à témoin :

— Puissance divine qui m'avez donné la robe des loups, dit-il en sanglotant, vous savez si j'en ai jamais senti dans mon cœur les mauvaises inclinations ! Vous êtes maître cependant, monseigneur, ajouta-t-il avec abandon, la tête respectueusement penchée vers Trésor des Fèves, de disposer de ma triste vie, que je remets à votre merci, sans crainte et sans remords. Je périrai content de vos mains, s'il vous convient de m'immoler en expiation des crimes trop avérés de ma race ; car je vous ai toujours aimé tendrement, et parfaitement honoré, depuis le temps où je prenais un innocent plaisir à vous caresser au berceau, quand madame votre mère n'y était pas.

Vous étiez dès lors de si bonne mine, et si imposante, qu'on aurait deviné, rien qu'à vous voir, que vous deviendriez un prince puissant et magnanime comme vous êtes. Je vous prie seulement de croire, avant de me condamner, que je n'ai pas trempé mes pattes sanglantes à l'assassinat perpétré sur l'époux infortuné de la chevrette. Élevé dans les principes d'abstinence et de modération, auxquels je n'ai failli de toute ma vie de loup, j'étais alors en mission pour répandre les saines doctrines de la morale parmi les tribus lupines qui relèvent de ma communauté, et pour les amener graduellement, par l'enseignement et par l'exemple, à la pratique d'un régime frugal, qui est le but essentiel de la perfectibilité des loups. Je vous dirai mieux, monseigneur, l'époux de la chevrette fut mon ami ; je chérissais en lui d'heureuses dispositions, et nous voyageâmes souvent ensemble en devisant, parce qu'il avait beaucoup d'esprit naturel et de goût pour apprendre. Une malheureuse rixe de préséance (vous savez combien le caractère de sa nation est chatouilleux sur ce chapitre) occasionna sa mort en mon absence, et je ne m'en suis pas consolé.

Et le loup pleura, ce semblait, du profond de son cœur, ni plus ni moins que la chevrette.

— Vous me suiviez pourtant, dit Trésor des Fèves, sans remboîter le double fer de sa serfouette.

— Il est vrai, monseigneur, répondit le loup en câlinant ; je vous suivais dans l'espérance de vous intéresser à mes vues bénévoles et philosophiques en quelque endroit plus propre à la conversation. Las ! me disais-je, si monseigneur Trésor des Fèves, dont la réputation est si étendue et si accréditée dans le pays, voulait contribuer de sa part au plan de réforme que j'ai fait, il en aurait une belle occasion aujourd'hui ; je suis caution qu'il ne lui en coûterait qu'un des litrons de bonnes fèves qu'il porte pendus à son bâton, pour affriander une table d'hôte de loups, de louvats et de louveteaux, à la vie granivore, et pour sauver des générations innombrables de chevrettes et de chevrets, de biquettes et de biquets.

— C'est le dernier de mes litrons, pensa Trésor des Fèves mais qu'ai-je affaire de bilboquet, de rubis et de toupie ? et qu'est-ce qu'un plaisir d'enfant au prix d'une action utile ?

— Voilà ton litron de fèves ! s'écria-t-il en détachant du bout de son bâton le dernier des litrons que sa mère lui avait donnés pour ses menus plaisirs, mais sans fermer sa serfouette.

C'est le reste de ma fortune, ajouta-t-il ; mais je n'y ai point de regret, et je te serai reconnaissant, ami loup, si tu en fais le bon usage que tu m'as dit.

Le loup y enfonça ses crocs et l'emporta d'un trait vers sa tanière.

— Oh ! que vous partez donc vite ! reprit Trésor des Fèves. Oserais-je vous demander, messire loup, si je suis encore loin du monde où ma mère m'envoie ?

— Tu y es depuis longtemps, répondit le loup en riant de travers, et tu y resterais bien mille ans, sans voir autre chose que ce que tu as vu.

Trésor des Fèves se remit alors en chemin, allégé de ses trois litrons, et cherchant toujours du regard, les murailles de la ville, qui ne se montraient jamais. Il commençait à céder à la lassitude et à l'ennui, quand des cris perçants, qui partaient d'un petit sentier détourné, réveillèrent son attention. Il courut au bruit.

— Qu'est-ce, dit-il, la serfouette à la main, et qui a besoin de secours? Parlez, car je ne vous vois pas.

— C'est moi, monsieur Trésor des Fèves; c'est Fleur des Pois, répondit une petite voix pleine de douceur, qui vous prie de la délivrer de l'embarras où elle se trouve; il ne faut que vouloir, et il ne vous en coûtera guère.

Tu y es depuis longtemps, répondit le loup en riant de travers.

— Eh! vraiment, madame, je n'ai point coutume de regarder à ce qu'il m'en coûtera pour obliger! Vous pouvez disposer de ma fortune et de mon bien, continua-t-il, à l'exception de ces trois litrons de fèves que je porte pendus à mon bâton, parce qu'ils ne m'appartiennent pas, mais à mon père et à ma mère, et que j'ai donné tout à l'heure ceux qui étaient miens à un vénérable hibou, à un saint homme de loup qui prêche comme un ermite, et à la plus intéressante des chevrettes de montagne. Il ne me reste pas une seule fève que j'aie licence de vous offrir.

— Vous vous moquez ! reprit Fleur des Pois un peu piquée. Qui vous parle de vos fèves, seigneur? Je n'ai que faire de vos fèves, grâce à Dieu ; et on ne sait ce que c'est dans mon office. Le service que je vous demande, c'est de mettre le doigt sur le bouton de ma calèche pour en enlever la capote, sous laquelle je suis près d'étouffer.

— Je ne demanderais pas mieux, madame, s'écria Trésor des Fèves, si j'avais l'honneur de voir votre calèche, mais il n'y a pas ombre de calèche dans ce sentier, qui me paraît d'ailleurs peu voyable aux équipages. Cependant je ne mettrai pas longtemps meshuy à la découvrir, car je vous entends de bien près.

— Eh quoi ! dit-elle en s'éclatant de rire, vous ne voyez pas ma calèche ! vous avez failli l'écraser en courant comme un étourdi ! Elle est devant vous, aimable Trésor des Fèves, et il est facile de la reconnaître à son apparence élégante, qui a quelque chose de celle des pois chiche.

— Tellement l'apparence d'un pois chiche, rumina Trésor des Fèves en s'accrouptonnant, que je me serais laissé prendre avant d'y voir autre chose qu'un pois chiche.

Un coup d'œil suffit pourtant à Trésor des Fèves pour remarquer que c'était un fort gros pois chiche, plus rond qu'orange, et plus jaune que citron, porté sur quatre petites roues d'or et muni d'un joli porte-manteau qui était fait d'une petite gousse de pois, verte et lustrée comme maroquin.

Il se hâta de mettre la main sur le bouton et la porte s'ouvrit. Fleur des Pois en jaillit comme une graine de balsamine et tomba leste et joyeuse sur ses talons. Trésor des Fèves se releva émerveillé, car il n'avait jamais rien imaginé de si beau que Fleur des Pois. C'était en effet le minois le plus accompli qu'un peintre puisse inventer: des yeux longs comme des amandes, violets comme des betteraves, aux regards pointus comme des alènes, et une bouche fine et moqueuse qui ne s'entr'ouvrait à demi que pour laisser voir des dents blanches comme albâtre et luisantes comme émail. Sa robe courte, un peu bouffante, panachée de flammes roses, comme les fleurs qui viennent aux pois, parvenait à peine à moitié de ses jambes faites au tour, chaussées d'un bas de soie blanc aussi tendu que si on y avait employé le cabestan, et terminées par des pieds si mignons, qu'on ne pouvait les voir sans envier le bonheur du cordonnier qui les avait de sa main emprisonnés dans le satin.

— De quoi t'étonnes-tu? dit Fleur des Pois. — Ce qui prouve,

Fleur des Pois en jaillit comme une graine de balsamine et tomba leste et joyeuse sur ses talons.

par parenthèse, que Trésor des Fèves n'avait pas l'air très spirituel dans ce moment-là.

Trésor des Fèves rougit; mais il se remit bientôt. — Je m'étonne, répondit-il modestement, qu'une aussi belle princesse, qui est à peu près de ma taille, ait pu tenir dans un pois chiche.

— Vous déprisez mal à propos ma calèche, Trésor des Fèves,

reprit Fleur des Pois. On y voyage très commodément quand elle est ouverte ; et c'est par hasard que je n'y ai pas mon grand écuyer, mon aumônier, mon gouverneur, mon secrétaire des commandements, et deux ou trois de mes femmes. J'aime à me promener seule, et ce caprice m'a valu l'accident qui m'est arrivé. Je ne sais si vous avez jamais rencontré en société le roi des Grillons, qui est fort reconnaissable à son masque noir et poli, comme celui d'Arlequin, à deux cornes droites et mobiles, et à certaine symphonie de mauvais goût dont il a coutume d'accompagner ses moindres paroles. Le roi des Grillons me faisait la grâce de m'aimer ; il n'ignorait pas que ma minorité expire aujourd'hui, et qu'il est de l'usage des princesses de ma maison de prendre un mari à dix ans. Il s'est donc trouvé sur ma route, suivant l'usage, pour m'obséder du tintamarre infernal de ses carillonnantes déclarations, et je lui ai répondu, comme à l'ordinaire, en me bouchant les oreilles!

— O bonheur ! dit Trésor des Fèves enchanté ; vous n'épouserez pas le roi des Grillons !

— Je ne l'épouserai pas, répondit Fleur des Pois avec dignité. Mon choix était fait. — Je ne lui eus pas plutôt signifié ma résolution, que l'odieux Cri-Cri (c'est le nom de ce monarque) s'élança d'un bond sur ma voiture, comme s'il avait voulu la dévorer, et qu'il en fit brutalement tomber la capote. — Marie-toi maintenant, me dit-il, impertinente mijaurée ! marie-toi si tu peux et si jamais mari viens te chercher dans cet équipage ! Quant à moi, je ne fais pas plus cas de ton royaume et de ta main que d'un pois chiche.

— Si vous pouviez me dire en quel trou le roi des Grillons s'est caché, s'écria Trésor des Fèves furieux, je l'aurais bientôt déterré avec ma serfouette, et je l'amènerais pieds et poings liés, princesse, à votre discrétion. — Je comprends cependant son désespoir, ajouta-t-il en laissant tomber son front sur sa main. — Mais ne pensez-vous pas qu'il faut que je vous accompagne jusque dans vos États, pour vous mettre à l'abri de ses poursuites ?

— Il le faudrait en effet, magnanime Trésor des Fèves, si j'étais loin de ma frontière ; mais voilà un champ de pois musqués où je ne compte que des sujets fidèles, et dont l'approche est interdite à mon ennemi. — Ainsi parlant, elle frappa la terre du pied et tomba suspendue des deux bras à deux tiges penchantes qui s'inclinèrent et se relevèrent sous elle, en semant ses cheveux des débris de leurs fleurs parfumées.

Fleur des Pois fixait Trésor des Fèves des traits acérés de ses yeux.

Pendant que Trésor des Fèves se complaisait à la regarder (et je vous réponds que j'y aurais pris plaisir moi-même), elle le fixait des traits acérés de ses yeux, le liait des petits plis de son sourire, tellement qu'il aurait voulu mourir de la joie de la voir ainsi, et qu'il y serait peut-être encore si elle ne l'avait averti.

— C'est trop vous avoir retenu, lui dit-elle, car je sais que le commerce des fèves est fort affaireux par le temps qui court; mais ma calèche, ou plutôt la vôtre, vous fera regagner les moments perdus. Ne m'offensez pas, je vous prie, du refus d'un si mince cadeau. J'ai des millions de calèches pareilles dans les greniers du château, et quand j'en veux une nouvelle, je la trie sur le volet au milieu d'une poignée, et je donne le reste aux souris.

— Le moindre des bienfaits de Votre Altesse ferait la gloire et le bonheur de ma vie, répondit Trésor des Fèves; mais elle ne pense pas que je suis encore chargé de provisions. Or, je conçois à merveille, si bien mesurées que soient mes fèves, qu'il y aurait moyen de faire entrer assez commodément votre calèche dans un de mes litrons; mais mes litrons dans votre calèche, c'est une chose impossible.

— Essaye, dit Fleur des Pois en riant et en se balançant à ses fleurs; essaye, et ne t'émerveille pas du tout, comme un enfant qui n'a rien vu. — En effet, Trésor des Fèves n'éprouva aucune difficulté à placer les trois litrons dans la caisse de la voiture; elle en aurait contenu trente et davantage. Il fut un peu mortifié.

— Je suis prêt à partir, madame, reprit-il en se plaçant lui-même sur un coussin bien rembourré dont l'ampleur lui permettait de s'accommoder fort agréablement dans toutes les positions, jusqu'à s'y coucher tout du long s'il lui en avait pris envie. Je dois à la tendresse de mes parents de ne pas leur laisser d'inquiétude sur ce que je suis devenu à notre première séparation, et je n'attends plus que votre cocher qui s'est enfui épouvanté, sans doute, à l'incartade grossière des Grillons, en reconduisant l'attelage et en emportant les brancards. Alors j'abandonnerai ces lieux avec l'éternel regret de vous avoir vue sans espérer de vous revoir.

— Bon ! repartit Fleur des Pois, sans avoir l'air de prendre garde à cette dernière partie du discours de Trésor des Fèves, qui tirait fort à conséquence; bon ! ma calèche n'a ni cocher ni brancards, ni attelage : elle marche à la vapeur, et il n'y a pas d'heure où elle ne fasse aisément cinquante mille lieues. Je te demande si tu seras en peine de retourner chez toi quand cela te conviendra. Il suffira que tu retiennes bien le geste et le mot dont je me servirai pour la mettre en route. — Le porte-manteau contient différents objets qui peuvent te servir en voyage, et qui t'appartiennent sans réserve. En l'ouvrant à la manière dont tu ouvrirais une gousse de pois verts, tu y trouveras trois écrins de la forme et de la juste grosseur d'un pois, suspendu chacun d'un fil léger qui les soutient dans leur étui comme des pois en cosse, de telle façon qu'il ne puisse se heurter dommageablement dans les déménagements et le transport : c'est un travail merveilleux. Ils céderont à la pression de ton doigt comme le soufflet de ma calèche, et tu n'auras plus qu'à en semer le contenu en terre dans un trou fait à la pointe de ta serfouette, pour voir poindre, trésir, éclore tout ce que tu auras souhaité. N'est-ce pas miracle, cela? Retiens bien seulement que, le troisième épuisé, il ne me reste rien à t'offrir, car je n'ai à moi que trois pois verts, comme tu n'avais que trois litrons de fèves, et la plus belle fille du monde ne peut donner que ce qu'elle a. — Es-tu disposé à te mettre en route maintenant?

Sur le signe affirmatif de Trésor des Fèves, qui ne se sentait pas la force de parler, Fleur des Pois fit claquer le pouce de sa main droite contre le doigt du milieu, en criant : Partez, pois chiche !

Et le pois chiche était à plus de quinze cents kilomètres du champ musqué de Fleur des Pois, que les yeux de Trésor des Fèves la cherchaient encore inutilement. — Hélas ! dit-il.

C'est que ce serait faire tort à la célérité du pois chiche que de dire qu'il parcourait l'espace avec la célérité d'une balle d'arquebuse. Les bois, les villes, les montagnes, les mers disparaissaient incomparablement plus vite sur son passage que les ombres chinoises de Séraphin[1] sous la baguette du fameux magicien Rotomago.

Les horizons les plus lointains se dessinaient à peine dans une immense profondeur, qu'ils s'étaient précipités sur le pois chiche, et que Trésor des Fèves se serait efforcé en vain de les retrouver derrière lui. Pendant qu'il se retournait, crac, ils n'y étaient plus. Enfin il avait plusieurs fois repris l'avance sur le soleil ; plusieurs fois il l'avait rejoint au retour pour le devancer encore, dans de brusques alternatives de jour et de nuit, quand Trésor des

---

1. Directeur d'un théâtre d'ombres chinoises à Paris.

Fèves se douta qu'il avait laissé de côté la ville qu'il allait voir, et le marché où il portait vendre ses litrons.

— Les ressorts de cette voiture sont un peu gais, imagina-t-il soudain ; car on n'oublie pas qu'il était doué d'un esprit très subtil. Elle est partie à l'étourdie avant que Fleur des Pois eût achevé de

Et le pois chiche était à plus de quinze cents kilomètres du champ musqué de Fleur des Pois, que les yeux de Trésor des Fèves la cherchaient encore inutilement.

s'expliquer sur ma destination, et il n'y a pas de raison pour que ce voyage finisse dans tous les siècles des siècles, cette aimable princesse, qui est assez évaporée, comme le comporte sa jeunesse, ayant bien pensé à me dire en quelle sorte on mettait sa calèche en route, mais non pas ce qu'il fallait faire pour l'arrêter.

Effectivement Trésor des Fèves s'était servi sans succès de toutes les interjections mal sonnantes qu'il eût jamais recueillies, pudeur gardée, de la bouche blasphématoire des voiturins et des muletiers, gens de pauvre éducation et de méchant langage. La diantre de calèche allait toujours, elle n'allait que de plus belle ; et, pendant qu'il fouillait dans sa mémoire pour varier ses apostrophes de plus d'euphémismes que n'en pourrait enseigner la rhétorique, madame la calèche coupait des latitudes à la course, et passait sur le ventre de dix royaumes qui n'en pouvaient mais.

— Le diable t'emporte, chienne de calèche ! s'écriait Trésor des Fèves : et le diable obéissant ne manquait pas d'emporter la calèche des tropiques aux pôles, ou des pôles aux tropiques, et de la ramener par tous les cercles de la sphère, sans égard au changement insalubre des températures. Il y avait de quoi rôtir ou se morfondre avant peu, si Trésor des Fèves n'avait pas été doué, ainsi que nous l'avons dit souvent, d'une admirable intelligence.

— Voire, dit-il en lui-même, puisque Fleur des Pois l'a lancée à travers le monde, en lui disant : Partez, pois chiche !... on l'arrêterait peut-être en lui disant le contraire. Cela était extrêmement logique.

— Arrêtez, pois chiche ! cria Trésor des Fèves en faisant claquer le pouce de la main droite contre le doigt du milieu, comme il l'avait vu faire à Fleur des Pois.

Voyez si une académie tout entière aurait aussi bien trouvé ! Le pois chiche s'arrêta si juste, que vous ne l'auriez pas mieux arrêté en le fichant sur terre avec un clou. Il ne bougea.

— Trésor des Fèves descendit de son équipage, le ramassa précieusement, et le laissa couler dans une bougette de cuir qu'il avait à sa ceinture pour y serrer les échantillons de ses fèves, mais après en avoir retiré le porte-manteau.

L'endroit où la calèche de Trésor des Fèves s'était ainsi butée à son ordre n'est pas décrit par les voyageurs. Bruce[1] le place aux sources du Nil, M. Douville[2] au Congo, et M. Caillié[3] à Tombouctou. C'était une plaine sans bornes, si sèche, si rocailleuse et si sauvage,

---

1. Voyageur écossais qui entreprit la recherche des sources du Nil (1730-1794).
2. Voyageur et naturaliste français (1794-1837).
3. Voyageur français en Afrique (1799-1838), le premier français ayant pénétré dans Tombouctou.

qu'il n'y avait pas un buisson sous lequel gîter, ni une mousse du désert pour reposer sa tête endormie, ni une feuille nourricière ou rafraîchissante pour apaiser la faim et la soif. Trésor des Fèves ne

Trésor des Fèves n'avait pas fini de parler, qu'il vit sourdre du sable un superbe pavillon.

s'inquiéta point. Il fendit proprement de l'ongle son porte-manteau, et il en détacha un des petits écrins dont Fleur des Pois lui avait fait la description.

Ensuite il l'ouvrit comme il avait fait de la calèche, et semant son contenu en terre, à la pointe de la serfouette : — Il en arrivera ce qui pourra, dit-il, mais j'aurais grand besoin d'un pavillon pour me couvrir cette nuit, ne fût-il que d'une plante de pois en fleur ; d'un petit régal pour me nourrir, ne fût-il que d'une purée de pois au sucre ; et d'un lit pour me coucher, ne fût-il que d'une plume de colibri. Aussi bien, je ne saurais revoir mes parents d'aujourd'hui, tant je me sens pressé d'appétit, et courbatu de la fatigue du voyage.

Trésor des Fèves n'avait pas fini du parler, qu'il vit sourdre du sable un superbe pavillon en forme de plante de pois, qui monta, grandit, s'épanouit au loin, s'appuya d'espace en espace, sur dix échalas d'or, se répandit de toutes parts en gracieuses tentures de feuillage, parsemées de fleurs de pois, et s'arrondit en arcades innombrables, dont chacune supportait à la clef de son cintre un riche lustre de cristal chargé de bougies musquées. Tout le fond des arcades était garni de glaces de Venise, d'une hauteur démesurée, qui n'avaient pas le moindre défaut, et qui réfléchissaient les lumières à éblouir d'une lieue la vue d'un aigle de sept ans.

Sous les pieds de Trésor des Fèves, une feuille de pois, tombée d'accident de la voûte, s'élargit en magnifique tapis diapré, de toutes les couleurs de l'arc-en-ciel et d'une multitude d'autres. Bien plus, ce tapis était bordé de guéridons, de bois d'aloès et de sandal, qui semblaient prêts à s'affaisser sous le poids des pâtisseries et des confitures, ou sur lesquels des fruits glacés au marasquin cernaient élégamment dans leurs coupes de porcelaine surdorée une bonne jatte de purée de petits pois au sucre, marbrée à sa surface de raisins de Corinthe noirs comme le jais, de vertes pistaches, de dragées de coriandre et de tranches d'ananas.

Au milieu de toutes ces pompes, Trésor des Fèves ne fut cependant pas en peine de reconnaître son lit, c'est-à-dire la plume de colibri qu'il avait souhaitée, et qui scintillait dans un coin, comme une escarboucle tombée de la couronne du Grand Mogol, quoiqu'elle fût si petite qu'on l'aurait cachée d'un grain de mil. Trésor des Fèves pensa d'abord que ce sommier répondait peu au reste des commodités du pavillon ; mais, à mesure qu'il regardait la plume de colibri, elle se mit à foisonner tellement qu'il eut bientôt des plumes de colibri à la hauteur de la main, couchette de molles topazes, de flexibles saphirs et d'opales élastiques, où un papillon aurait enfoncé en s'y posant. — Assez, dit Trésor des Fèves, assez, plume de colibri ! je dormirai trop bien comme cela.

Que notre voyageur ait fait fête à son banquet, et qu'il eût hâte de se reposer, cela n'a pas besoin d'être dit. Fleur des Pois, à peine vue, n'avait laissé à sa pensée que l'impression d'un rêve charmant, dont le sommeil seul pouvait lui rendre l'illusion. Raison de plus pour dormir, s'il vous en souvient comme à moi. Toutefois, Trésor des Fèves était trop prudent pour s'abandonner à cette joie paresseuse avant de s'être assuré de l'extérieur de son pavillon, dont l'éclat suffisait pour attirer de fort loin les voleurs et les gens du roi. Il y en a en tous pays. Il sortit donc de l'enceinte magique, la serfouette ouverte à la main, comme d'habitude, pour faire le tour de sa tente, et aviser au bon état de son campement.

Aussitôt qu'il fut parvenu à son extrême frontière (c'était un petit ravin creusé par les eaux, et que la biquette aurait franchi sans façons), Trésor des Fèves s'arrêta transi du frisson d'un homme de cœur ; car le vrai courage a des terreurs communes à notre pauvre humanité, et ne s'affermit en lui-même que par réflexion. Il y avait, ma foi, de quoi réfléchir au spectacle dont je parle !

C'était un front de bataille où reluisaient dans l'obscurité d'une nuit sans étoiles deux cents yeux ardents et immobiles au-devant desquels couraient sans relâche, de la droite à la gauche, de la gauche à la droite et sur les flancs, deux yeux perçants et obliques dont l'expression indiquait assez la ronde d'un général fort actif. Trésor des Fèves ne connaissait ni Lavater, ni Gall, ni Spurzheim[1] ;

---

1. Trois phrénologistes célèbres, ou plus exactement les trois créateurs de la phrénologie, science ayant pour objet d'étudier le caractère et les aptitudes intellectuelles de l'homme d'après la conformation du crâne : Gall, médecin allemand (1758-1828) en fut l'inventeur; Lavater, savant suisse, (1741-1801) la compléta par la *physiognomonie*, ou art de juger le caractère par les traits du visage; Spurzheim, médecin allemand (1776-1832) fut le collaborateur de Gall.

il n'était pas de la société phrénologique, mais il avait l'instinct de simple nature qui instruit tous les êtres créés à discerner de loin la physionomie d'un ennemi ; et il n'eut pas regardé un moment le commandant en chef de cette louvetaille affamée, sans reconnaître en lui le loup couard et patelin qui lui avait adroitement

Et des murailles se dressèrent ! et des claies germèrent devant tous les portiques !

escroqué, sous couleur de philosophie et de vertu, le dernier de ses litrons.

— Messire loup, dit Trésor des Fèves, n'a pas perdu de temps pour rassembler son bercail et le mettre à ma poursuite ! Mais par quel mystère ont-ils pu me rejoindre, tous tant qu'ils sont, si ces vauriens de loups n'ont aussi voyagé en pois chiche ? — C'est probablement, reprit-il en soupirant, que les secrets de la science ne sont pas inconnus des méchants; et je n'oserais juger, quand j'y pense, que ce ne sont pas eux qui les ont inventés pour mieux engeigner les bonnes créatures dans leurs détestables machinations.

Trésor des Fèves était réservé dans ses entreprises, mais soudain dans ses résolutions ; il exhiba donc hâtivement de sa bougette le porte-manteau qu'il y avait glissé à côté de sa calèche ; il en détacha le second de ses petits pois, l'ouvrit comme il avait fait le premier et la calèche, et sema son contenu en terre, à la pointe de la serfouette. — Il en arrivera ce qui pourra, dit-il ; mais j'aurais grand besoin cette nuit d'une muraille solide, ne fût-elle plus épaisse que celle de la chaumine, et d'une claie bien serrée, ne fût-elle pas plus forte que celle de mes échaliers, pour me défendre de messieurs les loups.

Et des murailles se dressèrent, non pas des murailles de chaumine, mais murailles de palais ; et des claies germèrent devant tous les portiques, non pas claies en façon d'échalier, mais hautes grilles seigneuriales d'acier bleu, à flèches et buissons dorés, où loup, ni blaireau, ni renard n'aurait passé sans se meurtrir ou se navrer la fine pointe de son museau. Au point où en était alors la stratégie des loups, l'armée des loups n'y avait que faire. Après avoir tenté quelques pointes, elle se retira en mauvais ordre.

Tranquille sur la suite de cet événement, Trésor des Fèves regagna son pavillon ; mais ce fut cette fois sur des parvis de marbre, à travers des péristyles illuminés comme pour une noce, des escaliers qui montaient toujours et des galeries sans-fin. Il fut tout aise de retrouver son pavillon de fleurs de pois au cœur d'un grand jardin verdoyant et florissant qu'il ne se connaissait pas, et son lit de plumes de colibri, où je suppose qu'il dormit plus heureux qu'un roi. On sait que je n'exagère jamais.

Son premier soin du lendemain fut de visiter la somptueuse demeure qu'il s'était trouvée dans un petit pois, et dont les moindres beautés le remplirent d'étonnement, car l'ameublement répondait très bien à la bonne mine du dehors. Il examina en détail son musée de tableaux, son cabinet des antiques, son casier de médailles, ses insectes, ses coquillages, sa bibliothèque, délicieuses merveilles encore nouvelles pour lui. Ses livres le charmèrent surtout par le goût délicat qui avait présidé à leur choix. Ce qu'il y a de plus exquis dans la littérature et de plus utile dans les sciences humaines s'y trouvait rassemblé pour le plaisir et l'instruction d'une longue vie, comme les *Aventures de l'ingénieux Don Quichotte de la Manche*[1], les chefs-d'œuvre de la *Bibliothèque bleue*[2], de la fameuse édition de madame Oudot; des Contes de fées de toutes sortes, avec de belles images en taille-douce; une collection de Voyages curieux et récréatifs dont les plus authentiques étaient dé à ceux de Robinson et de Gulliver; d'excellents Almanachs pleins d'anecdotes divertissantes et de renseignements infaillibles sur les phases de la lune et les jours propres aux semailles, des Traités innombrables, écrits d'une manière fort simple et fort claire, sur l'agriculture, le jardinage, la pêche à la ligne, la chasse au filet, et l'art d'apprivoiser les rossignols; tout ce qu'on peut désirer enfin quand on est parvenu à connaître ce que valent les livres de l'homme et son esprit: il n'y avait d'ailleurs point d'autres savants, point d'autres philosophes, point d'autres poètes, par la raison incontestable que tout savoir, toute philosophie, toute poésie sont là ou ne seront jamais nulle part: c'est moi qui vous en réponds.

Pendant qu'il procédait ainsi à l'inventaire de ses richesses, Trésor des Fèves se sentit frappé du reflet de son image dans un des miroirs dont tous les salons étaient ornés. Si la glace n'était menteuse, il devait avoir grandi, ô prodige! de plus de trois pieds depuis la veille; et la moustache brune qui ombrageait sa lèvre supérieure annonçait distinctement en effet qu'il commençait à passer d'une adolescence robuste à une jeunesse virile. Ce phénomène le travaillait un peu, quand une riche pendule, placée entre deux trumeaux, lui permit de l'éclaircir à son grand regret; une des aiguilles marquait le quantième des années, et Trésor des Fèves s'aperçut, à n'en pas douter, qu'il avait réellement vieilli de six ans.

— Six ans! s'écria-t-il, malheur à moi! Mes pauvres parents sont morts de vieillesse et peut-être de besoin! peut-être, hélas! sont-ils morts de la douleur de ma perte! et qu'auront-ils pensé,

---

1. Chef d'œuvre de Cervantès, auteur espagnol (1547-1616).
2. Recueil des Romans de chevalerie, récits héroïques célèbres du moyen âge.

en mourant, de mon cruel abandon ou de ma pitoyable infortune? Je comprends, calèche maudite, que tu fasses bien du chemin, car tu dévores bien des jours dans tes minutes! Partez donc, partez donc, pois chiche! continua-t-il en tirant le pois chiche de sa bou-

Trésor des Fèves examina en détail son musée de tableaux, son cabinet des antiques, son casier de médailles, ses insectes, ses coquillages, sa bibliothèque.

gette, et en le lançant par la fenêtre. Allez si loin, damné de pois chiche, que l'on ne vous revoie jamais! — Aussi, n'a-t-on jamais revu, à ma connaissance, de pois chiche en façon de chaise de poste qui fît cinquante lieues à l'heure.

Trésor des Fèves descendit ses degrés de marbre plus triste qu'il n'avait jamais fait l'échelle du grenier aux fèves. Il sortit du palais sans le voir; il chemina dans ses plaines incultes, sans prendre garde si les loups n'y avaient pas insolemment bivouaqué pour le menacer d'un blocus. Il rêvait en marchant, se frappait le front de la main et pleurait quelquefois.

— Et qu'aurais-je à souhaiter, maintenant que mes parents n'existent plus? dit-il en tournant machinalement son porte-manteau entre ses doigts... Maintenant que Fleur des Pois est depuis six ans mariée, car c'était le jour où je l'ai vue qu'expirait sa dixième année, et cette époque est celle du mariage des princesses de sa maison ! D'ailleurs, son choix était fait. — Que m'importe le monde entier, le monde qui ne se composait pour moi que d'une chaumière et d'un champ de fèves que vous ne me rendrez jamais, petit pois vert, ajouta-t-il en le détachant de sa gousse, car les jours si doux de l'enfance ne se renouvellent plus. Allez, petit pois vert, allez où Dieu vous portera, et produisez ce que vous devez produire à la gloire de votre maîtresse, puisque c'en est fait de mes vieux parents, de la chaumine, du champ de fèves et de Fleur des Pois !

Allez, petit pois vert, allez bien loin !

Et il le lança de si grande force, que le petit pois vert aurait facilement rattrapé le gros pois chiche, si cela avait été de sa nature. — Après quoi, Trésor des Fèves tomba par terre d'accablement et de douleur.

Quand il se releva, tout l'aspect de la plaine était changé. C'était jusqu'à l'horizon une mer sans bornes de brume ou de riante verdure, sur laquelle se roulaient comme des flots confus, au petit souffle des brises, de blanches fleurs à la carène de bateau et aux ailes de papillon, lavées de violet comme celles des fèves, ou de rose comme celle des pois ; et quand le vent courbait ensemble tous leurs fronts ondoyants, toutes ces nuances se confondaient dans une nuance inconnue, qui était plus belle mille fois que celle des plus beaux parterres.

Trésor des Fèves s'élança, car il avait tout revu, le champ agrandi, la chaumine embellie, son père et sa mère vivants, et qui accouraient au-devant de lui, bien qu'un peu cassés, de toute la force de leurs jambes, pour lui apprendre comment, depuis le jour de son départ, ils n'avaient jamais manqué de recevoir de ses nouvelles tous les soirs avec quelques gracieusetés qui ameilleuraient leur vie, et de bonnes espérances de retour qui les avaient sauvés de mourir.

Trésor des Fèves, après les avoir tendrement embrassés, leur donna ses bras pour l'accompagner à son palais. A mesure qu'ils en

Les fêtes du mariage s'accomplirent dans toute la splendeur requise entre de si grands personnages.

approchaient, le vieux et la vieille s'ébahissaient de plus en plus, et Trésor des Fèves aurait craint de troubler leur joie. Il ne put cependant s'empêcher de dire en soupirant: Ah! si vous aviez vu Fleur des Pois? Mais il y a six ans qu'elle est mariée!

— Et que je suis mariée avec toi, dit Fleur des Pois en ouvrant la grille à deux battants. Mon choix était fait alors, t'en souvient-il? Entrez ici, continua-t-elle en baisant le vieux et la vieille qui ne pouvaient se lasser de l'admirer, car elle était aussi grandie de six ans, et l'histoire indique par là qu'elle en avait seize. — Entrez ici chez votre fils: c'est un pays d'âme et d'imagination où l'on ne vieillit plus et où l'on ne meurt pas.

Il était difficile d'apprendre une meilleure nouvelle à ces pauvres gens.

Les fêtes du mariage s'accomplirent dans toute la splendeur requise entre de si grands personnages, et leur ménage ne cessa jamais d'être un parfait exemple d'amour, de constance et de bonheur.

C'est ainsi que finissent les contes de fées.

LE GÉNIE BONHOMME

Il ne restait à la bonne dame, pour la consoler dans les ennuis de sa vieillesse, que son petit-fils et sa petite-fille, qui semblaient être créés pour le plaisir de les voir.

LE GÉNIE BONHOMME

Il y avait autrefois des génies. Il y en aurait bien encore, si vous vouliez croire tous ceux qui se piquent d'être des génies ; mais il ne faut pas s'y fier.

Celui dont il sera question ici n'était pas d'ailleurs de la première volée des génies. C'était un génie d'entresol, un pauvre garçon de génie, qui ne siégeait dans l'assemblée des génies que par droit de naissance, et sauf le bon plaisir des génies titrés. Quand il s'y présenta pour la première fois, j'ai toujours envie de rire quand j'y pense, il avait pris pour la devise de son petit étendard de cérémonie : *Fais ce que dois, advienne que pourra.* Aussi l'appela-t-on le génie Bonhomme. Ce dernier sobriquet est resté depuis aux esprits simples et naïfs qui pratiquent le bien par sentiment ou par habitude, et qui n'ont pas trouvé le secret de faire une science de la vertu.

Quant au sobriquet de *génie*, on en a fait tout ce qu'on a voulu. Cela ne nous regarde pas.

A plus de deux cents lieues d'ici, et bien avant la révolution, vivait dans un vieux château seigneurial une riche douairière dont ces messieurs de l'école des Chartes n'ont jamais pu retrouver le nom. La bonne dame avait perdu sa bru jeune, et son fils à la guerre. Il ne lui restait, pour la consoler dans les ennuis de sa vieillesse, que son petit-fils et sa petite-fille, qui semblaient être créés pour le plaisir de les voir; car la peinture elle-même, qui aspire toujours à faire mieux que Dieu n'a fait, n'a jamais rien fait de plus joli. Le garçon, qui avait douze ans, s'appelait *Saphir*, et la fille, qui en avait dix, s'appelait *Améthyste*. On croit, mais je n'oserais l'assurer, que ces noms leur avaient été donnés à cause de la couleurs de leurs yeux, et ceci me permet de vous apprendre ou de vous rappeler deux choses en passant : la première, c'est que le saphir est une belle pierre d'un bleu transparent, et que l'améthyste en est une autre qui tire sur le violet. La seconde, c'est que les enfants de grande maison n'étaient ordinairement nommés que cinq ou six mois après leur naissance.

On chercherait longtemps avant de rencontrer une aussi bonne femme que la grand'mère d'*Améthyste* et de *Saphir*, elle l'était même trop, et c'est un inconvénient dans lequel les femmes tombent volontiers quand elles ont pris la peine d'être bonnes ; mais ce hasard n'est pas assez commun pour mériter qu'on s'en inquiète. Nous la désignerons cependant par le surnom de *Tropbonne,* afin d'éviter la confusion, s'il y a lieu.

Tropbonne aimait tant ses petits-enfants, qu'elle les élevait comme si elle ne les avait pas aimés. Elle leur laissait suivre tous leurs caprices, ne leur parlait jamais d'études et jouait avec eux pour aiguiser ou renouveler leur plaisir quand ils s'ennuyaient de jouer. Il résultait de là qu'ils ne savaient presque rien, et que, s'ils n'avaient pas été curieux comme sont tous les enfants, ils n'auraient rien su du tout.

Cependant *Tropbonne* était de vieille date l'amie du génie *Bonhomme*, qu'elle avait vu quelque part dans sa jeunesse. Il est probable que ce n'était pas à la cour. Elle s'accusait souvent, auprès de lui, dans leurs entretiens secrets, de n'avoir pas eu la force de pourvoir à l'instruction de ces deux charmantes petites créatures auxquelles elle pouvait manquer d'un jour à l'autre. Le génie lui avait promis d'y penser quand ses affaires le permettraient, mais il s'occupait alors de remédier aux mauvais effets de l'éducation des pédants et des charlatans qui commençaient à être à la mode. Il avait bien de la besogne.

Un soir d'été, cependant, *Tropbonne* s'était couchée de bonne

heure, selon sa coutume : le repos des honnêtes gens est si doux !
Améthyste et *Saphir* s'entretenaient dans le grand salon de quelques uns de ces riens qui remplissent la fade oisiveté des châteaux, et ils auraient bâillé plus d'une fois en se regardant, si la nature

Je vous laisse à penser si les membres endolor·s du pauvre homme furent réjouis par un feu pétillant et clair.

n'avait pris soin de les distraire par un de ses phénomènes les plus effrayants, et pourtant les plus communs. L'orage grondait au dehors. De minute en minute les éclairs enflammaient le vaste espace où se croisaient en zigzags de feu sur les vitres ébranlées. Les arbres de l'avenue criaient et se fendaient en éclats ; la foudre roulait dans les nues comme un char d'airain ; il n'y avait pas jusqu'à la cloche de la chapelle qui ne vibrât de terreur et qui ne mêlât sa plainte longue et sonore au fracas des éléments. Cela était sublime et terrible.

Tout à coup les domestiques vinrent annoncer qu'on avait recueilli à la porte un petit vieillard percé par la pluie, transi de froid, et probablement mourant de faim, parce que la tempête devait l'avoir écarté beaucoup de sa route. *Améthyste*, qui s'était pressée dans son effroi contre le sein de son frère, fut la première à courir à la rencontre de l'étranger ; mais comme *Saphir* était le plus fort et le plus leste, il l'aurait facilement devancée, s'il n'avait pas voulu lui donner le plaisir d'arriver avant lui, car ces aimables enfants étaient aussi bons qu'ils étaient beaux. Je vous laisse à penser si les membres endoloris du pauvre homme furent réjouis par un feu pétillant et clair, si le sucre fut ménagé dans le vin généreux qu'*Améthyste* faisait chauffer pour lui sur un petit lit de braise ardente, s'il eut enfin bon souper, bon gîte, et surtout bonne mine d'hôte. Je ne vous dirai pas même qui était ce vieillard, parce que je veux vous ménager le plaisir de la surprise.

Quand le vieillard fut un peu remis de sa fatigue et de ses besoins, il devint joyeux et causeur, et les jeunes gens y prirent plaisir. Les jeunes gens de ce temps-là ne dédaignaient pas la conversation des vieilles gens, où ils pensaient avec raison qu'on peut apprendre quelque chose. Aujourd'hui, la vieillesse est beaucoup moins respectée, et je n'en suis pas surpris. La jeunesse a si peu de chose à apprendre !

— Vous m'avez si bien traité, leur dit-il, que mon cœur s'épanouit à l'idée de vous savoir heureux. Je suppose que dans ce château magnifique, où tout vous vient à souhait, vous devez couler de beaux jours.

Saphir baissa les yeux.

— Heureux, sans doute ! répondit *Améthyste*. Notre grand'-mère a tant de bontés pour nous et nous l'aimons tant ! Rien ne nous manque, à la vérité, mais nous nous ennuyons souvent.

— Vous vous ennuyez ! s'écria le vieillard, avec les marques du plus vif étonnement. Qui a jamais entendu dire qu'on s'ennuyât à votre âge, avec de la fortune et de l'esprit? L'ennui est la maladie des gens inutiles, des paresseux et des sots. Quiconque s'ennuie est un être à charge à la société comme à lui-même, qui ne mérite que le mépris. Mais ce n'est pas tout d'être doué par la Providence d'un excellent naturel comme le vôtre, si on ne le cultive pas par le travail. Vous ne travaillez donc pas?

— Travailler? répliqua *Saphir* un peu piqué. Nous sommes riches, et ce château le fait assez voir.

— Prenez garde, reprit le vieillard en laissant échapper à regret un sourire amer. La foudre qui se tait à peine aurait pu le consumer en passant.

— Ma grand'mère a plus d'or qu'il n'en faut pour suffire au luxe de sa maison.

— Les voleurs pourraient le prendre.

— Si vous venez du côté que vous nous avez dit, continua *Saphir* d'un ton assuré, vous avez dû traverser une plaine de dix lieues d'étendue, toute chargée de vergers et de moissons. La montagne qui la domine du côté de l'occident est couronnée d'un palais immense qui fût celui de mes ancêtres, et où ils avaient amassé à grands frais toutes les richesses de dix générations.

— Hélas! dit l'inconnu, pourquoi me forcez-vous à payer une si douce hospitalité par une mauvaise nouvelle? Le temps, qui n'épargne rien, n'a pas épargné la plus solide de vos espérances. J'ai côtoyé longtemps la plaine dont vous parlez. Elle a été remplacée par un lac. J'ai voulu visiter le palais de vos aïeux. Je n'en ai trouvé que les ruines, qui servent tout au plus d'asile aujourd'hui à quelques oiseaux nocturnes et à quelques bêtes de proie. Les loutres se disputent la moitié de votre héritage, et l'autre appartient aux hiboux. C'est si peu, mes amis, que l'opulence des hommes.

Les enfants se regardèrent.

— Il n'y a qu'un bien, poursuivit le vieillard comme s'il ne les avait pas remarqués, qui mette la vie à l'abri de ces dures vicissitudes, et on ne se le procure que par l'étude et le travail. Oh! contre celui-là, c'est en vain que les eaux se débordent, et que la terre se soulève, et que ciel épuise ses fléaux. Pour qui possède celui-là, il n'y a point de revers qui puisse démonter son courage, tant qu'il lui reste une faculté dans l'âme ou un métier dans la main. L'aimable science des arts est la plus belle dot des fiancés. L'aptitude aux soins domestiques est la couronne des femmes. L'homme qui possède une industrie utile ou des connaissances d'une application commune, est plus réellement riche que les riches, ou plutôt il n'y a que lui de riche et indépendant sur la terre. Toute autre fortune est trompeuse et passagère. Elle vaut moins et dure peu.

Améthyste et *Saphir* n'avaient jamais entendu ce langage. Ils se regardèrent encore et ne répondirent pas. Pendant qu'ils gardaient le silence, le vieillard se transfigurait. Ses traits décrépits reprenaient les grâces du bel âge, et ses membres cassés, l'attitude saine et robuste de la force. Ce pauvre homme était un génie bienfaisant avec lequel je vous ai déjà fait faire connaissance. Nos jeunes gens ne s'en étaient guère doutés, ni vous non plus.

— Je ne vous quitterai pas, ajouta-t-il en souriant, sans vous laisser un faible gage de ma reconnaissance, pour les soins dont vous m'avez comblé. Puisque l'ennui seul a jusqu'ici troublé le bonheur que la nature vous dispensait d'une manière si libérale, recevez de moi ces deux anneaux, qui sont de puissants talismans. En poussant le ressort qui en ouvre le chaton, vous trouverez toujours dans l'enseignement qui y est caché un remède infaillible contre cette triste maladie du cœur et de l'esprit. Si cependant l'art divin qui les a fabriqués trompait une fois mes espérances, nous nous reverrons dans un an, et nous aviserons alors à d'autres moyens. En attendant, les petits cadeaux entretiennent l'amitié, et je n'attache à celui-ci que deux conditions faciles à remplir : la première, c'est de ne pas consulter l'oracle de l'anneau sans nécessité, c'est-à-dire avant que l'ennui vous gagne. La seconde, c'est d'exécuter ponctuellement tout ce qu'il vous prescrira.

En achevant ces paroles, le génie *Bonhomme* s'en alla, et un auteur doué d'une imagination plus poétique vous dirait probablement qu'il disparut. C'est la manière dont les génies prenaient congé.

Améthyste et *Saphir* ne s'ennuyèrent pas cette nuit-là, et j'imagine cependant qu'ils dormirent peu. Ils pensèrent probablement à leur fortune perdue, à leurs années d'aptitude et d'intelligence plus irrémédiablement perdues encore. Ils regrettèrent tant d'heures passées dans de vaines dissipations, et qui auraient pu devenir profitables et fécondes s'ils avaient su les employer. Ils se

Je te jure, reprit Améthyste en poussant le ressort du chaton, que je m'ennuie à mort.

levèrent tristement, se cherchèrent en craignant de se rencontrer, et s'embrassèrent à la hâte en se cachant une larme. Au bout d'un moment d'embarras, la force de l'habitude l'emporta pourtant encore une fois. Ils retournèrent à leurs amusements accoutumés et s'amusèrent moins que de coutume.

— Je crois que tu t'ennuies? dit *Améthyste*.

— J'allais t'adresser la même question, répondit *Saphir*; mais j'ai eu peur que l'ennui ne servît de prétexte à la curiosité.

— Je te jure, reprit *Améthyste* en poussant le ressort du chaton, que je m'ennuie à mort.

Et au même instant elle lut, artistement gravée sur la plaque intérieure, cette inscription que *Saphir* lisait déjà de son côté :

TRAVAILLEZ
POUR VOUS RENDRE UTILES.
RENDEZ-VOUS UTILES
POUR ÊTRE AIMÉS.
SOYEZ AIMÉS
POUR ÊTRE HEUREUX.

— Ce n'est pas tout, observa gravement *Saphir*. Ce que l'oracle de l'anneau nous prescrit, il faut l'exécuter ponctuellement. Essayons, si tu m'en crois. Le travail n'est peut-être pas plus ennuyeux que l'oisiveté.

— Oh! pour cela, je l'en défie ! répliqua la petite fille. Et puis l'anneau nous réserve certainement quelque autre ressource contre l'ennui. Essayons, comme tu dis. Un mauvais jour est bientôt passé.

Sans être absolument mauvais, comme le craignait *Améthyste*, ce jour n'eut rien d'agréable. On avait fait venir les maîtres, si souvent repoussés, et ces gens-là parlent une langue qui paraît maussade parce qu'elle est inconnue, mais à laquelle on finit par trouver quelque charme quand on en a pris l'habitude.

Le frère et la sœur n'en étaient pas là. Vingt fois, pendant chaque leçon, le chaton s'était entr'ouvert au mouvement du ressort, et vingt fois l'inscription obstinée s'était montrée à la même place. Il n'y avait pas un mot de changé.

Ce fut toujours la même chose pendant une longue semaine ; ce fut encore la même chose pendant la semaine qui suivit. *Saphir* ne se sentait pas d'impatience. — On a bien raison de dire, murmurait-il en griffonnant un *pensum*, que les génies de ce temps-ci se répètent ! Et puis, ajoutait-il, on en conviendra, c'est un étrange moyen pour guérir les gens de l'ennui, que de les ennuyer à outrance !

Au bout de quinze jours, ils s'ennuyèrent moins, parce que leur amour-propre commençait à s'intéresser à la poursuite de leurs études. Au bout d'un mois ils s'ennuyèrent à peine, parce qu'ils avaient déjà semé assez pour recueillir. Ils se divertissaient à lire à la récréation, et même dans le travail, des livres fort instructifs, et cependant fort amusants, en italien, en anglais, en allemand ; ils ne prenaient point de part directe à la conversation des personnes éclairées, mais ils en faisaient leur profit, depuis que leurs études les mettaient à portée de la comprendre. Ils pensaient enfin ;

Eh bien ! mes enfants, vous m'en avez beaucoup voulu, car la science est aussi de l'ennui.

et cette vie de l'âme que l'oisiveté détruit, cette vie nouvelle pour eux leur semblait plus douce que l'autre, car ils avaient beaucoup d'esprit naturel. Leur grand'mère était d'ailleurs si heureuse de les voir étudier sans y être contraints et jouissait si délicieusement de leurs succès ! Je me rappelle fort bien que le plaisir qu'ils procurent à leurs parents est la plus pure joie des enfants.

Le ressort joua cependant bien des fois durant la première moitié de l'année ; le septième, le huitième, le neuvième mois, on l'exerçait encore de temps à autre. Le douzième, il était rouillé.

Ce fut alors que le génie revint au château, comme il s'y était engagé. Les génies de cette époque étaient fort ponctuels dans leurs promesses. Pour cette nouvelle visite, il avait déployé un peu plus de pompe, celle d'un sage qui use de sa fortune sans l'étaler en vain appareil, parce qu'il sait le moyen d'en faire un meilleur usage.

Il sauta au cou de ses jeunes amis, qui ne se formaient pas encore une idée bien distincte du bonheur dont ils lui étaient redevables. Ils l'accueillirent avec tendresse, avant d'avoir récapitulé dans leur esprit ce qu'il avait fait pour eux. La bonne reconnaissance est comme la bienfaisance : elle ne compte pas.

— Eh bien ! enfants, leur dit-il gaiement, vous m'en avez beaucoup voulu, car la science est aussi de l'ennui. Je l'ai entendu dire souvent, et il y a des savants par le monde qui m'ont disposé à le croire. Aujourd'hui, plus d'études, plus de science, plus de travaux sérieux ! Du plaisir, s'il y en a, des jouets, des spectacles, des fêtes ! *Saphir* vous m'enseignerez le pas le plus à la mode. Mademoiselle, j'ai l'honneur de vous retenir pour la première contredanse. Je me suis réservé de vous apprendre que vous étiez plus riches que jamais. Ce maudit lac s'est retiré, et le séjour de ces conquérants importuns décuple la fertilité des terres. On a déblayé les ruines du palais, et on a trouvé dans les fondations un trésor qui a dix fois plus de valeur.

— Les voleurs pourraient le prendre, dit *Améthyste*.

— Le lac regagnera peut-être le terrain qu'il a perdu ! dit *Saphir*.

Le génie avait perdu leurs dernières paroles, ou il en avait l'air. Il était dans le salon.

— Ce brave homme est bien frivole pour un vieillard, dit *Saphir*.

— Et bien bête pour un génie, dit *Améthyste*. Il croit peut-être que je ne finirai pas le vase de fleurs que je peins pour la fête de grand'maman. Mon maître dit qu'il voudrait l'avoir fait, et qu'on n'a jamais approché de plus près du fameux monsieur Rabel.

— Je serais fâché, bonne petite sœur, reprit *Saphir*, d'avoir quelque avantage sur toi ce jour-là ; mais j'espère qu'elle aura autant de joie qu'on peut en avoir sans mourir, en comptant mes six couronnes.

— Encore faudra-t-il travailler pour cela, repartit *Améthyste*, car tes cours ne sont pas finis.

— Aussi faudra-t-il travailler pour finir ton vase de fleurs, répliqua *Saphir*, car il n'est pas fini non plus.

— Tu travailleras donc ? dit *Améthyste* d'une voix caressante, comme si elle avait voulu implorer de l'indulgence pour elle-même.

Travaillez, aimables enfants, votre bonne aïeule le permet, et vous pouvez reconnaître à son émotion le plaisir qu'elle éprouve à vous contenter.

— Je le crois bien, dit *Saphir*, et je ne vois aucune raison pour ne pas travailler, tant que je ne saurai pas tout.

— Nous en avons pour longtemps, s'écria sa sœur en bondissant de plaisir.

Et en parlant ainsi, les jeunes gens arrivèrent auprès de *Tropbonne*, qui était alors trop heureuse. *Saphir* s'avança le premier comme le plus déterminé, pour prier sa grand'mère de leur permettre le travail, au moins pour deux ou trois années encore. Le génie, qui essayait les entrechats et les ronds de jambe, en attendant sa première leçon de danse, partit d'un éclat de rire presque inextinguible auquel succédèrent pourtant quelques douces larmes.

— Travaillez, aimables enfants, leur dit-il, votre bonne aïeule le permet, et vous pouvez reconnaître à son émotion le plaisir qu'elle éprouve à vous contenter. Travaillez avec modération, car un travail excessif brise les meilleurs esprits, comme une culture trop exigeante épuise le sol le plus productif. Amusez-vous quelquefois, et même souvent, car les exercices du corps sont nécessaires à votre âge, et tout ce qui délasse la pensée d'un travail suspendu à propos la rend plus capable de le reprendre sans effort. Revenez au travail avant que le plaisir vous ennuie : les plaisirs poussés jusqu'à l'ennui dégoûtent du plaisir. Rendez-vous utiles enfin pour vous rendre dignes d'être aimés, et, comme disait le talisman, SOYEZ AIMÉS POUR ÊTRE HEUREUX. S'il existe un autre bonheur sur la terre, je n'en sais pas le secret.

HURLUBLEU

GRAND MANIFAFA D'HURLUBIÈRE OU LA PERFECTIBILITÉ

Tu ne me dis pas tout, Berniquet!

HURLUBLEU,

GRAND MANIFAFA D'HURLUBIÈRE, OU LA PERFECTIBILITÉ

Histoire progressive

— Que le diable vous emporte ! s'écria le Manifafa.

— Le grand loustic de votre sacré collège des mataquins en est-il ? dit Berniquet.

— Non, Berniquet, reprit Hurlubleu. Je parlais à cette canaille de rois et d'empereurs qui m'assassinent tous les soirs de leurs salamalecs, et qui usent à force de la caresser de vils baisers la semelle de mes augustes pantoufles. Je t'aime, Berniquet ; je t'aime, grand loustic du sacré collège des mataquins, parce que tu n'as pas le sens commun, et que tu ne manques point d'esprit sans qu'il y paraisse. Il faut même que j'aie fait une haute estime de ton mérite pour t'avoir conféré à la première vue une des plus éminentes dignités de mon empire, car je me souviens que tu tombas chez moi comme une bombe.

— Absolument, répondit Berniquet. J'arrivai en boulet ramé au pied du glorieux divan de votre incomparable Majesté, et le véhicule est encore là pour le dire, incrusté dans le marbre où elle daigne appuyer ses pieds sublimes, quand elle s'ennuie d'être couchée tout de son long.

— Tu ne dis pas tout, Berniquet ! Ton arrivée inopinée et même un peu brutale passa pour miraculeuse, parce qu'elle délivra le pays d'un schisme effrayant qui avait déjà coûté la vie à cent millions de mes sujets, et dont je ne me remets plus le motif. Charge mon calumet pour me rafraîchir les idées.

— Éternel et immuable Manifafa, continua Berniquet en bourrant la pipe de son maître avec toutes les pratiques du cérémonial usité dans ce noble office, les mataquins attachés au culte de la divine chauve-souris dont votre dynastie impériale est descendue, et qui a l'infaillible complaisance de couvrir chaque nuit le soleil de

J'arrivai en boulet ramé au pied du glorieux divan de votre incomparable Majesté,

ses ailes pour procurer à Votre Hautesse très parfaite et très adorée une fraîche obscurité favorable à son sommeil, s'étaient divisés en deux partis acharnés, commandés par deux loustics impitoyables, sur la question de savoir si la sacro-sainte chauve-souris était éclose d'un œuf blanc, comme l'avance Bourbouraki, ou d'un œuf rouge, comme le soutient Barbaroko, les deux plus grands philosophes, savoir Bourbouraki et Barbaroko, qui aient jamais illuminé le monde et autres dépendances de l'empire d'Hurlubière des clartés de la science.

— Que me rappelles-tu? répliqua le Manifafa en soupirant du

profond de l'âme. Ce ne fut, pardieu, pas ma faute, si je ne pus accorder entre eux Bourbouraki et Barbaroko, ni ces damnés de loustics. J'avais inventé presqu'à moi tout seul dans le conseil de mes chibicous un système de conciliation par lequel on aurait reconnu à l'amiable que l'œuf de la divine chauve-souris était blanc

Sur quoi Votre Sérénissime Hautesse se hâta dans sa souveraine bonté de faire couper la tête aux deux loustics.

en dehors et rouge en dedans, ou *vice versâ*, car je n'aurais pas donné un poil de ma moustache pour le choix ; mais les mataquins rouges et les mataquins blancs n'en voulurent jamais passer par là, tant ils étaient obstinés et téméraires dans leurs résolutions, de manière que la chienne de question serait encore en suspens si tu n'étais descendu des nues fort à propos pour la résoudre.

— Je répondis ingénument à Votre Sérénissime Hautesse que les deux loustics en avaient menti, et je prouvai par raison démonstrative que le tétrapode céleste ne pouvait être sorti d'un œuf blanc, comme il ne pouvait être sorti d'un œuf rouge, puisqu'il était de sa nature vivipare, mammifère et anthropomorphe, ni plus ni moins qu'un mataquin; sur quoi Votre Sérénissime Hautesse se hâta dans sa souveraine bonté de faire couper la tête aux deux loustics et à tous les chibicons, au grand contentement de son peuple qui en fit des feux de joie par toute la terre.

— Ce mémorable événement fut consigné en lettres d'or dans les annales de mon règne, avec l'ordonnance par laquelle je te nommai grand loustic. Tu vois que je m'en suis souvenu tout de suite; mais vivipare, mammifère et anthropomorphe, où diable étais-tu allé prendre ces fariboles?

— Je le savais abstractivement en qualité de docteur juré de toutes doctrines infuses, et de propagateur encyclique du monopole perfectionnel *in omni re scibili;* mais ceci appartient à une histoire trop longue pour qu'il me soit permis d'en occuper les loisirs précieux du grand, du très grand, de l'infiniment grand Manifafa.

— Dis-moi ton histoire, Berniquet. Si elle est longue et ennuyeuse, tant mieux. Je n'aime que les histoires qui m'endorment; mais tiens-moi quitte surtout de la moitié de tes formules d'obéissance et de respect. Ce que je suis au-dessus de toi, pauvre poussière de mes pieds, est une chose trop bien convenue entre nous pour que je l'oublie. De peur d'en perdre l'habitude appelle-moi seulement de temps à autre : Divin Manifafa! Rien de plus, Berniquet. C'est court, c'est vrai, c'est clair; et quand je fume, les jambes commodément étendues sur mon divan, je ne regarde pas à l'étiquette. Parle, Berniquet! Parle, loustic!

— Votre Majesté saura donc, reprit Berniquet profondément ému, comme il devait l'être, de cette marque de bienveillante familiarité, que j'habitais il y a quelque dix mille ans une espèce de village malpropre, fétide, sottement bâtie, et disgracieuse en tout point, construite alors sur une partie de l'emplacement qui a été occupé depuis par les écuries de vos nobles icoglans, et qui se nommait Paris dans le patois de cette époque barbare. Elle ne craignait pas de se faire passer pour la reine des cités, bien qu'il en soit à peine fait mention dans les anciennes chroniques de l'empire d'Hurlubière, dont l'incomparable capitale d'Hurlu brille aujourd'hui comme un diamant resplendissant à la couronne du monde.

— J'ai entendu parler de ta bicoque, interrompit le Manifafa ; mais arrête-toi là un moment, et pour cause. Que viens-tu me chanter de tes dix mille ans de vie, avec cette face de mataquin qui en annonce tout au plus quarante-cinq? Si tu avais le secret de prolonger au delà de dix siècles révolus seulement l'existence

Ce que je suis au dessus de toi, pauvre poussière de mes pieds.

qu'ont accomplie en moins de cent pauvres années les plus vivaces de mes immortels aïeux, je t'ouvrirais sur-le-champ mon trésor, et je te ferais prendre place à mes sacrés côtés, tout mataquin que tu es, sur le trône des manifafas. Apprends-moi à l'instant loustic, si tu connais un moyen de vivre toujours! Je te l'ordonne, sous peine de mort!

— Pas plus que vous, divin Manifafa! Nous mourons tous à notre tour depuis que roule dans son étroite orbite notre misérable univers, et j'ai quelque raison de penser qu'il en sera ainsi jusqu'à nouvel ordre. Je compte réellement les quarante-cinq ans, ni plus ni moins, que Votre Hautesse vient de m'accorder de sa grâce spéciale ; et si elle prend la peine d'en retrancher par la pensée les mois de nourrice, l'âge de la dentition, de la coqueluche et des lisières, le temps du collège et de la Sorbonne, la part énorme des maladies et du sommeil, les jours de garde et de revue, les visites faites et reçues, les mauvaises digestions, les rendez-vous manqués, les lectures de société, les concerts d'amateurs, les conversations des gens de lettres et les séances publiques des dix-huit académies, elle comprendra aisément dans sa sagesse qu'il me reste pour quotient définitif une chétive année de vie comme à tout le monde. Foi de grand loustic des mataquins, je veux que la foudre m'écrase, s'il m'est avis d'avoir existé une heure de plus. Quant aux dix mille ans de surérogation dont il a été question ci-devant, j'en ferai grand marché à mes biographes. Ils ne m'ont pas duré en tout ce qu'il faut au mouvement du cœur pour passer de la systole à la diastole, et aux femmes pour changer de caprice.

— A la bonne heure, dit le Manifafa, car la longueur de ton histoire commençait à m'effrayer tout de bon quoique j'aie grande habitude de lire toutes les balivernes d'Hurlubière pour me préparer à dormir. Poursuis donc, loustic !

Au geste impérieux et décisif du Manifafa, le loustic s'assit sur ses talons, et il poursuivit en ces termes :

— Il y avait donc à Paris, vers l'an de grâce 1933, ce que j'ai l'honneur de vous raconter n'est pas d'hier, une propagande universelle de perfectibilité dont je faisais partie à cause de mon érudition polymathique, polytechnique et polyglotte, et qui recevait journellement des ambassadeurs patentés de tous les rumbs de l'horizon. C'était marchandise un peu mêlée pour le choix, mais tous savants, de manière qu'on ne les aurait pas entendus, à moins d'être lutin profès. On convint cependant un soir d'hiver fort brumeux, avant de partager les jetons, qu'il serait assez malaisé de composer une société parfaite, si l'on ne découvrait un moyen probable de se procurer l'homme parfait ou de le produire, l'agrégat étant toujours, suivant l'heureuse expression des péripatéticiens, à qui Dieu fasse paix, l'expression complexe des éléments agrégés, comme le divin Manifafa le comprend mille fois mieux que son humble esclave, à supposer qu'il ne dorme pas encore.

— Que la sainte chauve-souris m'offusque à perpétuité de ses ailes ténébreuses, s'écria Hurlubleu, si j'en ai compris un traître mot ! Mais tâche de me tirer de l'agrégat des péripatéticiens, et va toujours !

— Il fut donc résolu qu'on se mettrait incessamment à la recherche de l'homme parfait, c'est-à-dire aussitôt qu'on apprendrait où il pouvait être, et en admettant qu'il fût, pour en faire la souche de la propagande universelle et de la civilisation régénérée.

— Vous étiez trop modestes, reprit le Manifafa, car ta propagande et ta civilisation n'en manquaient pas de souches. Tu me passeras volontiers cette saillie, quoiqu'elle ne soit pas d'un excellent goût. Mais qu'attendiez-vous de l'homme parfait, puisque vous voilà déjà parvenus au point suprême de la science qui consiste à ne plus s'entendre ?

— La perfection organique ! répondit humblement Berniquet, le complément de ces facultés innombrables que Dieu a répandues entre ses créatures d'une main si prodigue, et qu'il a restreintes dans notre espèce avec une malicieuse parcimonie, à l'exercice de cinq sens obtus et misérables, en y joignant plus malicieusement encore le sens intellectuel, qui ne nous sert qu'à faire des sottises.

— Il nous sert parbleu bien aussi, reprit le Manifafa, à les dire et à les imprimer. Ces considérations, en effet, devaient fournir à la propagande une ample matière à penser.

— *Coussi, coussi*, monseigneur ! la propagande ne pensait jamais que ce qu'elle avait pensé une fois. Il y avait là un petit manant de Chinois que vous auriez fait passer par le trou d'une aiguille mais qui en savait aussi long qu'il était gros, et qui nous soutint *mordicus* que l'homme parfait avait été fabriqué par Zérétochthro-Schah près de quatre mille ans auparavant ; mais qu'on ne savait ce qu'étaient devenus ni Zérétochthro-Schah, ni son automate.

— Je ne t'en donnerai pas de nouvelles. Qui a jamais entendu parler d'un animal de ce nom ?

— Zérétochthro-Schah, divin Manifafa, était comme qui dirait, *si res parvas licet componere magnis*, une sorte de métis fort incongru entre le Manifafa et le mataquin, lequel vécut du temps de Gustaps, et sortit de la Médie pour endoctriner la Bactriane. Outre le *Zend-Avesta* et quelques autres bouquins, on croit véritablement qu'il a laissé une formule bien accommodée à l'intelligence la plus vulgaire pour la confection du plus grand œuvre de la perfectibilité, qui est l'homme parfait ; mais au transport de ses bagages, elle fut

Il y avait là un petit manant de Chinois...

malheureusement noyée dans la bouteille à l'encre, et il n'en a plus été question depuis. Il ne restait donc à la propagande universelle d'autre moyen d'en prendre connaissance que la tradition, en faisant exécuter aux frais de l'État un voyage sur les lieux ; et nous aurions, selon toute apparence, obtenu quelque beau résultat de cette grande opération, s'il ne nous était survenu à la même époque une autre contrariété très sensible : c'est que la Bactriane fut engloutie entre deux de nos séances par un tremblement de terre, et avec elle Zérétochthro-Schah, ses traditions et sa formule.

— Adieu l'homme parfait et la perfectibilité. Je m'imagine que la propagande universelle fut bien camuse.

— J'ai déjà eu l'honneur de dire à Votre Divine Hautesse que l'impeccable propagande ne revenait jamais sur ses délibérations. Nous partîmes au nombre de douze, fermement résolus de chercher la Bactriane jusqu'au centre de la terre, où il y avait toute apparence qu'elle était descendue, par la loi de gravité, dans cet épouvantable remue-ménage.

— Tu me mets sur la voie, sage loustic. La députation s'en alla en puits artésiens?

— L'immense pénétration de Votre Majesté toujours auguste est soudaine comme le génie, mais nous ne fûmes pas si ingénieusement avisés. On convint que nous procéderions à l'exploration de la surface entière du globe, avant d'en visiter les entrailles.

— A merveille! Je vous vois d'ici dans les *accélérées* comme des savants du commun. La propagande sur les grandes routes!

— Il n'y avait pas moyen, sire. On n'y passait plus qu'au péril de la vie, depuis l'invention des chemins de fer.

— Je l'oubliais. Continue donc, car je fais là depuis un grand quart d'heure des efforts d'esprit qui me réveillent.

— Nous nous embarquâmes sur le bateau à vapeur *le Progressif*, un joli bâtiment, je vous jure, à trois cheminées et à forte pression, qui cinglait si hardiment, triple sabord! que mon ami Jal[1] n'aurait pas eu le temps de compter les lochs. Nous filâmes près de dix-huit cents lieues, à l'estime du charbonnier, jusqu'à ce que nous nous trouvâmes réduits, par défaut de combustible, à jeter dans les chaudières nos meubles, nos outils, notre pacotille et même nos cartes hydrographiques, nos livres de sciences et nos patentes.

— Et sagement vous auriez fait de débuter par là, loustic, dit le Manifafa.

— Cela fit, au premier abord, un feu clair et brillant dont nous eûmes le cœur tout réjoui, d'autant plus que le gardien des soupapes croyait déjà voir terre au bout de sa lunette achromatique (l'enragé aurait bien mieux fait d'être à ses soupapes); mais les

---

[1]. Auteur très estimé de plusieurs ouvrages sur l'art nautique, l'archéologie navale, et d'un dictionnaire, qui est très consulté (1795-1873).

trois machines à forte pression, dont j'ai eu l'avantage de vous parler ci-devant profitèrent du moment pour éclater toutes ensemble avec une harmonie si parfaite qu'on eut dit qu'elles s'étaient donné le mot.

— Au soubresaut près du bateau à vapeur, dont l'allure capricante et saccadée m'a incommodé maintes fois, il faut convenir Berniquet, dit le Manifafa, que cette manière de naviguer montre

Nous fûmes lancés si rapidement à une hauteur incommensurable..

furieusement d'esprit dans son inventeur, et qu'elle a beaucoup d'agrément.

— Quand on en est revenu, monseigneur. Nous fûmes lancés si rapidement à une hauteur incommensurable que je n'eus pas le temps de l'apprécier avec exactitude, parce qu'on manque essentiellement, en mer, d'objets de comparaison ; mais nous nous aperçûmes bientôt, en accomplissant notre chute parabolique, suivant la condition des projectiles, que nous avions eu le bonheur d'être dirigés du côté de la terre, sans quoi notre mort était infaillible. Jamais une contrée plus délicieuse ne se présenta sans doute aux regards du voyageur surpris. L'île de Calypso, dont vous avez peut être entendu parler, n'était, auprès de celle-ci, qu'un misérable écueil, indigne d'occuper l'imagination des poètes. A mesure que nous en approchions, nous pouvions voir se développer sous nos yeux, et cette locution figurée est ici parfaitement exacte, car nous tombions la tête la première, toutes les merveilles d'une végétation élyséenne, couronnée de fleurs et de fruits. Ce n'étaient qu'orangers aux pommes d'or, bananiers aux régimes flottants, et vignes aux grappes empourprées, qui liaient leurs bras opulents aux branches des mûriers et des ormeaux; ce n'étaient que cerisiers courbés sous le poids d'une multitude de rubis, balancés mollement par les zéphyrs à leurs flexibles rameaux; ce n'étaient que lauriers aux baies noires comme le jais ou acacias aux girandoles parfumées qui confondaient dans l'air leurs enivrantes odeurs avec celles des violettes, des œillets, des héliotropes et des tubéreuses, dont la fraîche verdure des prés, entrecoupée de toutes parts de ruisseaux de cristal et d'argent, se parait comme d'une élégante broderie. Les roses étant assez rares dans le pays, nous n'en remarquâmes cependant pas au premier moment.

— Je suis seulement bien étonné que vous ayez pu remarquer tant de choses, reprit le Manifafa; mais je suppose que tu te décidas à prendre terre, après avoir louvoyé le temps que tu dis. Cela devait finir par là.

— En dégringolant de branche en branche, à la manière de Christophe Morin quand il dénicha le *piau*[1], divin Manifafa. Notre premier soin fut de nous compter. De huit cents personnes qui avaient composé l'équipage, nous ne restions que six; mais, par un effet tout particulier de la providentielle sagesse qui veille aux progrès de l'humanité, nous étions tous six les députés d'élite de la propagande universelle.

— J'ai souvent ouï dire, ami loustic, que ces gens-là se retrouvaient toujours sur leurs pieds. Mais fais-moi le plaisir de m'apprendre si la providentielle sagesse dont tu parles vous avait conservé le petit Chinois?

---

1. Allusion à un épisode d'un ouvrage écrit pour la jeunesse, les *Aventures de Michel Morin*, qui eut un très grand succès, vers 1858.

— Le petit Chinois avait vécu, sublime Hautesse ; et d'après sa minutissime exiguité naturelle, on peut présumer avec beaucoup d'assurance qu'il était rendu, en atomes impalpables, au foyer perpétuel de la création.

— Tant mieux ! s'écria le Manifafa. C'est lui qui t'a engagé, dans cet interminable récit, à la poursuite de Zérétochthro-Schah, et je ne me sens pas capable de le lui pardonner de ma vie.

Nous étions un peu froissés : c'est le moins qui puisse arriver lorsqu'on tombe de haut sans y être préparé.

— Nous étions un peu froissés : c'est le moins qui puisse arriver lorsqu'on tombe de haut sans y être préparé ; mais notre plaisir n'en fut que plus vif, au milieu du peuple heureux qui dansait sous ces ombrages. Nous nous empressâmes de nous mêler à ses jeux innocents aussi naïvement que si nous avions été de simples bergers et notre allégresse s'augmenta de beaucoup, vous pouvez le croire, quand nous apprîmes que cette fête pastorale avait lieu à l'occasion du départ d'un ballon frété pour des régions fort lointaines, où il devait nous conduire en peu de temps.

— Saviez-vous du moins, savants que vous étiez, et toi, savant loustic en particulier, où ce ballon vous conduirait ?

— Qu'importe, seigneur, où peut conduire un ballon quand on ignore où l'on va? C'est le chemin que tiennent les savants, les empires et le monde.

— Arrime pour les airs, Berniquet! Va, mon fils, mon loustic, où le démon te pousse! Mais un aérostat qu'on ne peut diriger est tout au plus un jouet d'enfant, bon pour divertir les rois, les vieilles femmes et les académies.

— Bagatelle que cela! vous courez toujours par la subtile perspicacité de votre esprit, Manifafa de plus en plus extraordinaire, au devant des découvertes de la civilisation ancienne, comme si vous les aviez devinées! La direction des ballons était devenue de tous les problèmes le plus facile à résoudre, depuis qu'on avait appliqué la vapeur à la navigation, la résistance des courants de l'air étant moins difficile à vaincre que celle des eaux. Nous montâmes donc résolûment le ballon à vapeur *le Bien-Assuré*, qui était un bâtiment d'importance, parfaitement équipé en guerre pour cette grande expédition, à cause du nombre incalculable de corsaires aériens qui ravageaient depuis quelques années les parages que nous allions visiter, et qui causaient par là un immense préjudice au négoce atmosphérique, malgré toutes les précautions de la douane et de la maréchaussée. Nous étions munis de vingt-quatre bonnes pièces de canon de Siam, longues de cinquante-deux pieds, et de cent quatre-vingt-deux livres de balles, qui portaient à sept lieues de but en blanc, et nous n'avions pas moins de six mille hommes de bataille en excellentes troupes de toute arme, sauf la cavalerie et les sapeurs sans compter la chiourme et les gens d'abordage, qui étaient placés aux grappins; de sorte que nous mîmes au large, sans inquiétude et sans difficulté, suivi des acclamations de la multitude.

— Je te recommande, loustic, d'avoir l'œil aux soupapes! Mais comment fîtes-vous, tes savants et toi, pour payer votre passage? Mit-on les propagandistes de la perfectibilité aux grappins, ou les mit-on à la chiourme?

— Eh! divin Manifafa, répondit Berniquet, remettez-vous de cet inutile souci! Dans toutes les conflagrations terrestres, maritimes et célestes, qu'il vous serait possible d'imaginer, les savants de mon temps s'assuraient premièrement d'emporter leur bourse avec eux ; et puis la parfaite considération dont ils jouissaient à ces époques reculées leur procurait bon crédit partout où le nom d'homme était parvenu. Leur diplôme valait or en barre.

— Je me suis laissé dire, Berniquet, qu'il n'en était pas de même aujourd'hui ?

— Moi aussi, monseigneur. Quoi qu'il en soit, nous dûmes faire ainsi près de quatre mille lieues sans savoir précisément où nous étions, parce que Votre Majesté n'ignore pas que la boussole dérivait dès lors de quelques degrés, et qu'à cette hauteur elle devait faire gaillardement, comme elle le fit, le tour complet du cercle sans autre moteur que l'oscillation capricieuse qui lui est propre, l'action attractive du pôle s'étant considérablement altérée dans ces régions élevées.

— C'était une belle occasion de graduer l'échelle du cyanisme du ciel, qui a donné tant de mal à M. de Saussure[1] !

— Le ciel était noir comme de l'encre. Cependant nous nous consolions de notre isolement en donnant çà et là notre nom à quelque nuage. C'était un plaisir bien ingénu, une joie d'homme, qu'emportait le vent comme celles de la terre. Nous n'encourûmes d'ailleurs aucune espèce d'accident notable, si ce n'est que nous échappâmes, par une adroite manœuvre, à l'éruption d'un volcan maudit, qui faillit mettre *le Bien-Assuré* en cannelle.

— Je ne te passe pas celle-là, interrompit Hurlubleu, et Dieu sait que depuis une heure tu m'en fais avaler de toutes les couleurs. Jamais, au grand jamais, éruption de volcan ne monta si haut.

— Il arrive souvent, Manifafa surhumain, que les éruptions de volcan de l'air descendent plus bas, à moins que le mouvement ambiant de la rotation atmosphérique ne les transforme en jolis petits satellites de poche, comme j'en ai tant vu dans mes voyages. L'explosion qui nous menaça de si près pourrait bien être celle qui détruisit Paris. C'était, pour vous dire vrai, celle d'une de ces

---

1. Horace-Bénédict de Saussure, né à Genève en 1740, mort dans cette ville en 1799, fut un des plus célèbres géologues du xviiie siècle. Il fit, le premier, l'ascension du mont Blanc en 1787. Son fils, Théodore de Saussure (1767-1845), se distingua dans la chimie botanique. Le cyanisme est un terme scientifique qui veut simplement dire le « bleu » du ciel.

méchantes planètes provinciales, que la terre emporte, comme une étourdie, dans ses sottes évolutions, à la manière de la corbeille de prunes que les enfants font rouler autour d'une fronde sans en laisser tomber une seule, et qui, composées d'éléments inflammables tourmentés d'un principe igné, finissent brutalement, au

L'hydrogène prit feu soudainement, en décorant superbement le ballon d'une merveilleuse ceinture qui rayonnait d'aigrettes éblouissantes.

moment où les pauvres passants s'y attendent le moins, par se dissoudre en pluie d'aérolithes. A la considérer dans son diamètre apparent, nous jugeâmes qu'elle ne présentait guère que l'apparence d'une préfecture de troisième classe, dont le dernier de vos commis à la plume ne voudrait pas.

— Il aurait vraiment bien raison ! répliqua le Manifafa; une préfecture composée d'éléments inflammables tourmentés d'un principe igné, cela ne serait pas gracieux. La description que tu m'as donnée de tes aérolithes m'a paru d'ailleurs fort instructive et fort divertissante, et je t'excuse, en sa faveur, d'avoir pris ce parti-là pour te rendre au centre de la terre, quoique, à examiner rationnellement la chose, ce ne fût pas le plus court.

— Ce n'était pas le seul inconvénient de notre voyage. Nous venions à peine de jeter la sonde pneumatique sur un assez beau fond d'atmosphère, dont elle avait rapporté, à notre entière satisfaction, un mélange d'oxygène et d'azote, formé selon les proportions dont les chimistes sont convenus pour le plus grand avantage de tout ce qui respire, quand nous eûmes le chagrin de nous apercevoir que le bâtiment faisait air par deux voies.

— En voici, ma foi, bien d'un autre, Berniquet ! J'ai entendu parler de voies d'eau, mais des voies d'air, cela me passe.

— Il n'y a rien de plus aisé à comprendre. Cela veut dire que le gaz s'échappait en abondance par les fentes de la capsule, à défaut de radoub. Votre Majesté pense bien que nous ne perdîmes pas de temps pour y envoyer les ouvriers du calfat ; mais Castor et Pollux[1], protecteurs des mariniers, permirent qu'un garçon d'un âge tendre et sans expérience tînt le goudron enflammé si près de la brèche, que l'hydrogène prit feu soudainement, en décorant superbement le ballon d'une merveilleuse ceinture qui rayonnait d'aigrettes éblouissantes, et qui devait lui donner, d'en bas, car le soleil était depuis longtemps caché pour tout cet hémisphère, l'aspect de quelque brillant météore. Foi de loustic, j'aurais à revivre mes dix mille ans, si vite passés, et dix mille fois davantage, que le temps ne pourrait effacer de mon souvenir les sentiments d'admiration dont je fus rempli à l'aspect de ce globe en feu...

— Qui brûlait à plein pied des planètes, interrompit Hurlubleu. Je me mets volontiers à ta place pour le moment actuel, et non autrement, par parenthèse. Mais l'admiration ne vous absorba peut-être pas tellement que vous ne vous occupassiez d'autre chose ?

---

1. Castor et Pollux, deux amis inséparables, au dire de la mythologie grecque, furent métamorphosés en étoiles et forment la constellation des « gémeaux », sur laquelle s'orientent les navigateurs.

— Nous nous empressâmes de débarrasser le vaisseau de sa cargaison inutile; car il n'avait que trop de lest pour ce qui lui était réservé : la machine à vapeur d'abord, ensuite les canons de Siam ! On n'en vit jamais de pareils dans l'excellence du travail et la richesse des ciselures; après cela, toute une encyclopédie par ordre de matières. Je n'y eus pas grand regret. Après cela, tout le Bulletin des lois et des ordonnances, avec tous les procès-verbaux

Je l'enfourchai aussi lestement que faire se pouvait en pareille circonstance.

des deux chambres. C'était là une terrible perte ! Après cela, quelqu'un eut l'impertinence de dire qu'on aurait dû commencer par les savants. Je sautai le pas comme les autres; mais je fus si heureusement favorisé par ma pesanteur spécifique, le ciel en soit loué toujours, que je rattrapai, dans sa chute perpendiculaire, une de nos chaloupes aériennes qui sombrait; et comme elle était faite en cheval marin[1], d'après la mode du temps, qui courait depuis le

---

1. Le cheval-marin ou hippocampe est un animal fabuleux ayant un corps de cheval et une queue de poisson. Les dieux marins l'employaient comme monture. Tantôt il fendait les flots avec ses pieds de devant, pareils à des sabots de cheval, tantôt avec ses nageoires. On le représente couvert d'écailles ou quelquefois pourvu d'ailes.

fameux cétacé de M. Lennox, je l'enfourchai aussi lestement que faire se pouvait en pareille circonstance, de façon à m'y trouver bien en selle, la main droite aux crins, ferme sur les arçons, et campé comme un saint Georges.

— Ensuite, Berniquet, tu piquas des deux, ainsi que ta position l'exigeait, et je te vois avec plaisir en chemin pour le pays de Zérétochtho-Schah, si le poids des masses est réciproquement multiplié par le carré de la vitesse.

— Je m'abattis, de fortune, dans une large fondrière qui était placée au juste milieu de la grande route, et où je m'enfonçai jusqu'au menton seulement, parce que j'eus bientôt repris courage en reconnaissant, à la nature du sol et à la configuration géologique des localités, que ma bonne étoile m'avait fait prendre pied dans une des contrées les plus civilisées de la terre.

— Prendre pied, c'est une manière de parler en façon d'hyperbate[1], à laquelle je souscrirai volontiers, si cela te fait plaisir ; mais j'aurai plus de peine à convenir, je t'en avertis, du perfectionnement indéfini d'une contrée où il y a des fondrières si larges et si profondes au juste milieu de la grande route.

— Oh ! c'est que les philosophes de ce pays-là, divin Manifafa, ont bien autre chose à faire que de boucher les fondrières.

— Et que font-ils donc ? dit Hurlubleu.

— La cuisine, répondit Berniquet.

— A la bonne heure, reprit le Manifafa, et je ne saurais les en blâmer ; mais commençons par le commencement, car nous venons de te laisser, à mon grand regret, loustic, dans une situation peu commode pour explorer le terrain.

— Elle était d'ailleurs assez favorable à la méditation ; et quant au terrain, je le connaissais à fond indépendamment de mon expérience personnelle, sur ce que j'en avais lu dans des cosmographies et des voyages qui ne mentent jamais. L'île des Patagons[2], autant que j'en avais pu juger à vue de pays, en plongeant dans

---

1. L'hyperbole est une figure de mots, une sorte d'inversion qui transpose les expressions ou les pensées.
2. La Patagonie n'est pas une île, mais la partie sud de l'Amérique méridionale entre l'Atlantique et le Pacifique.

cet empire médiatlantique, représente un cercle de onze cent trente lieues de diamètre, ce qui lui donne trois mille cinq cent cinquante lieues de circonférence ou peu s'en faut, si Adrien Métius, d'Alcmaer[1] n'est pas un fat. Elle a cela de particulier, qu'elle n'a jamais

L'architriclin de la section fait un veau et vous met la tête à part.

rien produit qui ait eu vie, ce qui la rend bien effectivement propre à la civilisation.

— Et ce qui reste à démontrer, s'écria Hurlubleu en branlant la tête d'un air défiant; une île qui ne produit aucun être vivant

---

[1] Alkmaer, ville de la Hollande septentrionale. Métius est un des anciens cosmographes illustres.

et où il y a des philosophes ! Il est vrai qu'ils se fourrent partout ; mais, à ton compte, ils devaient faire une maigre cuisine.

— La plus parfaite qui se puisse savourer à une table royale. Il faudrait seulement *prémettre,* si *prémettre* était reçu en langue hurlubière, et cela dépend de l'Académie, que l'île des Patagons est le centre d'un archipel tout peuplé de philosophes, qui se sont casés méthodiquement dans leurs îlots, selon le système encyclopédique de Bacon[1], avec une si technique précision qu'il ne manque à ces langues de terre que des étiquettes pour figurer dans la topographie de la perfectibilité le *Compendium universale* des connaissances humaines. Cette espèce peuplant beaucoup, parce qu'elle est fort oisive, elle s'avisa un jour de profiter du voisinage de l'île métropole, où je suis pour le moment dans l'état que vous savez, et où je vous prie de me permettre de rester quelque temps encore...

— Tant que cela pourra t'être agréable, loustic, dit le Manifafa. Prends tes aises.

— Elle s'avisa, dis-je, d'y transporter une colonie créatrice, et il ne lui fallait pour cela que des laboratoires, puisqu'elle savait produire par des combinaisons chimiques tout ce que la création produit. C'est ainsi que le consistoire philosophique de l'île des Patagons s'institua en manufacture culinaire, pour satisfaire à la nécessité commune des individus bien portants qui font avec plaisir deux repas par jour, quand ils sont en mesure de les payer. Je ne parle pas des pauvres auteurs, de ces innocents prolétaires de la parole, de ces tributaires disgraciés de la presse, gens de bien qui vivent de peu quand ils vivent, et qui ont perdu leur pension par la malice ou l'ineptie d'un chibicou ; ceux-là n'y ont que voir. Mais je suppose, par exemple, que Votre Hautesse ait bonne envie de tâter demain, à son déjeuner, d'une excellente tête de veau en tortue, ce qui peut arriver à tout le monde ; vous envoyez votre carte à la section de mammalogie, qui fait un veau et qui vous met la tête à part. L'architriclin de la section (c'est une grande dignité)

---

[1]. Il y eut deux Bacon, tous deux illustres savants anglais ; l'un, Roger Bacon (1214-1294), célèbre alchimiste et cosmographe ; l'autre, François Bacon (1561-1626), fameux philosophe. C'est à ce dernier qu'est due la classification des sciences.

mande incessamment votre carte à son confrère de la section d'ornithologie, qui vous fait un coq et qui en dépêche au premier laboratoire la crête et les rognons : de même à la section de crustacéologie, qui confectionne supérieurement les écrevisses. Après cela tout se multiplie comme à l'ordinaire, et on sert chaud. C'est un manger délicieux.

— A qui en parles-tu? dit le Manifafa. Tout cela me paraît ordonné en perfection, et je prendrais un grand plaisir à t'interroger sur quelques détails, si je ne me faisais scrupule de te retenir dans cette fondrière plus qu'il ne convient à un homme de ton âge et de ta qualité.

— J'y passai cent heures et je ne sais combien de minutes, divin Manifafa.

— Alors nous avons le temps. Amuse-toi donc à me répondre, cela te reposera. Comment ces philosophes, qui faisaient tant de choses, ne sont-ils pas parvenus à faire l'homme que tu cherchais avec une si rare intrépidité?

— Eh ! tenez-vous pour assuré, seigneur, qu'ils faisaient fort bien l'homme tel quel. Un homme n'est pas plus difficile à fabriquer qu'un lapin de garenne, quand on sait de quoi cela se compose. La section d'anthropologie ne s'occupait d'autre chose du matin au soir, et il faut convenir qu'elle n'y épargnait pas la façon, puisqu'elle a fait les Patagons, dans le moindre desquels il y a de l'étoffe pour les douze tambours-majors des douze légions de votre capitale, en y joignant ceux de sa banlieue. Mais au delà des cinq sens de nature, elle s'était trouvée bien embarrassée, la section d'idéologie n'ayant jamais pu lui fournir le sens intellectuel en bon état. Le sens intellectuel ! Divin Manifafa, vous auriez retourné la section d'idéologie de fond en comble que vous n'en auriez pas obtenu de quoi faire un vaudeville, et quand cela est distribué par égales parts sur cinquante millions de géants, c'est bien à peu près comme s'il n'y en avait pas du tout. Voilà pourquoi cette malheureuse race des Patagons est si bête, qu'il était dès lors passé en usage proverbial parmi les nations de dire : — *Bête comme un Patagon.*

— Le ciel nous soit en aide et la sainte chauve-souris aussi !

dit le Manifafa. Avec quoi ces pauvres gens faisaient-ils les rois ?
— C'est une grande pitié, répondit Berniquet en baissant humblement les yeux ; ils les faisaient avec des Patagons.

Le roi mort, on fait passer la nation sous un hectomètre, et son successeur est pris au toisé.

— Cela prouve, loustic, qu'il n'y avait pas grand profit à cette charge, puisque les philosophes ne l'ont pas gardée pour eux.
— On se soucie bien des rois et des peuples, sire, quand on leur mesure les vivres ! Les philosophes qui ont continué de se

reproduire à la manière vulgaire, parce qu'elle est un peu plus amusante, sont d'ailleurs restés tout petits, ce qui leur interdit jusqu'à la chance de parvenir aux dignités publiques, dans ce pays de Patagonie où elles se donnent toutes à la taille, sans en excepter la couronne. Le roi mort, on fait passer la nation sous un hectomètre, et son successeur est pris au toisé.

— De sorte que le souverain régnant, reprit le Manifafa, peut à bon droit s'adjuger le titre de *Grand* et le recevoir de sa cour sans que personne y trouve à redire, ce qui me paraît fort agréable. Mais qu'arriverait-il, Berniquet, si quelque petit manant de Patagon se mettait dans l'esprit de grandir démesurément tout à coup, et de passer son prince légitime d'une coudée ou deux, pendant que celui-ci trône paisiblement sur la foi de la toise, de la géométrie et des philosophes?

— Il serait reconnu héritier présomptif, seigneur, et proclamé César, en attendant qu'un autre vînt lui contester son rang. J'ai entendu dire que ceci leur avait épargné bien des révolutions et bien des guerres civiles, et qu'ils n'en sont pas plus mal gouvernés.

— Je le crois facilement, loustic; c'est le système électoral le plus raisonnable qu'on ait jamais inventé à ma connaissance, et j'en ferai avant peu l'essai sur mes chibicous. Quoi qu'il arrive, je serai presque toujours sûr de ne pas perdre au change. Mais si ton rapport est fidèle, il me reste deux inquiétudes : ma première inquiétude, Berniquet, c'est de savoir ce que font les femmes patagones dans un pays où la section d'anthropologie prend toutes les peines?

— Oh! sire, les femmes sont fort occupées; elles discutent, elles gèrent, elles administrent, elles jugent, elles gouvernent, elles font des plans de campagne, des statistiques, des lois, des constitutions; et, de temps à autre, à leurs moments perdus, de petites brochures éclectiques, des traités d'ontologie, des poèmes épiques en trente-six chants. Elles ont bien du mal! Mais la seconde inquiétude de Votre Hautesse, sublime Manifafa?

— Ma seconde inquiétude, Berniquet, c'est de savoir comment tu t'y pris pour te dépêtrer de cette diable de fondrière?

— Je ne passais pas tout mon temps à réfléchir sur ces notions confusément renouvelées de mes lectures. Je ne m'en tuais pas moins à crier du haut de ma tête et du fond de mon gosier que j'étais le seul membre de la propagande universelle qui se fût

Les femmes sont fort occupées; elles discutent, elles gèrent, elles administrent, elles jugent, elles gouvernent, elles font des plans de campagne.

échappé de douze pour venir rendre hommage à la civilisation de l'île des Patagons. J'ajoutais, avec un attendrissement plus facile à concevoir qu'à exprimer, que je serais probablement le dernier propagandiste qui tentât d'aborder dans cette fondrière philosophique, surtout par le chemin où j'étais venu, à moins qu'un de mes camarades ne se fût arrangé pour rester en l'air plus longtemps que moi, et je n'y voyais aucune probabilité.

— Mon grand orateur n'aurait pas mieux dit, ami Berniquet, quoique ce soit son métier et que je lui paye à cet effet de gros honoraires qui ont fait quelquefois crier l'opposition ; mais ce discours éloquent et naïf, à qui l'adressais-tu ?

— A une poignée de vilains enfants, de vingt-cinq à trente pieds tout au plus, qui jouaient à la queue leleu, au cheval fondu

Une légion de philosophes qui s'assirent autour de moi sur de bons pliants pour subvenir au moyen de me tirer de là.

et à d'autres manières de divertissements aussi puériles, en s'ébaudissant sur le rivage.

— Sur le rivage de la fondrière, c'est bien entendu. Et que survint-il après cela, loustic ?

— Hélas ! monseigneur, il survint ce que vous savez : une légion de philosophes en habits brodés, le bas de soie à la jambe, la main gantée, le parapluie sous le bras, qui s'assirent autour de moi sur de bons pliants pour subvenir au moyen de me tirer de là. Le premier jour, ils ne furent pas autrement embarrassés. Ils jugèrent à la presque unanimité que je paraissais être tombé accidentellement dans cette fondrière. Le second jour, ils décidèrent qu'il serait à propos de m'en tirer par quelque machine ; le troisième jour, ils firent merveille.

— Ils te délivrèrent enfin !...

— Non, divin Manifafa. Ils nommèrent une commission composée de savants très consommés dans la mécanique. Je me crus perdu cette fois ; et, tendant vers eux mes mains palpitantes que j'étais parvenu à dégager de la fondrière, jusqu'à la hauteur de ma tête, où elles m'étaient d'une grande utilité pour chasser les mouches, je renouvelai mes supplications inutiles avec une grande abondance de larmes. Les philosophes étaient déjà bien loin. Pour mon salut, parmi les incommensurables marmots dont j'ai eu l'honneur de vous parler ci-devant, il s'en trouvait deux qui s'étaient fait une monstrueuse balançoire du grand mât d'un vaisseau à trois ponts, et qui s'en donnaient à cœur joie de ce ridicule exercice, indigne en soi d'occuper une pensée humaine, comme j'avais bien su le leur dire. Un de ces petits brutaux que je venais de remarquer, prêtant une attention stupide et cependant quelque peu sournoise à la discussion des philosophes, se rapprocha de son mât quand ils eurent disparu, et après avoir soigneusement établi l'équilibre de ce grand mobile sur son point d'appui, se mit à en tourner l'extrémité vers l'endroit où mes mains convulsives s'agitaient en vain. Je m'en emparai machinalement, mais avec force, pour éviter entre ma tête et la solive gigantesque une collision qui n'aurait probablement pas été à mon avantage. Au même instant, ce pauvre malotru de Patagon s'élança d'une hauteur considérable pour atteindre le bout opposé, et le ramena vers lui de tout son poids, de sorte que je jaillis comme un trait de la fondrière, et qu'en me laissant glisser le long de la poutre dont je ne m'étais pas dessaisi, j'abordai fort commodément à un bon sol de roches et de galets qui ne se serait pas effondré sous une armée de Patagons. L'heureuse rencontre de cet expédient instinctif me fit réfléchir amèrement sur la misère de ces infortunés Patagons qui sont réduits par la privation du sens intellectuel à se renfermer bêtement dans l'exercice de leurs facultés animales sans espoir de devenir savants, et dont la civilisation régulière et douce, à la vérité, mais montée comme un instrument, tourne à perpétuité sur les mêmes rouages. Cela fait mal.

Je jaillis comme un trait de la fondrière.

— Je reconnais là ton bon cœur, dit le Manifafa ; mais c'est la faute de la section d'idéologie, qui n'est pas en Patagonie pour rien, et qui redoit à ces insulaires, si je t'ai bien compris, une âme intelligente et perfectible. Cependant, Berniquet, puisque leur civilisation est douce et régulière, et qu'ils ne manquent pas d'expédients instinctifs pour se tirer d'embarras, eux et les autres, que pourrais-tu leur désirer de plus et de mieux?

— De mieux, je ne dis pas ; mais de plus, des progrès ; ou pour m'expliquer avec toute la correction et toute l'élégance requises en ces hautes matières, je voudrais qu'ils progressassent. Qu'est-ce que c'est, qu'une nation qui ne progresse pas ? La destinée essentielle de l'homme n'est pas de fournir avec simplicité sa courte carrière au milieu des siens, en remplissant fidèlement tous ses devoirs envers Dieu, l'État et l'humanité, comme ces méchants rabâcheurs de moralistes le prêchaient à l'antiquité ignorante. La destinée essentielle de l'homme est de progresser ; et, bon gré mal gré, il progressera, sur ma parole, ou il dira pourquoi il ne progresse pas... — Ces enfants Patagons étaient au reste d'un bon naturel. Les pauvres petits s'empressèrent de me plonger dans une eau pure, et d'une température assez amère qui me lava des souillures de la fondrière, et rendit un peu de souplesse et d'élasticité à mes membres endoloris. Ils me firent sécher ensuite aux rayons d'un soleil ardent et réparateur, en éventant mon front de quelques feuilles balsamiques dont ils s'étaient munis à ce dessein ; et sans tarder davantage, ils épluchèrent fort délicatement ce qui restait des miettes de leur déjeuner, pour me restaurer par un bon repas qui se trouva très copieux, car il y a de quoi vivre dans les miettes d'un Patagon. Je leur eus à peine témoigné ma reconnaissance par des démonstrations dont ils ne se souciaient guère, qu'ils retournèrent à leur balançoire, après m'avoir indiqué du doigt le chemin de la ville des philosophes, où je comptais trouver à qui parler. Comme j'étais assez près d'arriver, je vis sortir des murailles en grande pompe un cortège innombrable qui faisait route de mon côté, et je reconnus sur le champ l'objet de cette excursion scientifique à l'attirail des voyageurs. C'étaient des planches, des perches, des échelles, des cordes, des poulies, des barres, des leviers, des poids, des contre-poids, des roues, des cabestans, des moufles, des grues, des dragues, des griffes, des grappes, des tracs, des pics, des crocs, des crics, et tout le mobilier du Conservatoire des Arts et Métiers, à l'exception d'une bascule. Je fus bien flatté de la prévenance de ces grands hommes, et je tâchai de leur manifester mes sentiments en quelque vingt langues dont ils ne parurent pas avoir connaissance. De mon côté, je n'entendais rien du tout à la leur, ce qui me fit penser avec admiration qu'ils pourraient bien avoir inventé la langue universelle, ou pour le moins découvert la langue primitive. Ce petit embarras, qui jetait naturellement quelque obscurité dans notre conversation, m'empêcha de leur faire comprendre distinctement comment j'étais parvenu à sortir du mauvais pas où ils m'avaient vu ; mais ils me semblèrent si disposés à se faire honneur de cette opération difficile, et j'y vis si peu d'inconvénients, que je me remis volontiers à eux du soin d'en faire la description autoptique. J'en avais ainsi opiné aux acclamations frénétiques d'une grande canaille de Patagons qui bordaient toutes les rues sur leur passage, et à la bienveillance fièrement modeste avec laquelle ils daignaient les accueillir, en souriant gracieusement de droite et de gauche ; tellement que je fus tout près de croire moi-même à l'efficacité du secours qu'ils m'avaient porté ; mais, dans tous les cas, j'étais trop absorbé de vieille date aux us et coutumes des académies pour n'en pas faire le semblant. Je fus donc conduit de cette sorte, et pour ainsi dire triomphalement, jusqu'au palais du consistoire suprême, où l'on me déposa, comme un objet de curiosité à démontrer, sur le tapis vert de l'architriclin : solennité d'autant plus flatteuse pour celui qui en est l'objet qu'on est toujours sûr de l'approbation d'un auditoire patagon, parce que ce peuple est essentiellement admiratif, à cause de sa grande innocence.

— Passe pour l'innocence des Patagons ; mais je ne suis pas sans inquiétude sur la section d'anthropologie. Elle pourrait bien te faire empailler.

— Il n'en fut pas question pour le moment, divin Manifafa ! Le grand architriclin prononça un discours taillé à la mesure de l'auditoire patagon dont les tribunes étaient inondées, et qui ne m'éclaircit pas au premier abord les difficultés de cette langue philosophique ; j'avais beau m'y débattre entre l'aphérèse, la diérèse et la synthèse, passer de l'apocope à la syncope, lutter contre la contraction, faire bon marché des syllabes à l'euphonie, invoquer la paragogie si conciliante ou me réfugier dans l'anagogie si ténébreuse, je ne pouvais quoi que je fisse, rattraper mes radicaux. Enfin, le retour fréquent d'une locution dont j'avais surpris en passant la métathèse mystique me révéla tout à coup que ce bel et docte idiome était tout bonnement le patois naïf de Villeneuve-la-Guyard, où je suis né, mais pris élégamment dans l'ordre inverse

Je n'en laissai pas une goutte.

de la disposition des lettres, à la manière du boustrophédon, auquel j'ai eu le bonheur de m'initier dès ma plus tendre jeunesse, en lisant les enseignes par la fin; ce qui fut cause qu'en un moment je possédai aussi bien que le linguiste le plus expérimenté toutes les délicatesses du langage hiératique dont on se sert en Patagonie. Je pris donc la parole après l'architriclin avec une confiance aisée qui étonna tout le monde, et la juste réserve que la modestie impose aux historiens qui parlent d'eux-mêmes ne saurait me résoudre à garder bouche close sur l'effet prodigieux de mon discours, puisque les résultats de cette séance inaugurale se sont fait sentir pendant dix mille ans de ma courte vie. Le tonnerre d'applaudissements qui suivirent ma harangue m'interloqua de telle sorte, que j'en demeurai comme pâmé entre les quatre bougies de la table des démonstrations : si bien qu'un niais de savant, qui faisait là les fonctions de majordome, fut dépêché à la section de chimie pour en rapporter un breuvage spiritueux très confortable dont ils usent entre eux dans de pareilles occasions, en guise d'eau sucrée, pour rasséréner les sens d'un orateur durant la chaleur de l'enthousiasme et l'éclat du brouhaha. Je n'en laissai pas une goutte ; mais j'achevais à peine d'épuiser la potion, qu'au lieu d'exprimer sur ma physionomie l'influence tonique et hilarante d'une liqueur salutaire, je fus surpris d'un épouvantable bâillement spasmodique qui fit juger sur-le-champ à tous les spectateurs, comme il n'était que trop vrai, que je venais d'être la victime d'un quiproquo de philosophe, et il est bon de vous dire que les quiproquo de philosophe sont encore plus dangereux que les quiproquo d'apothicaire. L'architriclin s'étant empressé de faire la vérification de la fiole suspecte, il n'eut pas besoin d'aller plus loin que son étiquette pour dire avec expansion :

— Fatale et irréparable méprise, ce n'est pas l'eau de réjouissance et de santé qu'on vient d'administrer à notre confrère bien-aimé ! c'est l'eau de l'éternel sommeil !...

— De l'éternel sommeil ! m'écriai-je autant qu'on peut crier quand on bâille, et que cet *hiatus* assidu vient entrecouper toutes vos paroles ! — De l'éternel sommeil ! architriclin maudit, que la foudre t'écrase avec toute l'île des Patagons !

— Éternel n'est pas le mot propre ! interrompit bénignement l'architriclin. La dose n'est pas assez forte pour cela. Vous n'en avez pas pour plus de dix mille ans, suivant la recette qui est graduée en perfection, et vous retirerez un grand avantage de cette légère interruption dans vos travaux académiques, puisque vous avez consacré votre vie à la recherche de l'homme parfait. Qui sait? vous le trouverez peut-être en vous réveillant.

Là-dessus je bâillai de toutes mes forces. — Une légère interruption ! répliquai-je dans le plus violent accès d'emportement où puisse tomber un homme qui s'endort ! Dix mille

En parlant ainsi on m'emportait sans que je fisse beaucoup de résistance.

ans, une légère interruption ! Vous ne pensez donc pas, impitoyable architriclin, que j'ai des affaires chez moi, que ma pension sur la liste civile périclite, à défaut de certificat de vie, et que j'étais en situation de faire un bon établissement avec une jeune fille riche et jolie qui ne m'attendra probablement pas !

— Je n'oserais vous le promettre pour elle, reprit l'architriclin. Si elle était ici, et qu'elle en fût d'accord, je pourrais vous offrir de l'endormir avec vous; il ne m'en coûterait pas davantage; mais ce n'est guère qu'à cette condition que les jeunes filles attendent un futur qui a dix mille ans à dormir. C'est d'ailleurs un petit inconvénient. Bien fait comme vous êtes, vous retrouverez facilement d'autres partis, et dix mille ans sont si vite passés quand on dort!

— Ils ne sont pas dégoûtés, dit le Manifafa.

— En parlant ainsi, ces messieurs m'emportaient, sans que je fisse beaucoup de résistance, vu l'état soporeux où m'avait mis leur infernal spécifique. De galerie en galerie, j'arrivai, bâillant toujours, à la salle des onéirobies. C'est une secte de sages de ces régions-là qui passent presque toute leur vie à dormir.

J'y aperçus en clignotant, sous des cloches de verre numérotées d'une encre indélébile, nombre d'honnêtes gens qui avaient spontanément embrassé cette vocation de sommeil multiséculaire, soit par dégoût du monde où ils vivaient, soit par l'impatience assez naturelle d'en voir un autre. C'était, je vous le certifie, une société parfaitement choisie. Il y en avait qui grouillaient déjà, tant ils étaient près de ressusciter. Comme je n'avais plus besoin que de dormir...

— Ni moi non plus, dit le Manifafa.

— Comme je dormais à demi, continua Berniquet...

— Moi aussi, dit le Manifafa.

— Je leur souhaitai intérieurement bien du plaisir, poursuivit le loustic, j'entrai sans cérémonie sous ma cloche qui couvrait un lit fort commode, au moins pour un homme qui a sommeil, et je m'endormis tout d'un trait.

— Bonne nuit! Berniquet, dit le Manifafa en laissant tomber sa pipe. Dors bien, et ne fais point de mauvais rêves.

— La première chose que je fis, à mon réveil, fut de regarder à ma montre; elle était arrêtée. — Quand je fus réveillé...

— Eh bien! mordieu! reprit le Manifafa en s'arrangeant sur son divan, quand tu fus réveillé, j'avais dormi peut-être! A moins que le diable ne s'en mêle, je puis bien dormir une heure ou deux pendant les dix mille ans de sommeil que j'ai la complaisance de l'octroyer entre le commencement et la fin de ta longue histoire. Ce n'est pas, Berniquet, que j'y prenne un certain plaisir, et que je ne me sois particulièrement amusé au combat naval des chevaux marins et à la gentille sarabande des quatre petites guenuches bleues. C'est vraiment fort divertissant.

Berniquet, qui avait l'esprit extrêmement pénétrant, comme

Et je m'endormis tout d'un trait.

on a pu le remarquer en divers endroits de sa narration, vit bien que le Manifafa ne l'avait pas écouté jusque là sans prendre le temps de faire par-ci par-là quelque somme.

— Il faut que les rois soient bien bêtes ou qu'ils soient bien mal intentionnés, murmura-t-il tout bas. En voici un que j'entretiens depuis une heure des questions les plus transcendantes et les plus abstruses de la morale, de la philosophie et de la politique, et qui met de si précieux moments à profit pour rêver combats de chevaux marins et sarabande de guenuches !

— Que grommelles-tu entre tes dents, Berniquet? s'écria le Manifafa. Tu as l'air de me faire la moue !

— Je pensais, divin Hurlubleu, que mon expédition valait bien

Mais, pour Dieu, dors Berniquet, et laisse-moi dormir !

la peine d'être racontée jusqu'à la fin, et j'y tenais d'autant plus qu'elle fait la tierce partie d'une trilogie dont le titre importe beaucoup à mon éditeur. C'est ce qui fera le succès.

— Tant de scrupule entre-t-il dans l'âme d'un loustic, Berniquet? Les gens pour qui tu écris se sont si bien accommodés du monogramme en trois lettres que tu ne risques rien, sur ma parôle de Manifafa, de leur lancer une trilogie en quatre parties. On leur en ferait voir bien d'autres ! Mais, pour Dieu, dors Berniquet, et laisse-moi dormir !

— Une trilogie en quatre parties par le temps qui court ? Pourquoi pas ? dit à part soi Berniquet.

Pendant qu'il réfléchissait, les poings aux dents, sur ce nouveau genre de composition, le sublime souverain d'Hurlubière avait déjà ronflé trois fois. Il dormait.

Le loustic se coucha tout de son long sous les pieds de son maître, pour méditer plus à son aise sur la dignité de l'espèce et son perfectionnement progressif. Il s'endormit.

Moi qui écris péniblement ceci d'après les manuscrits de Berniquet, trois heures du matin sonnant d'horloge en horloge, et à la mourante lueur d'une huile dont mon épicier réclame le prix avec des instances malhonnêtes, je sens la plume échapper de mes doigts. Je m'endors.

— Et vous, madame ?

LÉVIATHAN LE LONG

ARCHIKAN DES PATAGONS DE L'ILE SAVANTE, OU LA PERFECTIBILITÉ

POUR FAIRE SUITE A HURLUBLEU

Ses icoglans attentifs avaient coutume de lui porter son chocolat.

LÉVIATHAN LE LONG,

ARCHIKAN DES PATAGONS DE L'ILE SAVANTE, OU LA

PERFECTIBILITÉ,

POUR FAIRE SUITE A HURLUBLEU,

Histoire progressive

A six heures quarante-cinq minutes du matin, Hurlubleu éternua trois fois de suite.

C'était le signal auquel ses icoglans attentifs avaient coutume de lui porter son chocolat.

Berniquet, qui était couché sur le dos, comme c'est l'usage quand on dort, à moins qu'on ne soit couché sur le côté droit, et même sur le côté gauche, s'aperçut que le Manifafa ne daignait plus dormir, et il se coucha sur le ventre.

Cela fait, il se releva prestement sur son séant d'un seul bond et il reprit ainsi la parole :

— Quand je fus réveillé, divin Manifafa, et je dois convenir que j'avais la tête un peu lourde...

— Est-ce toi, loustic ? Voilà tantôt dix mille ans qu'on ne t'avait pas vu ! Achève donc, si cela te duit, de me conter le reste de tes aventures par le menu ; elles me rendormiront peut-être.

— Je fus d'abord penaud comme un fondeur de cloches de me trouver seul sous ma cloche. Tous les autres Onéirobies avaient déniché sans tambour ni trompette, ce qui m'était d'ailleurs assez indifférent; car, du sommeil dont je dormais, je ne les aurais pas entendus. Il me vint à l'esprit qu'on pourrait bien m'avoir oublié pendant ma sieste, et je me précipitai si impatiemment contre les parois de ma prison transparente que nous roulâmes l'un dans l'autre sur le parquet. Bien m'en prit qu'elle fût faite d'un verre malléable, élastique et infrangible de l'invention de ces Patagons, puisque je ne me fis non plus de mal qu'un homme qui tombe en sursaut de son lit dans une excellente robe de chambre ouatée. Le savant de service accourut au bruit, suivi de ses aides, et après avoir reconnu sur mon dossier que j'avais fait consciencieusement mes dix mille ans avec un peu de surplus, il me délivra obligeamment un passe-port pour aller où je voudrais. Il n'exigea pas même la déclaration requise des témoins d'identité, que je me serais procurée difficilement. Je lui signai en échange, pour l'ordre de sa comptabilité, un bon reçu de ma personne, constatant qu'elle m'avait été remise, loyalement et intégralement, *in ossibus et cute*, au temps préfix de dix mille ans échus, saine, sauve et bien conservée, c'est-à-dire sans lésion, avarie ni déchet, comme il appert, ainsi que de droit, par l'expertise de messieurs les jurés-priseurs : le tout à sa grande satisfaction et à la mienne. — Et je me disposai à le quitter.

— Attendez donc là un moment, mon brave homme, dit-il en me retenant par la manche ; vous autres docteurs européens, vous devez savoir presque tout, ou peu s'en faut.

— Je sais plus que tout, lui répondis-je, puisque je suis député de la propagande intellectuelle de perfectibilité.

— Voilà qui est bien, reprit-il. On ne vous en demande pas tant. Savez-vous seulement la médecine ? Ce n'est pas la mer à boire.

— Autant qu'il en faut, répliquai-je, pour guérir fort proprement un homme qui n'a pas la mauvaise volonté de s'obstiner à mourir. Je vous jure que les médecins de mon temps n'en savaient pas davantage.

— Alors vous êtes mon homme. Imaginez-vous que Léviathan le Long, qui est un prince fort imposant (il a plus de quarante coudées), s'est promis *in petto* de nous faire écarteler tous avant le coucher du soleil si nous ne lui avons pas fourni un médecin capable de le guérir ; et de quoi ? je ne saurais vous le dire : d'une babiole, de l'ennui d'un discours d'apparat, du dépit d'une ordonnance mal reçue, et d'une maladie de cour ; mais cela nous tient fort à cœur, parce que les rois sont capables de tout.

— Prends garde, Berniquet ; dans cette académie de philosophes il n'y avait point de médecins! Où diable s'étaient-ils fourrés ce jour-là?

— Ils étaient peut-être à la distribution des cordons de Saint-Michel, divin Manifafa. J'ai d'ailleurs eu l'honneur de vous prévenir, si je ne me trompe, que l'île des Patagons était fort civilisée.

— Cela est, parbleu, vrai; mais je n'y pensais plus. Malheu-

Le savant de service accourut au bruit.

reux Léviathan le Long, un roi de quarante coudées, et pas un seul petit médecin qui vienne lui adoucir les angoisses de la mort, du récit de la dernière représentation à bénéfice!

— Je n'eus pas plutôt exploré le colossal archikan des Patagons qu'il me parut affecté, sauf meilleur avis, d'un mal d'aventure fort grief au bout de l'*index* de la main droite.

— Ne va pas t'y tromper, Berniquet; le mal d'aventure de

l'index de la main droite cause une douleur poignante et à faire damner un mataquin. J'y étais fort sujet dans mon enfance, et c'est même ce qui m'a empêché d'apprendre à écrire.

— Le diagnostic étant suffisamment démontré, selon moi, par une sévère autopsie...

Je n'eus pas plutôt exploré le colossal archikan des Patagons, qu'il me parut affecté d'un mal d'aventure fort grief au bout de l'index de la main droite.

— Malédiction ! s'écria Hurlubleu, as-tu bien eu le courage féroce d'éventrer ce Léviathan pour un mal d'aventure.

— Eh ! non, monseigneur, je ne parle ici que de cette autopsie clinique sur l'être malade, mais vivant, dont les investigations s'arrêtent à l'épiderme, en attendant mieux ; je me hâtai donc de me faire livrer par la section d'helmintologie quatre-vingt mille sangsues de grand appétit, et de les appliquer à mon sujet.

— A ton sujet, je le veux bien; ce n'était ni plus ni moins que l'archikan des Patagons. Mais je parie que tu as oublié une chose.

— Je ne dis pas le contraire. On en oublie souvent quelques-unes en médecine pratique. Cependant laquelle donc, divin Manifafa?

— Une bagatelle : de faire donner avis au prince héréditaire de se tenir tout prêt pour son intronisation. Deux mille sangsues par coudée ! Tubleu, quelle saignée. Je serais bien étonné, loustic, si l'archikan des Patagons allait loin.

— Bah ! un archikan, c'est fort comme un buffle; et au bout de six mois, je vous réponds qu'il ne se sentait guère de son mal d'aventure. Il ne pouvait remuer ni pied ni patte.

— Voilà un malade qui t'aura de grandes obligations, sage Berniquet. J'aime à croire qu'il est mort guéri.

— Vous êtes arrivé, divin Hurlubleu, à la partie la plus extraordinaire de mon histoire. Mon malade ne mourut point. Après dix-huit autres mois de convalescence et autant de tonnes d'analeptiques dont la moindre excédait en capacité le foudre géant d'Heidelberg[1], j'eus la satisfaction de le rendre sain et gaillard, sauf une sorte d'hémiplégie, qui lui embarrassait fort les mouvements d'une moitié du corps, et une espèce de claudication assez désagréable, qui l'empêchait totalement de marcher.

— C'est-à-dire que tu l'avais tiré d'affaire jusqu'à nouvel ordre au soixante et quinze pour cent. Pauvre archikan !

— Le plus honnête homme du monde. Il m'envoya chercher pour me faire ses remerciements en personne.

— Il avait donc perdu l'esprit, l'archikan des Patagons?

— Impossible, monseigneur. Jamais archikan des Patagons n'a perdu l'esprit, ni rien qui y ressemblât.

« Docteur européen, me dit-il, nous te voyons avec plaisir de

---

1. Cet immense tonneau, que l'on voit encore aujourd'hui dans les caves du château de Heidelberg, peut contenir 236,000 bouteilles de liquide. Heidelberg, dans le cercle badois, est situé sur le Neckar. Le château est le plus beau et le plus grand de l'Allemagne. Bâti au XIIIe siècle, il fut pris et détruit par les Français en 1689-1693, reconstruit et de nouveau détruit en 1764 par un incendie.

celui de nos yeux dont nous avons conservé quelque usage. En l'intention où nous sommes de te décerner une récompense proportionnée à tes services, et notre conseil entendu, nous avons résolu dans notre sagesse, et pour ton bien, de te rendormir à discrétion Qu'en penses-tu, aimable et savant étranger? »

J'eus la satisfaction de le rendre sain et gaillard, sauf une sorte d'hémiplégie, qui lui embarrassait fort les mouvements d'une moitié du corps.

A ces paroles formidables je tressaillis de tous mes membres, et mes cheveux se hérissèrent de terreur.

— Je le conçois, Berniquet, observa le Manifafa. Tu te prosternas devant lui et tu embrassas ses genoux.

— Je l'aurais bien voulu, mais il n'y avait pas moyen. J'embrassai tout bonnement ses malléoles.

— Éclatante lumière du monde, m'écriais-je, mon émotion vous dit assez combien je suis sensible aux grâces dont il vous plaît de combler le dernier de vos esclaves ; mais celle-ci s'accorderait mal avec les devoirs de ma mission, qui n'ont été que trop longtemps en langueur, et nuiront à la propagation d'une multitude de découvertes qui doivent tourner à la gloire et au profit du genre humain. Il m'est indispensable que je m'éveille de temps en temps pour corriger mes épreuves.

— C'est une louable et digne occupation dont je te sais un gré infini pour ma part, répliqua Léviathan le Long ; mais que puis-je donc pour toi, et par quels bienfaits ferai-je éclater ma reconnaissance et tes mérites ? Parle : veux-tu être quasikan ?

— Le nom de cette charge est beau, répondis-je, mais je n'en connais pas les attributions.

— Elles s'expliquent assez par lui-même, reprit-il. Le quasikan est la seconde personne de mon empire, et il a droit en cette qualité de m'adorer perpétuellement, de m'amuser quand je m'ennuie, et de faire tout ce que je veux.

— J'entends bien, lumière du monde, moyennant quoi il est logé, nourri, habillé...

— Rasé, tondu, enterré, entretenu de tous les besoins de la vie, et jouissant par surplus de la disposition de tous mes trésors.

Je mordis ma langue à propos. — Ce qui m'étonne, dis-je adroitement, c'est qu'une si belle place soit vacante.

— Par accident, dit-il en haussant une épaule (je l'aurais bien défié de remuer l'autre) ; imagine-toi qu'ils sont quatorze de suite que j'ai fait empaler inutilement pour les corriger de leurs distractions ! Il n'y en a pas un qui ait pu se souvenir que ma babouche gauche doit m'être présentée de la main droite, et ma babouche droite de la main gauche. C'est la condition la plus expresse du cérémonial, et elle est enregistrée à ce titre dans les lois fondamentales de l'île Savante.

Je suis fort distrait aussi, et je conviens naïvement que la loi fondamentale me fit peur.

— Puissant soleil des Patagons, murmurais-je d'une voix tremblante, le rang sublime de quasikan est fort au-dessus de mon indignité. Vous aurez trop noblement payé mes faibles offices en me renvoyant chez moi plutôt aujourd'hui que demain, par le chemin le plus court, pourvu que ce ne soit ni dans un bateau à triple pression, ni dans un ballon à vapeur armé en guerre, parce que j'ai ces deux véhicules en exécration pour des raisons qui me sont particulièrement connues.

Imagine-toi qu'ils sont quatorze de suite que j'ai fait empaler inutilement pour les corriger de leurs distractions !

— Comment! repartit l'archikan, je t'octroie sans difficulté la permission de t'en retourner à pied, si tu en as le secret. C'est un moyen dont mes insulaires ont fort rarement usé à ma connaissance pour se transporter sur les continents ; mais, puisque tu te proposes de retourner d'où tu es venu, fais-moi le plaisir de m'apprendre d'où tu viens. Tu me trouveras sur ce chapitre d'une érudition foudroyante. Après la vénerie et le blason, ce qu'on nous enseigne de plus spécial à nous autres rois patagons, c'est la géographie, parce qu'elle ouvre merveilleusement l'esprit aux jeunes gens et l'appétit des conquêtes aux souverains. Il n'en faut pas plus pour gouverner, au moins comme nous gouvernons.

— Mon intention, répondis-je, est de me rendre dans la capitale des sciences, dans la métropole des arts, dans le chef-lieu de la civilisation, dans l'inépuisable arsenal de la perfectibilité, à Paris, près Villeneuve-la-Guyard. Il n'y a qu'une demi-journée de diligence.

— A Paris! s'écria-t-il avec un rire assourdissant, il y a dix mille ans et plus que Paris a été détruit par une pluie d'aérolithes.

— Je m'en suis toujours douté, ripostai-je en me frappant le front de la main; j'y étais.

— Cela m'étonnerait beaucoup, docteur. Si tu avais été à Paris ce jour-là, tu n'aurais pas dormi dix mille ans depuis en Patagonie.

— Eh! sire, je n'étais pas à Paris; j'étais dans la pluie d'aérolithes, que je ne jugeai pas à propos de suivre jusqu'en bas.

— Ce fut sagement fait à toi, car au point contingent je n'aurai pas donné un fétu de la différence. Tu sauras donc, pauvre savant, que la place où fut Paris est occupée aujourd'hui par la superbe ville d'Hurlu, qui fut fondée par Hurluberlu, et qui a le bonheur inappréciable de vivre maintenant sous les lois du plus gracieux, du plus spirituel et du plus illustre de tous ses descendants, le magnanime Hurlubleu, grand Manifafa d'Hurlubière. Tu peux vérifier cela sur-le-champ dans l'*Almanach royal*.

— Halte-là, Berniquet, interrompit le Manifafa. Est-il bien vrai que le Léviathan ait tenu ce discours?

— Je veux n'être jamais allé chez les Patagons, répondit Berniquet, si j'y ai changé un seul mot.

— J'ai peine à comprendre alors que tu fasses si peu de cas de l'esprit de l'archikan, car cette phrase me paraît supérieurement tournée.

— Tout est relatif, divin Manifafa; il y a telle phrase d'un sot dont un homme de génie pourrait se faire honneur, et l'expression d'un sentiment si naturel et si facile n'est que faible et vulgaire dans la proportion d'une éloquence et d'un style de quarante coudées.

— C'est égal, loustic; je ne suis pas médiocrement flatté d'être placé à cette hauteur dans l'esprit de ce grand personnage. Continue.

Halte-là, Berniquet. Est-il bien vrai que le Léviathan ait tenu ce discours?

Léviathan continuait lui-même à parler : — Je ne vois donc pas le moindre inconvénient, dit-il, à te renvoyer à Hurlu, mais j'ai peur que tu ne trouves le voyage long si tu répugnes obstinément aux moyens expéditifs. C'est un terrible écheveau à dévider.

— Il me semble, répartis-je, que sur un globe donné de neuf mille lieues de circonférence, nous n'avons guère plus de trois mille lieues par l'axe, et de quatre mille cinq cents lieues par le demi-cercle pour arriver à l'antipode. Or nous entendons communément par antipodes ces deux points opposés de la sphère par lesquels on peut faire passer la plus grande perpendiculaire possible.

— Je ne te prouverai pas le contraire pour le quart d'heure, me répondit l'archikan ; mais j'ai quelque soupçon que tu pourrais te tromper sur la dimension actuelle de la terre, et ce serait une hallucination bien naturelle après un sommeil de dix mille ans. Observe d'abord, savant, que tu ne tiens pas compte de l'accroissement graduel du monde géologique et minéral par juxtaposition. L'arbre exhausse insensiblement le nid de l'oiseau pendant qu'il dort un moment la tête cachée sous son aile ; et tu supposerais, docteur, que tu as passé dix mille ans sous ta cloche de verre sans changer de position relative dans l'espace !

— Non, vraiment, répondis-je à l'archikan. Il doit en être quelque chose, ou je n'y entends rien.

— Encore un peu de réflexion, poursuivit Léviathan le Long ; tu as vu des satellites se dissoudre et tomber en pluie d'aérolithes sur la terre. Tu les as vus ensevelir des villes et couvrir de vastes régions sans rien détruire dans la matière indestructible qu'une forme passagère. Que dis-tu des géolithes que les volcans vomissent en approfondissant leurs cratères, phénomène vulgaire qui se reproduira peut-être jusqu'à ce que le globe vide se réduise à une écorce immense qui doit gagner nécessairement en surface tout ce qu'il aura perdu en solidité ?

Je pensai en moi-même que cet accident serait très favorable à l'exhumation de Zéréthocthro-Schah et de son homme, et qu'il serait assez prudent de remettre à cette époque l'avènement définitif de la perfectibilité.

— Que dis-tu de tous les êtres organiques, vivants et sensibles qui s'accumulent en humus, qui s'étendent en faluns[1], qui se dressent en falaises, qui gisent en ossuaires ? Des montagnes qui tombent, et

---

1. Dépôts composés de coquilles qu'on trouve dans le sein de la terre et que l'on emploie comme engrais.

qui, en aplanissant leurs aspérités anormales, relèvent de plus en plus le sol qui leur sert de base, qu'en dis-tu?

— Qu'en dis-tu, Berniquet? s'écria le grand Manifafa. Je n'entends pas beaucoup mieux le patagon que le propagandiste, et le propagandiste que le patagon; mais il me semble qu'ils ne s'en doivent guère. Quand tu imprimeras ton histoire, ne fais pas ce gros Léviathan si bête; il parle tout au moins aussi bien que les livres des mataquins.

— Instinctivement, monseigneur; il n'y a rien d'accablant comme la simple raison d'un ignorant; mais Votre Majesté ne se souvient probablement plus que ces pauvres gens n'ont pas le sens intellectuel?...

— Je me souviens à merveille, loustic, que la section d'idéologie ne paraît pas l'avoir trouvé; mais si elle le trouve jamais, contre toute espérance, et que tu aies encore du crédit dans ce pays là, je t'engage à la prier de le garder pour elle. Cela ne peut pas nuire à une section d'idéologie, et j'aime autant pour leur bien que nos Patagons s'en passent.

— Enfin, dit toujours l'archikan, tu ne t'es pas avisé de certaines agrégations fortuites comme celle qui résulta de la chute de la lune pendant que tu dormais si bien. Voilà une protubérance qui allonge un peu ton diamètre.

— Comment! ripostai-je aussitôt, la lune égarée, par une de ces perturbations auxquelles elle était si sujette, serait venue se souder à sa métropole? Cette rencontre a dû produire en effet une loupe assez remarquable sur la sphère.

— Ne parle plus de sphère, mon cher docteur; le monde que ton siècle appelait ainsi ressemble maintenant à une de ces toupies aux rhombes irréguliers et inégaux que les enfants font voltiger sur des lanières; ou, si tu l'aimes mieux, il a exactement la figure d'une de ces cucurbites dont les pèlerins font des gourdes. Ce qu'il y eut de plus fâcheux dans cette collision, c'est qu'elle percuta d'une horrible manière ce beau royaume des diamants où le *Régent* n'aurait passé que pour une misérable retaille, tant on y avait heureusement réussi à fabriquer dans d'énormes dimensions la plus riche des œuvres de la nature. Nous en avons bien conservé la recette, mais on a toujours cherché inutilement depuis la proportion et le procédé.

— C'était ce qui nous manquait aussi, dis-je à Léviathan le Long; mais il est bon d'ajouter que nous n'avions pas la recette.

— Elle se réduisait, dit-il, à deux principes assez vulgaires : un poussier de charbon passé par le tamis, qu'on tirait de l'arbre aux baguenaudes, et un élément végétal nommé la *fagotine*, que la

La lune égarée, par une de ces perturbations auxquelles elle était si sujette, serait venue se souder à sa métropole ?

section de physiologie botanique avait découvert dans les cotrets.

Ici le Manifafa impatienté rompit encore brusquement l'intéressante narration du loustic.

— Je voudrais bien savoir, Berniquet, de quoi se mêlait la section de physiologie botanique. Le diamant perdit toute sa valeur.

— Comment! monseigneur, les polissons n'en voulaient plus pour jouer aux billes, mais le cotret fut hors de prix.

— Je ne vois pas alors, continua-t-il en se croisant piteusement les mains, quel avantage on peut retirer, en économie politique, d'avilir un sot bijou dont la rareté seule fait tout le mérite inutile, et de rendre inaccessible aux bonnes gens l'acquisition du cotret réjouissant qui charme les veillées d'hiver?

— Il faut bien distinguer, Manifafa divin, je ne vous ai pas dit que ce fut un avantage, puisque c'est un progrès.

— Tu as, ma foi, raison, Berniquet. Cette distinction m'avait échappé. Reprends sur-le-champ ton histoire, loustic, car j'en tire beaucoup d'instruction.

— L'archikan poursuivant donc son discours où nous l'avons laissé : — Tu vois, dit-il, docteur, que le monde ayant inopinément grandi en ton absence, il te serait difficile d'arriver à la bonne ville d'Hurlu, par la voie la plus directe, en moins d'une dizaine d'années, auxquelles il faut joindre dix ans que tu dois nécessairement à la douane, au lazaret et à la police, et dix ans de plus pour attendre le visa de tes passe-ports. Quant à la fatigue, aux accidents, et surtout aux infirmités qui s'accroîtront tous les jours avec ton âge, tu en ferais bon marché si tu ne leur donnais que trente ans. Avec la maturité virile que tu annonces, une résolution forte, une intrépidité à toute épreuve, bon pied, bon œil, et un peu de bonheur, tu pourrais bien en soixante ans ou plus faire ton entrée dans la splendide capitale d'Hurlubière, sauf à subir l'inspection préalable de la gendarmerie, des sergents de ville et des employés de l'octroi.

— Vous n'y pensez pas, répondis-je au Léviathan, d'un ton d'humeur. Cela ferait au moins un siècle à mon extrait de baptême.

— Tu n'en serais que plus respectable. D'un autre côté, si tu t'obstinais à prendre le chemin excentrique (il est infiniment plus commode), nous aurions à t'offrir à la vérité les ponts suspendus qui aboutissent aux huit cents planètes.

— Huit cents planètes grand Dieu! et des planètes à ponts suspendus! Que d'entrepreneurs ruinés!...

— C'est ce qui te trompe. Tous les hommes qui s'ennuient dans une planète passent leur pauvre vie à en aller chercher une autre. C'est une navette perpétuelle; mais cette manière de voyager présente bien quelques inconvénients, au dire de la section de mécanique céleste. Le premier serait de prendre sur tes sages loisirs, savant ami, en trajets instructifs et cependant infructueux, deux ou trois cents milliers de cycles solaires; je te fais grâce des petits chiffres, parce que je ne me les rappelle pas.

— Eh! monseigneur, m'écriai-je lamentablement, je vous dispense volontiers des petits chiffres et des autres inconvénients.

...Et de rendre inaccessible aux bonnes gens l'acquisition du cotret réjouissant qui charme les veillées d'hiver.

Après un chiffre et un inconvénient comme celui-là, je suis bien décidé à ne jamais revoir Hurlu.

— Tu y seras en dix minutes, si cela peut t'être agréable, reprit en riant l'archikan.

— En dix minutes deux ou trois milliers de cycles solaires, et l'espace que leurs révolutions embrassent! Il me semble que je rêve.

— Ce n'est pas ce que tu ferais de plus mal, continua-t-il. Tout le temps où l'on ne rêve pas est du temps perdu.

— Je ne saurais disconvenir, ruminai-je de manière à être entendu, que l'or fulminant nous promettait dans ma jeunesse un fort joli projectif; mais ces milliers de cycles solaires réduits en minutes, cela doit avoir passé la portée de la propagande.

— De l'or! belle pauvreté vraiment! Mets-toi bien dans l'esprit que nous avons découvert dix métaux supérieurs à l'or pour une seule planète, et dix mille projectifs pour l'or fulminant. Le bas peuple n'en ferait pas des allumettes.

— C'est étrange! répartis-je. L'or était assez bon de mon temps, si j'en peux juger par ouï-dire.

— Avec la charge d'autant de rhinocéros, d'hippopotames et de chameaux que tu as dormi d'années, somnolent docteur, avec la charge d'autant de mammouths, tu ne serais pas assez riche pour en acheter plein ta main de riz, d'orge ou de sésame.

— Oh! que j'aurais voulu, dit le Manifafa, voir ce double fou de Crésus[1] ressuscité au milieu de ses trésors dans l'île des Patagons pour rire de son béjaune! Cette mystification ferait grand honneur à la gaieté de la Providence.

— Allez, reprit Léviathan d'une voix impérative, décorez ce fameux docteur d'une pelisse d'apparat qui ne lui sera pas inutile dans les froides régions qu'il va parcourir, et dépêchez-le pour Hurlu à projection forcée, dut-elle faire éclater les mortiers. Vous m'en répondez sur votre tête! — A propos, ajouta-t-il comme on m'emportait, n'oublie pas, philosophe européen, de présenter à ton maître les assurances de mon estime et de mon amitié fraternelles.

— Je lui baise les mains, dit le Manifafa, et je lui sais gré de ses procédés avec toi, parce qu'ils sont fort galants. Te voilà donc en voiture.

— C'était une chaise commode, élégante, légère, bien suspendue, mais sans roues et sans brancards, ces moyens vulgaires de véhation[2] lui étant parfaitement inutiles. Elle était seulement fixée

---

1. Dernier roi de Lydie, célèbre par ses richesses (546 avant notre ère).
2. Néologisme, conforme à l'étymologie : du latin *vehere* (porter).

au devant à une barre métallique horizontale (ayez la bonté de vous représenter ceci, car je n'ai pas eu le temps en route d'en dessiner la figure) dont les extrémités aboutissaient à deux boulets de calibre sur l'orifice de deux pièces à feu, lesquelles se trouvaient à des distances exactement égales, parallèles à mon tilbury, de sorte que j'y étais enchâssé comme dans une espèce de fer à cheval.

Décorez ce fameux docteur d'une pelisse d'apparat qui ne lui sera pas inutile dans les froides régions qu'il va parcourir.

— Cela est assez ingénieux, interrompit Hurlubleu ; je t'attends au projectif.
— Derrière moi les lumières des deux canons étaient garnies de deux conducteurs convergents qui aboutissaient nécessairement en angle au sommet commun, la géométrie n'ayant rien changé jusqu'ici à cette disposition. On ne me fit pas attendre. J'étais à

peine arrangé sur mes coussins pour dormir qu'un grand flandrin de postillon survint...

— Mèche allumée!

— Nor, divin Manifafa, la bouteille de Leyde, à la main, l'étin-

Il présenta le bouton au point de convergence des conducteurs.

celle électrique a été préférée à cause de son isochronisme. Il présenta le bouton au point de convergence des conducteurs, et je partis avec une rapidité dont il serait difficile de se former l'idée surtout si l'on n'était venu de Villeneuve-la-Guyard que par la correspondance des Messageries.

— Les mortiers éclatèrent-ils, Berniquet?

— Je n'ai jamais pu m'en informer, monseigneur. Le son ne parcourant guère plus de deux cents toises par minute, je l'aurais bien mis au défi de me rattraper.

— Cette manière de voyager, Berniquet, doit être assez gênante pour les gens qui ont la respiration courte.

— Pas tant que vous le pensez, divine Hautesse, parce que la raréfaction de l'air, qui est incalculable à ces hauteurs, fait compensation tant bien que mal, et que la rapidité de la course pourvoit à peu près au défaut de densité atmosphérique. Le plus grand danger que peut courir un voyageur serait de rencontrer un corps plus solide que le milieu qu'il pénètre.

— Un aérolithe, par exemple, honnête loustic, ce serait une dure occurrence !

— Très dure, divin Manifafa. Je faillis me rompre la tête contre un petit brouillard gris de lin qui n'était pas plus gros que le poing, et qui arrivait en se dandinant au juste milieu de mes deux boulets avec un air d'insouciance. Tudieu! quelle percussion!

— Tu soufflas dessus.

— Je ne pouvais pas; mais il eut la complaisance de prendre sa droite à propos, comme une voiture de place.

— Ce que je trouve de plus ennuyeux dans cette méthode, loustic, c'est la monotonie du coup d'œil; car rien ne doit être aussi désagréablement uniforme qu'une route où les petits brouillards gris de lin sont comptés pour des événements quand on a l'habitude d'observer en voyageant, et de lire les enseignes par la fin.

— De la monotonie! monseigneur, gardez-vous bien de le croire. Je prenais un plaisir inexprimable à contempler ces huit cents ponts suspendus des planètes qui s'élançaient et se croisaient à l'horizon en arcs merveilleux tout chargés de trophées, d'obélisques, de statues d'un aussi bon goût et d'une aussi juste proportion pour le moins que celles du pont de la Concorde. Je n'en revenais pas.

— Un autre que toi n'en serait pas revenu non plus, Berniquet. Tu me parles ici d'une admirable perspective.

J'en jouissais de tout mon cœur quand la rame de mes boulets, probablement échauffée outre mesure par le frottement, et fort calorifère de sa nature, se dilata subitement en criant, et se rompit en deux parties exactement égales, à cause de l'homogénéité de sa matière et de l'équipollence parfaite des deux impulsions projectives.

— D'après l'équipollence et l'homogénéité, dit le Manifafa en bâillant à se démantibuler la mâchoire, cela ne pouvait pas arriver

Je prenais un plaisir inexprimable à contempler ces huit cents ponts suspendus des planètes.

autrement. Tu es maintenant en beau chemin pour me peindre encore une fois le monde à l'envers, car je ne te crois pas homme à te désister de l'habitude de tomber la tête la première, comme l'exigerait la variété de ton récit.

— Je supplie Votre Majesté de se rappeler, reprit Berniquet, que je suis tombé par les pieds dans la fondrière.

— Il est, ma foi, vrai, loustic, répliqua Hurlubleu, et j'en ai eu quelquefois un certain regret ; car si tu avais trouvé le tuf avec la tête, je me flatte que nous serions déjà quittes de l'histoire de tes voyages.

— Il n'y a plus que patience, divin Manifafa, et nous touchons

J'eus le bonheur de suivre mon boulet de volée.

à la fin, si vous n'aimez mieux que je recommence. Comme j'étais appuyé sur la barre à l'instant où elle éclatait, ce qui est une posture fort naturelle quand on se promène pour voir le monde, j'eus le bonheur de me retenir au côté que je tenais, et de suivre mon boulet de volée pendant que la chaise royale de Léviathan s'en allait à tous les diables. Maintenant votre sublime Hautesse est au fait du reste. Je traversai les hautes murailles du palais, la décuple enceinte de vos gardes, où je fis une terrible trouée, et jusqu'aux petits appartements, d'où je fus porté tout naturellement à vos sacrés genoux, ce qui parut vous causer une légère surprise, vu la rareté du fait.

Le Manifafa ronfla comme un orgue. Berniquet en conclut logiquement qu'il s'était endormi.

C'est ici que paraîtraient devoir s'arrêter les aventures de Loustic, mais il n'était pas au bout de ses peines. Ce grand homme tenait de l'homme par quelques faiblesses d'organisation auxquelles on n'avait pas encore porté remède de son temps. Il s'était aperçu plusieurs fois, pendant qu'il racontait, d'un certain frémissement des portières en soie qui fermaient de leurs légères tentures les communications du harem avec la chambre du divan ; et il l'attribuait avec raison à un corps ambiant plus intellectif que l'air extérieur, car il était sûr d'avoir entendu parler. Les femmes du Manifafa, étonnées en effet de l'absence inaccoutumée de leur royal époux, et curieuses aussi peut-être d'examiner plus à loisir le philosophe inconnu qui avait passé si soudainement au milieu d'elles à la suite du boulet ramé, sans prendre le temps de se laisser regarder, s'étaient furtivement glissées peu à peu à toutes les issues et Berniquet croyait même y avoir vu apparaître deux ou trois fois la figure brune et madrée d'une odalisque. C'était de mâle fortune la sultane favorite. Or il était défendu, sous peine de mort, aux mataquins de lever les yeux sur les femmes du Manifafa.

L'aiguille des heures n'avait pas tout à fait parcouru le quart du cadran que le Manifafa fut réveillé en sursaut par je ne sais quel songe.

Et Berniquet, l'infortuné Berniquet, aperçut les lueurs du yatagan de son maître.

— Reconnais-tu le maître de ton corps et de ton âme, hypocrite détestable? s'écria Hurlubleu.

— Grâce, grâce pour le corps de votre humble et dévoué Loustic ! sanglota Berniquet d'une voix étouffée. Quant à son âme, la philosophie l'a préparé à n'en pas faire plus de cas que de la racine pivotante, charnue, douceâtre et comestible du *brassica napus* qui est la troisième variété de l'*asperifolia* de Linnée [1].

— Voilà bien des façons pour dire un navet, sous prétexte que

Berniquet, l'infortuné Berniquet, aperçut les lueurs du yatagan de son maître.

tu es savant, reprit le Manifafa. C'est égal, continua-t-il en rengaînant son fer dans le fourreau, il ne sera pas dit que j'ai privé la perfectibilité d'une si haute espérance pour satisfaire à ma vengeance. Je peux tirer de toi un parti plus avantageux pour ma gloire. Je t'enverrais volontiers visiter de ma part en boulet ramé cet

---

[1]. On orthographie aussi Linné. Cet illustre naturaliste suédois, à qui l'on doit une classification des plantes, naquit en 1707 et mourut en 1778.

honnête Léviathan qui t'a dit tant de bien de moi si j'avais le procédé ; mais tu me feras grand plaisir de retourner en attendant plus tôt que plus tard, à la quête de Zérétochthro-Schah par le puits sans fond qui s'est nouvellement ouvert au milieu de la grande place d'Hurlu.

J'y avais souvent pensé pendant ton récit; et je suis heureux et fier de pouvoir t'offrir dans mes propres États une voie favorable à l'accomplissement de tes grandes destinées. Fais donc un codicille amiable où tu auras soin de me donner tout ce que tu possèdes, comme le requiert notre amitié mutuelle ; et tiens-toi prêt, séduisant Loustic, à partir ce soir pour la Bactriane[1]. Je suis curieux de savoir si tu reviendras aussi aisément du noyau de la terre que des points les plus excentriques de son tourbillon.

Berniquet, qui était discret, respectueux et homme de cour, n'avait pas répondu un mot à cette allocution paternelle. On l'enterra le soir.

Le loustic des mataquins était foncièrement aussi sage qu'on peut l'être quand on est philosophe, et aussi bonhomme qu'on peut l'être quand on est philanthrope. Quoique fort entêté de lubies systématiques, ses voyages aventureux et sa longévité négative l'avaient un peu détrompé du perfectionnement indéfini, et on avait remarqué qu'il n'en parlait le plus souvent qu'en riant de côté. Il est probable qu'il n'arriva pas au grand *Vade in pace* de la place d'Hurlu sans désirer intérieurement de le voir fermé à jamais sur la propagande, Zérétochthro-Schah, Hurlubleu et la sultane favorite ; mais il fit bonne contenance, et les gens sensés, qui tiennent quelquefois compte aux puissances qui s'en vont du mal qu'elles ne leur ont pas fait, l'accompagnèrent du témoignage de sympathie et de regret le plus énergique dont le peuple soit capable envers les nobles malheurs. Ils ne dirent rien du tout.

La cérémonie fut pompeuse et magnifique. Tous les Hurlubiers y étaient, à dix millions de personnes, sans compter les femmes et les petits enfants. Le loustic, une lanterne au pourpoint, une cor-

---

1. Pays de l'Asie Mineure, compris aujourd'hui dans le Turkestan et dans la Perse.

beille de provisions à la main, et un album volumineux sous le bras pour ses notes et ses dessins, prit place dans le panier de mineur avec toute la dignité d'un ambassadeur bien pénétré de l'importance de sa mission.

— Homme irréparable, lui dit le chibicou qui l'accompagnait

Berniquet qui était discret, respectueux et homme de cour, n'avait pas répondu un mot à cette allocution paternelle.

au moment de prendre congé, si votre retour était longtemps refusé à nos vœux, comme cela n'est que trop à craindre, quels renseignements daignez-vous nous laisser dans votre prudence infinie sur ce qu'il faut penser de l'utilité de la science et du but de la sagesse?

— Je veux bien vous communiquer tout ce que j'en ai appris

en plus de dix mille ans d'existence, répondit le Curtius[1] de la perfectibilité, sauf à rectifier mon jugement par de nouvelles découvertes. La science consiste à oublier ce qu'on croit savoir, et la sagesse à ne s'en pas soucier.

Sur cette sentence où toute la philosophie humaine se résume et qui me suffit à moi pour achever, insouciant, mon laborieux pèlerinage dans cette vallée de misère, inexplicable Josaphat[2] des vivants, on expédia Berniquet, à grand renfort de câbles, vers les entrailles de la terre. Une semaine accomplie, la corde du vaguemestre ramena un joli paquet de raretés géologiques, dont la plus curieuse était un hanneton fossile qui avait huit pattes et le corselet à l'envers. Le ci-devant loustic faisait savoir à ses confrères, par une missive jointe à cet envoi souterrain, que le puits s'élargissait en cône immense à mesure qu'on approchait du fond, ce qui augmentait singulièrement les difficultés du retour, au moins par les voies de déambulation ordinaire, mais qu'il avait le bonheur de l'écrire d'une *posade*[3] assez propre où il lui convenait de fixer à l'avenir le point central de ses excursions.

D'après cela, on retira tous les câbles et on couvrit le puits philosophique d'un monolithe énorme en forme de meule, dans le goût de celles qu'on fabrique à la Ferté-sous-Jouarre, entre Meaux et Château-Thierry. Un régiment de Patagons ne l'aurait pas soulevée.

Je regrette maintenant de ne pas avoir la plume de Tacite[4], — ou une meilleure, si vous en savez, — pour décrire les événements terribles qui suivirent le départ de Berniquet. Ses partisans, qui voyaient naturellement dans son message inattendu et soudain une façon d'exil déguisé, soulevèrent peu à peu les cruelles émotions civiles qui donnèrent lieu depuis à la sanglante guerre des mataquins :

---

1. Personnage célèbre dans les traditions romaines, d'après lesquelles un tremblement de terre ayant ouvert un gouffre dans le Forum, les Anciens ayant déclaré qu'il ne pourrait être comblé que par le plus précieux des sacrifices, le patricien Curtius s'y précipita en avant et à cheval, pour prouver que la force de Rome était dans sa valeur et ses armées. Le gouffre se referma aussitôt. Le nom de Curtius est devenu synonyme de dévouement à l'intérêt public.

2. Vallée entre Jérusalem et le mont des Oliviers, où, suivant la doctrine chrétienne, aura lieu le Jugement dernier.

3. Du mot espagnol *posada*, auberge ou hôtellerie.

4. Célèbre historien latin (54-117 de notre ère).

Guerre des Mataquins, il vous en souvient comme à moi, qui a fourni de si belles pages à l'histoire et sur laquelle la muse tragique a répandu tant de larmes! Les premiers avantages furent pour l'auguste dynastie d'Hurluberlu ; mais ils tournèrent bientôt d'une manière funeste, et ce fut l'effet d'une particularité trop mémorable

Hurlubleu étant mort sans enfants, la grande charte du royaume rendait nécessairement le pouvoir absolu aux mataquins.

pour que je la passe ici sous silence, quoique ce radoteur solennel d'Attus Navius n'en ait pas touché un seul mot dans ses chroniques. Il paraît, comme le dit assez l'étymologie, qui est la véritable lumière des faits, que les congratulations officielles consistaient, à la cour d'Hurlubière, en véritables chatouillements portés jusqu'au spasme du triomphateur ; et on croit généralement que le magnanime Hurlubleu passa de vie à trépas dans une de ces glorieuses épilepsies. Il faut convenir au moins que la critique serait bien embarrassée de prouver le contraire ; et j'adopte d'autant plus volontiers cette leçon qu'elle me fournit l'exemple précieux d'un roi mort à force de rire, ce qui n'était peut-être jamais arrivé, et ce qui n'arrivera certainement plus, au train que prennent les monarchies.

Hurlubleu étant mort sans enfants, la grande charte du royaume rendait nécessairement le pouvoir absolu aux mataquins, qui l'auraient bien pris sans cela, suivant leur immémoriale habitude ; car, à toutes les révolutions de ce déplorable empire, on ne voyait surgir que des mataquins, mataquins contre mataquins, mataquins sur mataquins, une nuée de mataquins.

Mais mataquins blancs, mataquins rouges, mataquins de toutes les couleurs, mataquins à robe longue et mataquins à robe courte, mataquins à cothurnes et mataquins à brodequins, mataquins togés et mataquins cuirassés, mataquins de la plume et mataquins de l'épée, mataquins de naissance, mataquins d'aventure, mataquins d'argent, mataquins de doctrine, mataquins d'industrie, le peuple avait pris son parti là-dessus : c'étaient toujours mataquins. Les misérables Hurlubiers étaient chose innée des mataquins, produite pour les mataquins, et perpétuellement dévolue aux mataquins. Bien fin qui la reprendrait aux mataquins s'il n'était pas mataquin !

Les mataquins souverains comme de raison, firent élever sur la pierre qui fermait le puits où était descendu Berniquet un socle de granit en dodécaèdre inégal, pour figurer les douze parties du monde connu. Si on en découvre jamais une treizième, je déclare sincèrement que je ne sais pas où on la mettra ; mais le ciel me préserve d'un plus grand souci !

Berniquet avait laissé son testament populaire comme César[1], aux trois cents sesterces[2] près que le Romain avait légués par tête à chaque citoyen, et qui se montaient, selon le calcul de M. Letronne[3],

---

1. Jules César, célèbre général romain, conquérant de la Gaule, le vainqueur de Pompée (101-44 avant notre ère).
2. Monnaie d'argent des anciens romains. Sa valeur a beaucoup varié.
3. Géographe, archéologue et érudit français, célèbre par ses travaux de numismatique (1787-1848).

à 59 francs 61 centimes; c'est là ce qui s'appelle un bon prince ! Mais le pauvre bonhomme de loustic ne pouvait pas disposer d'une

L'habile artiste représenta Berniquet en pet-en-l'air, en bonnet de nuit et en pantoufles.

uncia sextula en métal de cloche; et c'est de toute sa vie ce qui inspire le plus profond attendrissement à ses biographes. On écrivit donc, sur la plus large face du socle, en style lapidaire non revu par l'Académie des inscriptions, les dernières lignes de son codicille :

> QUE DIEU DAIGNE VOUS DONNER A TOUS,
> MES BONS AMIS,
> TOUT CE QU'IL FAUT DE PATIENCE
> POUR SUPPORTER LA VIE;
> D'AMOUR ET DE BIENVEILLANCE
> POUR LA RENDRE DOUCE ET UTILE,
> ET DE GAIETÉ
> POUR S'EN MOQUER.

La statue du loustic fut inaugurée le lendemain sur le monument; et, comme la sculpture de ce temps perfectionné était naïve et bourgeoise, l'habile artiste le représenta en pet-en l'air, en bonnet de nuit et en pantoufles.

C'est une belle pièce.

VOYAGE

PITTORESQUE ET INDUSTRIEL DANS LE PARAGUAY-ROUX ET LA PALINGÉNÉSIE AUSTRALE

Par Tridace-Nafé-Théobrome de Kaout' t' Chouk, etc.

Kaout' t' Chouck n'est autre qu'un jeune Chinois fort connu, que les mandarins de la Chine avaient eu la complaisance d'envoyer à Paris pour y apprendre la perfectibilité.

VOYAGE

PITTORESQUE ET INDUSTRIEL DANS LE PARAGUAY-ROUX ET LA PALINGÉNÉSIE AUSTRALE,

Par Tridace-Nafé-Théobrome de Kaout' t' Chouk, etc.

Il y a des gens qui se persuadent que le métier de journaliste est une des sinécures les plus fainéantes de ce monde, et ils se trompent grandement, si j'ose en juger par l'ennui que j'éprouve à trouver, dans le cercle de mes petites attributions, quelque sujet nouveau qui soit digne de distraire le lecteur de la politique, ou de l'amuser du rien-faire. J'étais tout prêt à me noyer de désespoir dans un fatras de brochures narcotiques et absorbantes, quand ma main s'est retenue par hasard (ou par cet instinct merveilleux de conservation qui ne manque jamais à l'homme) aux *Voyages de Kaout' t' Chouk*, savant étranger dont le nom trahit sensiblement l'origine. Comme il n'y a, entre *Kaout' t' Chouk* et moi, aucune de ces suaves et sonores harmonies qui entretiennent l'accord parfait des auteurs et de leurs critiques, je puis vous faire en secret une révélation bien précieuse pour l'histoire littéraire, et dont il faut que mon jeune et savant ami M. Quérard[1] prenne acte le plus tôt possible dans le bel ouvrage où il dit tant de mal de moi. C'est que cet écrivain souple, élastique et moelleux, qu'on appelle *Kaout' t' Chouk*, n'est autre qu'un jeune Chinois fort connu, que les mandarins de la Chine avaient eu la complaisance d'envoyer à Paris pour y apprendre la perfectibilité, et qui s'en retourne à Pékin,

---

[1]. Auteur d'un dictionnaire bibliographique qui fait encore autorité aujourd'hui.

bachelier ou maître ès arts, la tête pleine de sciences, de découvertes et de nomenclatures. Je ne sais où il a écrit son voyage, mais je pose en fait qu'on ne le raconterait pas mieux à Paris, quand on a dû à la prudente largesse de ses parents l'inappréciable bonheur d'y passer quelques années dans les bonnes écoles.

J'avais souvent entendu parler de *Kaout' t' Chouk*, et qui n'a pas entendu parler de *Kaout' t' Chouk* ? Je le connaissais même sous ses prénoms de *Tridace* et de *Théobrome*, parce qu'il est bien difficile de ne pas les lire inscrits en gros caractères au second *verso* du journal, si distrait que l'on soit d'ailleurs de l'occupation essentielle d'une journée régulière par la visite d'un médecin, ou par celle d'un créancier. Quant au Paraguay-Roux, j'ai toujours désiré de recevoir quelques renseignements positifs sur cette contrée célèbre, depuis qu'elle occupe infailliblement un paragraphe officieux ou officiel de toutes les feuilles publiques où le compositeur lui réserve une rubrique inamovible, comme à l'article *Espagne* et à l'article *Angleterre* ; mais les voyageurs n'y pensaient pas. Vous trouviez à tout bout de champ d'intrépides explorateurs des régions inconnues qui revenaient de Tombouctou[1] sans y être allés ; mais du Paraguay-Roux, point de nouvelles. Et j'étais dans ces dispositions d'esprit quand je reçus franc de port le charmant livret exotique dont j'ai l'agrément de vous entretenir aujourd'hui, c'est-à-dire le *Voyage pittoresque et industriel de Kaout' t' Chouk dans le Paraguay-Roux*.

La première chose qui frappe les yeux et l'esprit dans ce délicieux spécimen des arts du nouveau-monde, c'est la perfection de son exécution typographique, égale, si plus ne passe, à tout ce qu'Elzévir et Didot ont produit de plus achevé. La presse à la vapeur, qui est déjà en usage aux sources de Meschacébé[2], ne nous avait pas accoutumés dans notre vieille Europe à l'élégance et à la pureté de ce tirage. Le papier est ferme, retentissant, et susceptible d'être

---

1. Ville de l'Afrique dans le Soudan oriental. Elle était restée jusqu'en ces derniers temps au pouvoir des Touaregs. Le premier européen qui y pénétra fut le Français René Caillié (1799-1839). Les Français se sont récemment emparés de cette ville.

2. Fleuve d'Amérique dont il est souvent question dans Chateaubriand, et dont le nom était dans toutes les bouches, à l'époque où parut ce conte de Nodier.

soumis à l'action d'un air un peu chargé d'humidité sans se décomposer en bouillie comme celui de nos fabriques, ce qui offre un certain avantage aux consommateurs de livres, si multipliés de nos jours par les progrès de l'instruction. Quant aux lettres fantastiques ou ornées, on ne peut se dissimuler que le graveur meschacébite a laissé fort en arrière les ingénieux artistes parisiens qui se sont proposé, comme un agréable sujet d'émulation, le travestissement de l'alphabet en petites capitales étiques, obèses ou bancroches, d'une riante difformité. La ligne imprimée en ce genre au frontispice du *Voyage de Kaout' t' Chouk* a le mérite incontestable d'être complètement illisible, ce qui n'avait jamais été tenté jusqu'ici, et ce qui prouve bien de l'esprit et bien du goût. Malgré la longue habitude que je me suis faite de ces utiles difficultés dans l'étude des hiéroglyphes, et surtout dans la correspondance autographe du docte M. Michel Berr[1], je déclare avec franchise que cette ligne serait restée en blanc dans mon article, si l'éditeur n'avait eu l'attention délicate de la traduire en lettres humaines à la page de l'avant-titre. Publiée il y a quelques années sans cette aimable attention, elle aurait hâté nécessairement la mort déjà trop précoce de mon illustre confrère M. Champollion[2]. Voilà ce qu'on peut appeler un progrès intelligent et moral de l'imprimerie, et c'est ainsi qu'il faudrait imprimer presque tous les livres.

Kaout' t' Chouk s'embarqua le 31 février 1831 (style chinois) sur la fameuse corvette *la Calembredaine*, au port de Saint-Malo. Nouvellement initié alors aux mystères de la langue romantique et de la littérature maritime, il en prodigue la *terminologie* avec toute la confiance d'un néophyte qui s'attache moins à la valeur des expressions qu'à leur effet. Après avoir cargué les amures et déferlé les haubans, on part toutes voiles dedans, sous un vent de sud-est-nord-ouest. Il vente frais sous un ciel bleu ; les lames clapotent en

---

1. L'auteur fait probablement allusion à la correspondance de Michel Berr ou plutôt Beer, père de l'illustre compositeur de musique Giacomo Meyerbeer, Michel Beer, né en 1800 à Berlin, mort en 1833, a laissé beaucoup d'ouvrages et de lettres importantes qui furent publiées en 1837.

2. Il y eut deux Champollion, tous deux illustres érudits français; l'aîné, Champollion-Figeac (1778-1866) s'occupa surtout d'archéologie et de paléographie; le second, Jean-François Champollion (1791-1832), mort à 43 ans est le fondateur de l'égyptologie. C'est de ce dernier qu'il est ici question.

silence ; les brisants se jouent autour des flancs du bâtiment qui file son nœud, et qui a bientôt doublé le cap Finistère, endroit où commence la fin du monde, ainsi que l'indique son nom[1]. Je le laisserais vaquer sans moi aux premières explorations scientifiques de son voyage, quoiqu'il y ait beaucoup de choses à apprendre dans son histoire de la fabrication du madère sec, et dans sa profonde théorie des raisons physiologiques en vertu desquelles le serin des Canaries[2] a les plumes jaunes, ce qui n'empêche pas un méthodiste de l'appeler *vert,* et un autre de l'appeler *brun.* Ces considérations ne manquent certainement pas d'intérêt ; mais elles touchent de trop près à nos habitudes, à nos besoins ou à nos plaisirs, pour mériter d'occuper sérieusement l'intelligence d'un homme qui sait faire bon usage de son éducation, le but principal de la science étant, comme tout le monde sait, d'approfondir les choses inutiles, et d'expliquer les choses inexplicables, surtout quand elles ne valent pas la peine qu'on les explique.

Je ne peux me dispenser cependant de m'arrêter un moment avec *Kaout' t' Chouk* au sommet du pic de Ténériffe[3], où il fait la rencontre d'un des industriels les plus avancés de notre époque. Ce grand homme est parvenu à convertir la neige en sel marin par dessication sans aucun apprêt que le mélange d'un alcali volatil bien compacte, et le plus dur que l'on peut trouver. La neige, enveloppée hermétiquement par la flamme, se cristallise à l'instant et se retire toute rouge de la fournaise ; on la jette alors dans des baquets remplis d'une légère dissolution d'alun et de salpêtre animal, et c'est dans cette préparation qu'elle reprend sa blancheur primitive. « Nous goûtâmes ce sel merveilleux, ajoute *Kaout' t' Chouk* ; il était très sapide, agaçant légèrement les houppes nerveuses de la langue, et superbe à l'œil. »

Le particulier si éminemment recommandable qui a établi cette précieuse manufacture était depuis longtemps en possession de

---

1. Du latin *finis terræ* (fin du monde). Plusieurs caps portent un nom analogue, dans différents pays. *Landsend* à pointe sud-ouest de l'Angleterre, *Lindesness* à la côte sud de la Norvège, à l'entrée du Skager-Rack.

2. Groupe d'îles de l'Océan Atlantique ; d'où vient le serin chanteur (*serinus cantarius*) propage en Europe.

3. La plus grande des îles Canaries. Chef-lieu, Santa-Cruz.

tirer une huile exquise de certains cailloux de Ténériffe, qui contiennent l'*oléagine* pure et pour ainsi dire native ; mais cette opération est trop connue aujourd'hui pour qu'il soit nécessaire d'insister sur ses procédés. On comprend avec quelle facilité les végé-

Au sommet du pic de Ténériffe, Kaout' t' Chouk fait la rencontre d'un des industriels les plus avancés de notre époque.

taux ligneux de la montagne lui fournissent le seul vinaigre dont nous fassions usage à Paris ; et comme l'*humus* qui la couvre est prodigieusement fertile en plantes saladiformes, il est aisé de conclure de cette heureuse combinaison de circonstances que le pic de Ténériffe est l'endroit de la terre où l'on mange les salades les mieux confectionnées, au poivre près qu'il faut encore tirer de Cayenne[1]. Il y aurait un moyen fort simple de remédier à cet inconvénient : ce serait de trouver la *pipérine* dans quelque racine ou dans quelques herbes propres aux localités, comme la laitue ou la betterave, et notre chimiste agronome trouvera infailliblement la *pipérine*, si elle n'est déjà trouvée. Après cela, il n'y aura plus rien à trouver, grâce au ciel, si ce n'est la salade toute faite.

Nous ne ferons pas une relâche plus longue au Cap de Bonne-Espérance[2], où *Kaout' t' Chouk* remarque fort spirituellement que tous les indigènes *du pays* sont Anglais ou Hollandais, ce qui donne à cette population autochtone une physionomie sauvage très particulière, dont on ne peut guère se former une idée que dans les tavernes de Londres et les *musicos* d'Amsterdam[3]. Les voyageurs ne manquèrent pas de visiter la fameuse montagne de *la Table*, qui était alors couverte d'une *nappe* d'eau, parce qu'il y avait eu de l'orage. Ils n'en présentèrent pas moins leurs hommages au célèbre M. Herschell[4], « digne neveu d'un père illustre », et je demande grâce en faveur de *Kaout' t' Chouk* pour ce *lapsus linguæ* d'érudit. C'est le *nepos* des Latins que nous traduisons par *neveu* dans la langue poétique, en parlant de nos petits-enfants dans la ligne directe de descendance. Au reste, il doit être bien rare, quand on possède tous les idiomes de la terre, de ne pas commettre par-ci par-là quelques légers *spropositi*[5] dans celui dont on prend la peine de se servir pour la commodité du public, et c'est ce qui explique suffisamment pourquoi les savants ont en général un style si baroque.

Je reviens à M. Herschell : « Il s'est installé pour trois ans à *la Table* du Cap de Bonne-Espérance, » dit *Kaout' t' Chouk* afin de vérifier si l'envers des étoiles dont il avait observé le côté opposé, à Greenwich[6], en Angleterre, est identiquement semblable à leur

---

1. Capitale de la Guyane française.
2. Au sud de l'Afrique, il fut découvert par Barthélemy Diaz et doublé par Vasco de Gama (1498).
3. Ces *musicos* sont des cafés chantants fréquentés par les marins.
4. Célèbre astronome né à Hanovre (1738-1822). On lui doit la découverte de la planète *Uranus* et de ses satellites, des satellites de *Saturne*, et la création de l'astronomie stellaire. Son *Catalogue des étoiles*, ouvrage considérable, qu'il laissa inachevé fut terminé par sa sœur, renommée également en astronomie.
5. Erreurs ou bêtises, expressions italienne.
6. Ville d'Angleterre, voisine de Londres. C'est là qu'est l'observatoire par lequel passe le méridien.

endroit. » Personne n'ignore que M. Herschell se sert pour cette belle investigation empyréenne d'un télescope géant dont la portée échappe à tous les calculs, car il a la propriété inexprimable en chiffres de rapprocher les corps célestes douze fois plus près qu'ils

M. Herschell s'est installé pour trois ans à la Table du Cap de Bonne-Espérance afin de vérifier si l'envers des étoiles est identiquement semblable à leur endroit.

ne sont loin. L'admirable exactitude avec laquelle M. Herschell et ses élèves reproduisent journellement le *prospect*, le profil et le plan des monuments de la lune, est par conséquent un garant bien sûr de la fidélité de leurs dessins, dans la topographie si impatiemment attendue de Saturne et surtout d'Uranus, où ils discernent les moindres objets beaucoup plus nettement qu'ils ne pourraient le faire dans leur chambre en plein midi, c'est-à-dire à l'heure où ces messieurs ont contracté l'habitude immémoriale de nous faire voir les étoiles.

Beaucoup de gens auront dit jusqu'ici du voyage de mon Chinois ce que disait le vieux Fontenelle[1] d'un amphigouri de Collé[2] : « Je n'ai garde de m'étonner de ce que j'entends tous les jours. » Voilà réellement d'étranges merveilles pour qu'elles vaillent qu'on les raconte ! Pendant que voyageait *Kaout' t' Chouk*, la science courait devant lui. Le boulet souterrain qui se propose de nous arriver, en vingt-deux minutes et demie, par un *tunnel* pratiqué de Bruxelles à Paris, est encore plus fort que le télescope d'Herschell, et plus difficile à digérer que la salade du pic Ténériffe. Le jeune découvreur que je suis religieusement à la trace a commencé, comme le souriceau de La Fontaine, *qui n'avait rien vu*, par s'amuser innocemment aux bagatelles de la porte. Il faut le retrouver dégagé de ces intuitions naïves, s'associant ou plutôt s'assimilant progressivement aux aperceptions les plus électives de son sens intellectuel, pour jouir esthétiquement des acquisitions de sa compréhensivité. Il suffit pour cela de l'accompagner jusqu'aux îles de la Polynésie[3] où il a eu le temps de parvenir, selon toute apparence, pendant que j'écrivais les mots ci-dessus.

Vanoua-Leboli ne retint pas longtemps *Kaout' t' Chouk*, cette île étant tellement déserte qu'on y rencontre souvent des villages immenses où il serait impossible d'y trouver une seule maison. Notre *Kaout' t' Chouk*, animé de cet esprit de philanthropie qui impose aux gens de savoir le droit impérieux d'éclaircir le genre humain, et de lui apprendre à connaître à fond toutes les choses dont il ne se soucie pas, sentait ce besoin généreux de discourir et de disputer qui demande ordinairement un auditoire. C'est ce qui

---

1. Littérateur français (1656-1757), auteur de la *Pluralité des Mondes* et des *Dialogues des Morts*.
2. Chansonnier français, un des fondateurs du *Caveau* (1709-1783). — Un amphigouri est un écrit dont les phrases sont obscures ou prétentieuses.
3. Une des trois grandes divisions de l'Océanie, comprenant entre autre les îles Sandwich, les Marquises, Taïti, la Nouvelle Zélande, etc.

décida le choix de l'estimable voyageur en faveur d'une autre île déserte où il y avait beaucoup de monde, et où les moindres bourgades lui parurent convenablement peuplées, surtout de jour. Il eut la politesse délicate d'en prendre possession au nom de la France, mais sans en faire part aux habitants, car il était un peu diplomate, et il l'appela par instinct l'île *de la Civilisation*. *Kaout' t'*

Kaout' t' Chouk eut la politesse délicate d'en prendre possession au nom de la France.

Chouk ne croyait pas si bien dire. Si l'on s'en rapportait à ses *Mémoires* (et à quoi s'en rapporterait-on, je le demande, dans la littérature actuelle et dans l'histoire contemporaine, si on ne s'en rapportait pas aux *Mémoires de Kaout' t' Chouk* ?), la civilisation de ce pays est en effet la plus complète qu'une nation extraordinairement perfectionnée puisse désirer pour son usage particulier, au moins jusqu'à nouvel ordre. Il ne faut jurer de rien avec la perfectibilité.

Je n'ai presque pas besoin de vous dire que l'*île de la Civilisation* a des chemins de fer, la civilisation ne marche plus sans cela; mais elle a depuis longtemps abandonné notre procédé, à cause de la lenteur des résultats. Le moteur actuel qui est incomparablement plus rapide, puisqu'il est physiquement impossible de distinguer le moment de l'arrivée de celui du départ, *et vice versâ*, par la plus minime des divisions du temps, est le fluide électrique[1]. « La minime locomotive entièrement en métal, dit *Kaout' t' Chouk*, a la grandeur et la forme d'un pistolet d'arçon, ce qui lui a fait donner le nom de *pistolet de Volta*. On attache le wagon par un anneau de fer à une caisse de voiture en verre dans laquelle se place le voyageur, et cet appareil vole avec une rapidité incalculable sur un fil de fer qui lui sert de *conducteur*, ce système de *diligences* rendant tout autre conducteur inutile. » On voit qu'à l'avantage de la célérité la méthode ingénieuse dont nous parlons réunit l'avantage plus précieux encore pour la population stationnaire, qui est assez nombreuse dans tous les pays, de n'entraîner ni expropriations vexatoires, ni violation permanente du sol sacré de l'agriculture, au bénéfice de quelques spéculateurs pressés de gagner. L'heure du départ expirée, une manivelle mue par quelque moyen analogue rappelle le fil d'archal sur sa bobine immense, et le laboureur paisible peut retourner à ses travaux, avec autant de sécurité que s'il avait pris naissance dans la pastorale Arcadie[2], dans la gracieuse Tempé[3], ou dans tout autre île arriérée et barbare de l'archipel des *Bucoliques*.

Le service des postes se fait par ces routes, et *Kaout' t' Chouk* assure qu'il n'est pas rare de recevoir la réponse d'une lettre qu'on n'a pas encore fait partir; mais il est difficile de ne pas supposer là une petite exagération.

---

1. Ceci démontre combien Nodier prévoyait les conquêtes futures de la science. La traction électrique, aujourd'hui réalisée, était alors purement chimérique.
2. Province de la Grèce. Les poètes antiques en avaient fait par fiction le séjour du bonheur.
3. Célèbre vallée de la Grèce, Thessalie, entre l'Olympe et l'Ossa. Virgile en a chanté la beauté dans ses poésies pastorales.

Ce qu'il y a de certain, c'est que nous n'irons guère plus avant dans la route des sciences, ou dans la science des routes, à moins que nous ne retrouvions le secret inappréciable de l'île d'*Ode* où *les chemins cheminaient*, et dont il nous est resté des traditions assez authentiques dans la *véritable Histoire de Pantagruel* et dans les

Heureux temps où une voiture s'appelait encore une chaise.

souvenirs du peuple, comme le témoignent ces locutions si connues : Ce chemin *vient* de tel endroit ; ce chemin doit *aller* à tel autre ; celui-ci *va* vous *égarer*. Heureux temps où une voiture s'appelait encore une *chaise*, parce qu'on n'avait pas besoin de sortir de la sienne pour parcourir le monde, pourvu qu'on l'eût placée sur le pavé du roi dans une voie bien tracée ! C'est de cette grande époque de notre civilisation (Dieu nous la rende!) que date la coutume de commencer tous les voyages d'instruction par celui de Rome où tous les chemins *allaient*, selon le proverbe antique, et il faut avouer que c'était une grande commodité. On assure qu'elle est encore à l'usage d'un grand nombre de voyageurs qui composent leurs relations sans quitter la place, mais c'est ce qu'on ne pourra pas dire du voyage de *la Calembredaine*, où l'Europe avait tant de députés. Quelques-uns soutiennent même qu'elle portait à son bord le *congrès scientifique*, et c'est probablement pour cela qu'on n'en parle plus à Paris.

On imagine aisément que les caisses d'épargne sont parvenues à l'*île de la Civilisation*, à moins qu'on n'aime mieux penser qu'elles en viennent. *Kaout' t' Chouk* eut la satisfaction d'en trouver jusque dans les plus misérables hameaux et de voir l'ouvrier sans travail, le prolétaire indigent, l'infortuné vaincu par la misère et par le désespoir, verser avec empressement dans ces trésors providentiels l'excédant de leurs besoins, le superflu de leur nécessaire, et le fruit de leurs économies. C'est une chose commune en ce pays-là, et qui n'en est pas moins touchante, que de refuser à cinq ou six pauvres enfants affamés leur maigre repas quotidien, afin de se ménager un morceau de pain pour la vieillesse. Le sentiment moral de cette sublime institution a tellement prévalu parmi le peuple qu'une multitude d'individus ont pris le parti de vivre d'emprunt pour épargner davantage, et ce moyen assez plausible est déjà connu à Paris. Il est résulté de cette magnifique invention de la philanthropie australe que le numéraire a totalement disparu de la circulation, car il n'y a millionnaire assez traître aux intérêts imprescriptibles et sacrés de son argent pour s'en réserver de quoi faire chanter un aveugle. Il aura beau, le déplorable Homère[1] de la borne, faire ronfler sous un archet qui n'a plus que le bois les deux cordes rauques qui vibrent encore à son crin-crin! En retour du plaisir que ses mélodies monotones procurent à l'oreille des passants, son oreille, à lui, ne sera plus égayée par le son joyeux

---

1. C'est-à-dire le chanteur aveugle. On sait que, suivant la tradition, Homère, privé de la vue, parcourait la Grèce en récitant ses poèmes et en s'accompagnant de sa lyre.

du sou mal marqué qui bondit seul et à l'aise dans sa timbale de fer blanc. Le sou de l'aveugle est la caisse d'épargne où il ne le porterait pas si on le lui avait donné, car il n'a pas mangé d'aujourd'hui. Mais c'est un des inconvénients inévitables de notre civilisation fiscale et financière qui n'est pas faite pour les aveugles, et qui l'est bien moins encore pour les manchots.

Il y a des esprits hargneux ou malintentionnés qui allègueront

Kaout' l' Chouk eut la satisfaction de trouver des caisses d'épargne jusque dans les plus misérables hameaux.

à ce sujet l'intérêt du commerce, de l'industrie et des arts, branches essentielles de prospérité qui s'appauvrissent en raison directe des progrès de l'avarice publique ; sources abondantes de la richesse nationale qui promettaient de ne pas tarir, et qu'on détourne habilement par un canal secret pour les faire tomber dans l'océan du monopole et de l'usure. On ne s'occupe guère de ces paradoxes dans l'*île de la Civilisation*. Toutes les pensées y sont tournées vers les caisses d'épargne qui gagnent journellement en embonpoint celui que perdent leurs clients ; mais il est vrai de dire qu'elles offriront un jour une ressource bien opportune aux personnes qui auront l'agrément de ne manquer de rien.

J'avais juré de ne plus parler de politique, parce que la politique est assez *parlière* d'elle-même pour se passer de truchement ; mais il est bien difficile d'oublier cette science exorbitamment progressive, quand on s'est engagé, à ses risques et périls, dans la discussion d'une question de progrès. La politique est en voie de perfection dans l'*île de la Civilisation* comme partout, et j'oserais même assurer qu'elle n'y laisse rien à désirer, s'il n'était de sa nature de désirer toujours quelque chose. L'*île de la Civilisation* jouit comme nous des douceurs d'un gouvernement représentatif, c'est-à-dire d'une constitution aussi libérale qu'on a pu l'imaginer, dans laquelle la soixante millième partie de la nation représente la cent cinquantième en présence des cent quarante-neuf autres et à leur satisfaction unanime.

La parcimonie philosophique et sentimentale sur laquelle sont fondées les *caisses d'épargne* est l'âme des gouvernements représentatifs, qui savent qu'ils ont longtemps à vivre, et qui éprouvent le besoin d'économiser pour l'époque de décadence où ils retomberont, par la force des choses, dans l'imbécillité puérile du premier âge. C'est un accident qui peut cependant arriver d'un jour à l'autre, à cause de l'extrême rapidité avec laquelle la civilisation se développe, le wagon social allant si vite que l'étincelle électrique a peine à le suivre. Aussi, la fixation des honoraires du roi ne manquait pas d'exciter autrefois dans l'*île de la Civilisation*, à tous les couronnements, de violents orages parlementaires dont la constitution du pays a été souvent ébranlée. Le *victus* et le *vestitus*[1] monarchiques y étaient tombés à un tel degré de rabais, que les industriels politiques étaient sur le point de se déclarer en carence[2] de matière royale et propre à trôner, depuis qu'une dynastie de grande espérance avait eu le malheur de s'éteindre par excès de régime. On recourut inutilement d'abord à la condamnation judiciaire et à

---

1. C'est-à-dire la nourriture et l'habillement.
2. Terme de droit voulant dire « manque, absence ».

l'appréhension par corps pour se procurer des souverains à la diète ; les infortunés se retranchaient sur la liberté individuelle, et les délais de la justice leur permettaient ordinairement de se sauver, ou du moins de se pendre. La monarchie en était là, quand un de

On recourut inutilement d'abord à l'appréhension par corps pour trouver des souverains.

ces prodigieux génies qui se rencontrent communément dans l'opposition, s'avisa d'un expédient qui a pourvu bien spirituellement à cette difficulté. Le royaume fleurit maintenant sous les lois d'un charmant petit monarque de palissandre incrusté qui est mû par des rouages fort simples, comme une horloge de bois. Quand les poids sont remontés, et le ressort mis en mouvement, cet autocrate débonnaire peut signer de sa main droite, en superbe courante anglaise, vingt ou trente belles pièces gouvernementales qui ne coûtent que le timbre ; et ce qu'il y a d'infiniment remarquable dans cette machine constitutionnelle, c'est qu'il signerait également de la main gauche, si tel avait été le bon plaisir du mécanicien. L'opération terminée, on replace le roi dans le garde-meuble jusqu'à la session suivante, après avoir pris toutes les précautions convenables pour le préserver des atteintes de certains insectes malveillants qui sont très friands de palissandre, mais les seuls ennemis d'ailleurs que ce prince heureux et paisible ait à redouter dans son Louvre de carton. Cette ingénieuse invention réduit la liste civile à une modeste somme de 17 francs 52 centimes, qui sont cotés au budget pour fourniture des liniments onctueux nécessaires à l'entretien de la branche régnante ; et il en résulte qu'il n'y a presque point de révolution à craindre dans l'*île de la Civilisation* d'ici au premier renchérissement des huiles d'olive.

Tout en rendant librement justice à ce qu'il y a d'éminemment *grandiose* dans ce procédé, je dois peut-être me défendre contre le reproche trop commun aujourd'hui d'avoir eu en vue quelque insinuation perfide ou quelque allusion séditieuse. M. le procureur du roi, que j'honore parfaitement, quoique je n'aie pas l'honneur de le connaître, n'aura jamais à me reprendre, j'espère, sur un délit de la presse, moi qui tournerais plus volontiers pendant toute l'éternité autour de ma pensée, comme le chien de garde au bout de sa chaîne, que de franchir ses limites légales de l'épaisseur d'un atome, ou de la simple portée d'une idée nouvelle. Vieux tory[1] de naissance et d'inclination, je suis connu pour préférer à tous les rois de palissandre du monde les rois du bois dont on les fait.

J'ai du reste par devers moi, pour mettre ma responsabilité à l'abri, la relation véridique des *Voyages de Kaout' t' Chouk*, qui sont un livre fort rare, comme il convient dans les matières de hautes et substantielles études, mais qui ne sont pas un livre de raison, et je suppose qu'on a dû s'en apercevoir de temps en temps en parcourant cette analyse. On parviendrait peut-être encore à

---

1. En Angleterre, royaliste conservateur.

s'en procurer chez Crozet ou chez Téchener, les libraires favoris des amateurs, quelque précieux exemplaire imprimé sur peau de promerops, et relié en cuir de griffon, d'ixion, de licorne ou de béémoth, avec des dentelles fantastiques sur le plat, par le Bauzonnet de la Polynésie, ce qui veut dire au moins son Thouvenin[1]; mais cela coûterait bon.

Gloire soit rendue à l'écrivain par qui cet excellent livre nous est venu de loin ! Ce qui nous manque en France, ce n'est pas cette fine gaieté de l'esprit qui effleure en passant, avec l'adresse de l'à-propos, un ridicule superficiel, nous en avons à revendre. C'est cette ironie pénétrante et profonde qui fouille et creuse autour de lui, et qui ne se lasse de l'ébranler sur ses racines que lorsqu'elle l'a extirpé. Voyez Cervantes[2], voyez Butler[3], voyez Swift[4], voyez Sterne[5] : ces gens-là ne se contentent pas d'émonder *luxuriam foliorum*; ils sapent l'arbre et le jettent mort sur la terre, sans semences et sans rejetons. Ce genre de critique, dont Voltaire et Beaumarchais[6] ont fait un funeste abus, en l'appliquant par étourderie ou par méchanceté à tout ce qui nous restait d'idées sociales, avait chez nous des modèles, malheureusement fort difficiles à imiter, dans Molière et dans Rabelais ; et il faut que je l'avoue, au préjudice de mes théories philosophiques, si la littérature a ses causes finales, comme toutes choses, Rabelais et Molière ne sont pas arrivés à leur jour, ou bien la providence des vérités nous ménage un Rabelais, un Molière, qui tardent beaucoup à venir. Qu'était-ce, grand Dieu ! que le jargon des *Précieuses* et des *Femmes savantes* auprès de celui qu'on nous a fait, et qui n'a plus de nom dans aucune langue ? *Tartufe* lui-même, que le poète a dessiné à si grands traits, serait un méchant écolier dans ce siècle d'hypocrisie et de mensonge, où le faux seul jouit des privi-

---

1. Bauzonnet et Thouvenin furent des relieurs parisiens en renom sous la Restauration.
2. Auteur espagnol à qui l'on doit le *Don Quichotte* (1547-1616).
3. Auteur anglais (1612-1680). Son poème burlesque *Hudibras* est un des chefs-d'œuvre classiques de la poésie anglaise.
4. Auteur anglais (1667-1745). Ses *Voyages de Gulliver* l'ont rendu immortel.
5. Célèbre écrivain anglais (1713-1758), auteur du *Voyage sentimental*.
6. Poète dramatique français, auteur du *Mariage de Figaro* et l'un des précurseurs de la Révolution (1732-1799).

lèges du vrai. La postérité aura sans doute beaucoup de choses à nous reprocher, au cas que nous ayons une postérité qui daigne s'occuper de nous; mais ce qu'elle remarquera de plus caractéristique dans notre époque, c'est l'absence presque totale du *dériseur*

La postérité aura sans doute beaucoup de choses à nous reprocher.

sensé qui a le bon esprit de se moquer des autres, et de protester par un mépris judicieux contre l'ignorance et la folie de ses contemporains. Eh quoi ! sera-t-il dit que nous ayons vécu pendant soixante ans sous l'empire des mystifications les plus impertinentes, dont la fausse philanthropie, la fausse science et la fausse littérature aient jamais affronté le genre humain (et je ne dis pas trop :

je donne le choix dans tous les âges à un homme de bonne foi!);
faudra-t-il que cette nation en cheveux blancs, qui a été représentée par Rabelais dans sa jeunesse et par Molière dans sa virilité,
épuise jusqu'au marc le calice d'ignominie où l'abreuvent des charlatans de toute sorte et de toute couleur, dont Tabarin [1] n'aurait pas
voulu pour laquais, sans qu'une voix vengeresse ait imposé à ces
infâmes jongleries l'opprobre qu'elles ont mérité? Que font cependant les hommes d'un talent vrai, les hommes dignes d'une haute
et importante mission, qui viennent prendre tour à tour un rang
distingué dans la comédie, dans le roman, dans la satire? Et il y
en a vraiment beaucoup! Ils épluchent minutieusement dans leur
laboratoire de petits ridicules de salon, de petits travers d'intérieur,
à peine perceptibles à ce télescope d'Herschell dont nous parlions
tout à l'heure. Ils livrent une guerre de pygmées à de petites turpitudes, niaisement scandaleuses, qui peuvent indifféremment être
ou n'être pas, car les esprits sérieux et raisonnables n'auraient
jamais conçu l'idée de l'existence des originaux, s'ils ne s'étaient
amusés des portraits; ils ramassent des miettes dédaignées à la
desserte de Marivaux [2] et de Crébillon [3]. Le temps où nous vivons
nous a cependant compté des jours dans lesquels Aristophane [4] et
Juvénal ne seraient pas de trop; où cet effronté d'Archiloque [5] décocherait peut-être inutilement son ïambe insolent sur le triple airain
dont le vice heureux est cuirassé; où ce n'est pas assez de stigmatiser les fous et les méchants des pastels de l'esprit et des *pochades*
de la fantaisie; où ce serait peu, je le crains, de l'acide et du fer
chaud; et nous attendons encore, non pas Molière, qu'il ne faut
plus attendre, mais un Lesage [6] ou un Dancourt [7]! La poésie morale

---

1. Baladin de foire, fut en vogue à Paris au commencement du XVIIe siècle.
2. Auteur français (1688-1763); quelques-unes de ses comédies sont restées au répertoire : *Le Legs, L'Épreuve, La Surprise de l'amour, Les Jeux de l'amour et du hasard*. On a donné le nom de *marivaudage* au style maniéré qu'il affectait.
3. Il y a eu deux Crébillon, le père et le fils; le premier, poète tragique (1674-1762), le second, romancier licencieux (1707-1777).
4. Le plus célèbre des poètes comiques d'Athènes, (ve siècle avant notre ère). Une partie de son théâtre est restée classique.
5. Poète satirique grec du VIIIe siècle avant notre ère.
6. Auteur de *Gil-Blas*, du *Diable Boiteux*, d'un grand nombre de romans d'aventures (1668-1747). Lesage est aussi un de nos plus grands auteurs comiques : *Turcaret, Crispin rival de son maître*.
7. Auteur dramatique français (1661-1726). On l'a surnommé le Teniers de la comédie, son chef-d'œuvre est *Le Chevalier à la mode*.

et la poésie satirique, ces grandes institutions du genre humain, procèdent précisément aujourd'hui comme le médecin ridicule qui appliquerait des cosmétiques à un pestiféré pour le guérir de quelque tache à la peau. Quand on a reçu de son talent le ministère d'éclairer les hommes, de les corriger, et quelquefois de les punir, il faut le comprendre autrement : c'est plus qu'un métier, c'est plus qu'un art, c'est un sacerdoce.

Je déclare que si l'auteur des *Voyages de Kaout' t' Chouk* était dans les conditions du concours, c'est-à-dire Français, je l'aurais désigné à l'Académie française comme très digne, à mon avis, de concourir au « prix Montyon[1] », pour l'ouvrage le plus utile aux mœurs, quoique son ingénieuse bluette n'appartienne en réalité qu'à la critique littéraire et scientifique : les mœurs sont l'expression manifeste de la raison publique. Elles se développent et se purifient, s'altèrent et périssent avec elle. Montrez-moi un peuple qui ait de la raison, et je vous réponds de ses mœurs. L'impunité des pervers a le même point de départ que le crédit des sophistes. Ce qu'il y a de plus glorieux pour la vertu, ce qui atteste le mieux la divinité de son origine, c'est qu'elle ne cesse d'être en crédit parmi les nations que dans l'absence du *sens commun*.

---

[1]. Célèbre philanthrope, fondateur des prix de vertu qui portent encore aujourd'hui son nom.

TRILBY

OU LE LUTIN D'ARGAIL

Nouvelle écossaise.

Il se plaît particulièrement dans les ôtables, et il aime à traire pendant la nuit les vaches et les chèvres du hameau.

TRILBY

OU LE LUTIN D'ARGAIL

Nouvelle écossaise.

Il n'y a personne parmi vous, mes chers amis, qui n'ait entendu parler des *drows* de Thulé[1] et des *elfs* ou lutins familiers de l'Écosse, et qui ne sache qu'il y a peu de maisons rustiques dans ces contrées qui ne comptent un follet parmi leurs hôtes. C'est d'ailleurs un démon plus malicieux que méchant et plus espiègle que malicieux, quelquefois bizarre et mutin, souvent doux et serviable, qui a toutes les bonnes qualités et tous les défauts d'un enfant mal élevé. Il fréquente rarement la demeure des grands et les fermes opulentes qui réunissent un grand nombre de serviteurs; une destination plus modeste lie sa vie mystérieuse à la cabane du pâtre ou du bûcheron. Là, mille fois plus joyeux que les brillants parasites de la fortune, il se joue à contrarier les vieilles femmes qui médisent de lui dans leurs veillées, ou à troubler de rêves incompréhensibles, mais gracieux, le sommeil des jeunes filles. Il se plaît particulièrement dans les étables, et il aime à traire pendant la nuit les vaches et les chèvres du hameau, afin de jouir de la douce surprise des bergères matinales, quand elles arrivent dès le point du jour, et ne peuvent comprendre par quelle merveille les jattes rangées avec ordre regorgent de si bonne heure d'un lait

---

[1]. Nom donné par les Romains à une île septentrionale qu'ils considéraient comme la limite du monde (*Ultima Thule*).

écumeux et appétissant ; ou bien il caracole sur les chevaux qui hennissent de joie, roule dans ses doigts les longs anneaux de leurs crins flottants, lustre leur croupe polie, ou lave d'une eau pure comme le cristal leur jambes fines et nerveuses. Pendant l'hiver il préfère à tout les environs de l'âtre domestique et les pans couverts de suie de la cheminée, où il fait son habitation dans les fentes de la muraille, à côté de la cellule harmonieuse du grillon. Combien de fois n'a-t-on pas vu Trilby, le joli lutin de la chaumière de Dougal, sautiller sur le rebord des pierres calcinées avec son petit *tartan* de feu et son *plaid* ondoyant couleur de fumée, en essayant de saisir au passage les étincelles qui jaillissaient des tisons et qui montaient en gerbes brillantes au-dessus du foyer ! Trilby était le plus jeune, le plus galant, le plus mignon des follets. Vous auriez parcouru l'Écosse entière, depuis l'embouchure du Solway[1] jusqu'au détroit de Pentland[2], sans en trouver un seul qui pût lui disputer l'avantage de l'esprit et de la gentillesse. On ne racontait de lui que des choses aimables et des caprices ingénieux. Les châtelaines d'Argail et de Lennox en étaient si éprises que plusieurs d'entre elles se mouraient du regret de ne pas posséder dans leurs palais le lutin qui avait enchanté leurs songes et le vieux laird de Lutha aurait sacrifié, pour pouvoir l'offrir à sa noble épouse, jusqu'à la claymore[3] rouillée d'Archibald, ornement gothique de sa salle d'armes ; mais Trilby se souciait peu de la claymore d'Archibald, et des palais et des châtelaines. Il n'eût pas abandonné la chaumière de Dougal pour l'empire du monde, car il aimait la brune Jeannie, l'agaçante batelière du lac Beau, et il profitait de temps en temps de l'absence du pêcheur pour raconter à Jeannie, les sentiments qu'elle lui avait inspirés. Quand Jeannie, de retour du lac, avait vu s'égarer au loin, s'enfoncer dans une anse profonde, se cacher derrière un cap avancé, pâlir dans les brumes de l'eau et du ciel la lumière errante du bateau voyageur qui portait son mari et les espérances d'une pêche heureuse, elle regardait encore le seuil de la maison, puis rentrait en soupirant, attisait les

---

1. Le golfe de Solway se creuse dans la côte de la mer d'Irlande.
2. Le détroit de Pentland sépare l'archipel des Arcades de la côte septentrionale d'Écosse.
3. Grand sabre dont les montagnards écossais se servaient autrefois.

charbons à demi blanchis par la cendre, et faisait pirouetter son fuseau de cytise en fredonnant le cantique de saint Dunstan, ou la ballade du revenant d'Aberfoïl, et dès que ses paupières, appesanties par le sommeil, commençaient à voiler ses yeux fatigués, Trilby, qu'enhardissait l'assoupissement de sa bien-aimée, sautait légère-

Trilby bondissait avec une joie d'enfant.

ment de son trou, bondissait avec une joie d'enfant dans les flammes, en faisant danser autour de lui un nuage de paillettes de feu, se rapprochait plus timide de la fileuse endormie, et quelquefois, rassuré par le souffle égal qui s'exhalait de ses lèvres à intervalles mesurés, s'avançait, reculait, revenait encore, s'élançait jusqu'à ses genoux en les effleurant comme un papillon de nuit du battement muet de ses ailes invisibles, allait caresser sa joue, se rouler dans les boucles de ses cheveux, se suspendre, sans y peser, aux anneaux d'or de ses oreilles ; ou se reposer sur son sein en murmurant d'une voix plus douce que le soupir de l'air à peine ému, quand il meurt sur une feuille de tremble : « Jeannie, ma belle Jeannie, écoute un moment celui qui t'aime et qui pleure de t'aimer, car tu ne réponds pas à sa tendresse. Prends pitié de Trilby, du pauvre Trilby. Je suis le follet de la chaumière. C'est moi, Jeannie, ma belle Jeannie, qui soigne le mouton que tu chéris, et qui donne à sa laine un poli qui le dispute à la soie et à l'argent. C'est moi qui supporte le poids de tes rames pour l'épargner à tes bras, et qui repousse au loin l'onde qu'elles ont à peine touchée. C'est moi qui soutiens ta barque lorsqu'elle se penche sous l'effort du vent, et qui la fais cingler contre la marée comme sur une pente facile. Les poissons bleus du lac Long et du lac Beau, ceux qui font jouer aux rayons du soleil sous les eaux basses de la rade les saphirs de leurs dos éblouissants, c'est moi qui les ai apportés des mers lointaines du Japon, pour réjouir les yeux de la première fille que tu mettras au monde, et que tu verras s'élancer à demi de tes bras en suivant leurs mouvements agiles et les reflets variés de leurs écailles brillantes. Les fleurs que tu t'étonnes de trouver le matin sur ton passage dans la plus triste saison de l'année, c'est moi qui vais les dérober pour toi à des campagnes enchantées dont tu ne soupçonnes pas l'existence, et où j'habiterais, si je l'avais voulu, de riantes demeures, sur des lits de mousse veloutée que la neige ne couvre jamais, ou dans le calice embaumé d'une rose qui ne se flétrit que pour faire place à des roses plus belles. Quand tu respires une touffe de thym enlevée au rocher, et que tu sens tout à coup tes lèvres surprises d'un mouvement subit, comme l'essor d'une abeille qui s'envole, c'est un baiser que je te ravis en passant. Les songes qui te plaisent le mieux, ceux dans lesquels tu vois un enfant qui te caresse avec tant d'amour, moi seul je te les envoie. Oh ! réalise le bonheur de nos rêves ! Jeannie, ma belle Jeannie, enchantement délicieux de mes pensées, objet de souci et d'espérance, de trouble et de ravissement, prends pitié du pauvre Trilby, aime un peu le follet de la chaumière ! »

Jeannie aimait les jeux du follet, et ses flatteries caressantes, et les rêves qu'il lui apportait dans le sommeil. Longtemps elle avait pris plaisir à cette illusion sans en faire confidence à Dougal, et cependant la physionomie si douce et la voix si plaintive de l'esprit du foyer se retraçaient souvent à sa pensée, dans cet espace indécis

Les fleurs que tu t'étonnes de trouver le matin sur ton passage, c'est moi qui vais les dérober pour toi à des campagnes enchantées.

entre le repos et le réveil où le cœur se rappelle malgré lui les impressions qu'il s'est efforcé d'éviter pendant le jour. Il lui semblait voir Trilby se glisser dans les replis de ses rideaux, ou l'entendre gémir et pleurer sur son oreiller. Quelquefois même, elle avait cru sentir le pressement d'une main agitée. Elle se plaignit enfin à Dougal de l'opiniâtreté du démon qui n'était pas inconnu au pêcheur lui-même, car ce rusé avait cent fois enchaîné son hameçon ou lié les mailles de son filet aux herbes insidieuses du lac. Dougal l'avait vu au-devant de son bateau, sous l'apparence d'un poisson énorme, séduire d'une indolence trompeuse l'attente de sa pêche nocturne, et puis plonger, disparaître, effleurer le lac sous la forme d'une mouche ou d'une phalène, et se perdre sur le rivage avec l'*Hop-Clover*[1] dans les moissons profondes de la luzerne. C'est ainsi que Trilby, égarait Dougal, et prolongeait longtemps son absence.

Pendant que Jeannie, assise à l'angle du foyer, racontait à son mari les hardiesses du follet malicieux, qu'on se représente la colère de Trilby, et son inquiétude, et ses terreurs! Les tisons lançaient des flammes blanches qui dansaient sur eux sans les toucher; les charbons étincelaient de petites aigrettes pétillantes, le farfadet se roulait dans une cendre enflammée et la faisait voler autour de lui en tourbillons ardents.

—Voilà qui est bien, dit le pêcheur. J'ai passé ce soir le vieux Ronald, le moine centenaire de Balva, qui lit couramment dans les livres d'église, et qui n'a pas pardonné aux lutins d'Argail les dégâts qu'ils ont faits l'an dernier dans son presbytère. Il n'y a que lui qui puisse nous débarrasser de cet ensorcelé de Trilby, et le reléguer jusque dans les rochers d'Inisfaïl, d'où nous viennent ces méchants esprits.

*
* *

A peine le follet, chassé par l'ermite, avait quitté le seuil de la chaumière de Dougal, Jeannie sentit amèrement que l'absence du pauvre Trilby en avait fait une profonde solitude. Ses chansons de la veillée n'étaient plus entendues de personne, et certaine de ne confier leurs refrains qu'à des murailles insensibles, elle ne chantait que par distraction ou dans les rares moments où il lui arrivait de penser que Trilby avait peut-être déjoué les exorcismes du vieux moine. Alors, l'œil fixé sur l'âtre, elle cherchait à discerner, dans les figures bizarres que la cendre dessine en sombres

---

1. Le trèfle des houblons (*trifolium agrarium*), la petite espèce est la *medicago lupulina*.

compartiments sur la fournaise éblouissante, quelques-uns des traits que son imagination avait prêtés à Trilby; elle n'apercevait qu'une ombre sans forme et sans vie qui rompait çà et là l'uniformité du rouge enflammé du foyer, et se dissipait à la moindre agitation de la touffe de bruyères sèches qu'elle faisait siffler devant le feu pour le ranimer. Elle laissait tomber son fuseau, elle abandonnait son fil, mais Trilby ne chassait plus devant lui le fuseau roulant comme pour le dérober à sa maîtresse, heureux alors de le ramener jusqu'à elle et de se servir du fil à peine ressaisi, pour s'élever à la main de Jeannie et y déposer un baiser rapide, après lequel il était si prompt à retomber, à s'enfuir et à disparaître, qu'elle n'avait jamais eu le temps de s'alarmer et de se plaindre. Dieu! que les temps étaient changés! que les soirées étaient longues, et que le cœur de Jeannie était triste!

Les nuits de Jeannie avaient perdu leur charme comme sa vie, et s'attristaient encore de la secrète pensée que Trilby, mieux accueilli chez les châtelaines d'Argail, y vivait paisible et caressé. Quelle comparaison humiliante pour la chaumière du lac Beau ne devait pas se renouveler pour lui à tous les moments de ses délicieuses soirées, sous les cheminées somptueuses où les noires colonnes de Staffa s'élançaient des marbres d'argent de Firkin, et aboutissaient à des voûtes resplendissantes de cristaux de mille couleurs! Il y avait loin de ce magnifique appareil à la simplicité du triste foyer de Dougal. Que cette comparaison était plus pénible encore pour Jeannie, quand elle se représentait ses nobles rivales, assemblées autour d'un brasier dont l'ardeur était entretenue par des bois spécieux et odorants qui remplissaient d'un nuage de parfums le palais favorisé du lutin! quand elle détaillait dans sa pensée les richesses de leur toilette, les couleurs brillantes de leurs robes à quadrilles, l'agrément et le choix de leurs plumes de *ptarmigan*[1] et de héron, la grâce apprêtée de leurs cheveux, et qu'elle croyait saisir dans l'air les concerts de leurs voix mariées avec une ravissante harmonie! — Infortunée Jeannie, disait-elle, tu croyais donc savoir chanter! et quand tu aurais une voix plus douce que celle de la

---

1. Le ptarmigan ou lagopède est la perdrix de neige (*tetrao lagopens*) qui se rencontre dans certaines régions montagneuses (Europe, Asie, Amérique).

jeune fille de la mer que les pêcheurs ont quelquefois entendue le matin, qu'as-tu fait, Jeannie, pour qu'il s'en souvînt?

Dougal, lui-même, était devenu inquiet et rêveur. Il y a

Il resserre les chaumes du toit à mesure qu'un vent obstiné les divise.

des privilèges attachés aux maisons qu'habitent les follets! Elles sont préservées des accidents de l'orage et des ravages de l'incendie, car le lutin attentif n'oublie jamais, quand tout le monde est livré au repos, de faire sa ronde nocturne autour du domaine hospitalier qui lui donne un asile contre le froid des hivers. Il resserre les chaumes du toit à mesure qu'un vent obstiné les divise, ou bien il fait rentrer dans ses gonds ébranlés une porte agitée par la tempête. Obligé à nourrir pour lui la chaleur agréable du foyer, il détourne de temps en temps la cendre qui s'amoncelle ; il ranime d'un souffle léger une étincelle qui s'étend peu à peu sur un charbon prêt à s'éteindre, et finit par embraser toute sa noire surface. Il ne lui en faut pas plus pour se réchauffer ; mais il paye généreusement le loyer de ce bienfait, en veillant à ce qu'une flamme furtive ne vienne pas à se développer pendant le sommeil insouciant de ses hôtes ; il interroge du regard tous les recoins du manoir, toutes les fentes de la cheminée antique ; il retourne le fourrage dans la crèche, la paille sur la litière ; et sa sollicitude ne se borne pas aux soins de l'étable ; il protège aussi les habitants pacifiques de la basse-cour et de la volière auxquels la Providence n'a donné que des cris pour se plaindre, et qu'elle a laissés sans armes pour se défendre. Souvent le chatpard, altéré de sang, qui était descendu des montagnes en amortissant sur les mousses discrètes son pas qui les foule à peine, en contenant son miaulement de tigre, en voilant ses yeux ardents qui brillent dans la nuit comme des lumières errantes ; souvent la martre voyageuse, qui tombe inattendue sur sa proie, qui la saisit, sans la blesser, l'enveloppe comme une coquette d'embrassements gracieux, l'enivre de parfums enchanteurs et lui imprime sur le cou un baiser qui donne la mort ; souvent le renard même a été trouvé sans vie à côté du nid tranquille des oiseaux nouveau-nés, tandis qu'une mère immobile dormait la tête cachée sous l'aile, en rêvant à l'heureuse histoire de sa couvée tout éclose, où il n'a pas manqué un seul œuf. Enfin l'aisance de Dougal avait été fort augmentée par la pêche de ces jolis poissons bleus qui ne se laissaient prendre que dans ses filets ; et depuis le départ de Trilby, les poissons bleus avaient disparu. Aussi n'arrivait-il plus au rivage sans y être poursuivi de reproches de tous les enfants du clan[1] de Mac-Farlane, qui lui criaient : — C'est affreux, méchant Dougal ! c'est vous qui avez enlevé tous les jolis petits poissons du lac Long et du lac Beau ; nous ne les verrons plus sauter à la surface de l'eau, en faisant semblant de mordre à nos hameçons, ou

---

1. En Écosse les familles, unies sous un même chef, forment une tribu, ayant d'ordinaire le même surnom. C'est ce que l'on appelle un *clan*. Tous les membres du clan sont supposés descendre d'un même ancêtre.

s'arrêter immobiles, comme des fleurs couleur du temps, sur les herbes roses de la rade. Nous ne les verrons plus nager à côté de nous quand nous nous baignons, et nous diriger loin des courants dangereux, en détournant rapidement leur longue colonne bleue ; et Dougal poursuivait sa route en murmurant ; il se disait même quelquefois : — C'est peut-être, en effet, une chose bien ridicule que d'être jaloux d'un lutin ; mais le vieux moine de **Balva** en sait là-dessus plus que moi.

Dougal enfin ne pouvait se dissimuler le changement qui s'était fait depuis quelque temps dans le caractère de Jeannie, naguère encore si serein et si enjoué ; et jamais il ne remontait par la pensée au jour où il avait vu sa mélancolie se développer, sans se rappeler au même instant les cérémonies de l'exorcisme et l'exil de Trilby. A force d'y réfléchir, il se persuada que les inquiétudes qui l'obsédaient dans son ménage, et la mauvaise fortune qui s'obstinait à le poursuivre à la pêche, pourraient bien être l'effet d'un sort.

* * *

Jeannie n'avait jamais visité le plateau du Calender, et, dans cette contrée nouvelle pour ses yeux, elle croyait avoir moins de souvenirs à redouter qu'auprès du foyer de la chaumière, où tout l'entretenait des grâces touchantes de Trilby. Un seul chagrin se mêlait à l'idée de ce pèlerinage: c'est que l'ancien du monastère, cet inflexible Ronald dont les exorcismes cruels avaient banni Trilby pour toujours de son obscure solitude, descendrait probablement lui-même de son ermitage des montagnes, pour prendre part à la solennité anniversaire de la fête du saint patron.

Pour le conjurer, il se rendit avec Jeannie au monastère de Balva.

Dougal, moins préoccupé, parce qu'il était bien plus fixé sur l'objet de son voyage, calculait ce que devait lui rapporter à l'avenir la pêche mieux entendue de ces poissons bleus dont il avait cru ne voir jamais finir l'espèce ; et comme s'il avait pensé que le seul projet d'une pieuse visite au sépulcre du saint abbé pouvait avoir ramené ce peuple vagabond dans les eaux basses du golfe, il les sondait inutilement du regard, en parcourant le petit détour de l'extrémité du lac Long, vers les délicieux rivages de Tarbet, campagnes enchantées dont le voyageur même qui les a traversées, le cœur vide de ces illusions de l'amour qui embellissent tous les pays, n'a jamais perdu le souvenir. C'était un peu moins d'un an après le rigoureux bannissement du follet. L'hiver n'était point

C'est affreux, méchant Dougal ! c'est vous qui avez enlevé tous les jolis petits poissons du lac Long et du lac Beau.

commencé, mais l'été finissait. Les feuilles, saisies par le froid matinal, se roulaient à la pointe des branches inclinées, et leurs bouquets bizarres, frappés d'un rouge éclatant, ou jaspés d'un fauve doré, semblaient orner la tête des arbres de fleurs plus fraîches ou de fruits plus brillants que les fleurs et les fruits qu'ils ont reçus de la nature. On aurait cru qu'il y avait des bouquets de grenades dans les bouleaux, et que des grappes mûres pendaient à la pâle verdure des frênes, surprises de briller entre les fines découpures de leur feuillage léger. Il y a dans ces jours de décadence de l'automne quelque chose d'inexplicable qui ajoute à la solennité de tous les sentiments. Chaque pas que fait le temps imprime alors sur les champs qui se dépouillent, ou au front des arbres qui jaunissent, un nouveau signe de caducité plus grave et plus imposant. On entend sortir du fond des bois une sorte de rumeur menaçante

Jeannie avait vu de loin un corbeau à ailes démesurées s'abaisser sur la flèche antique.

qui se compose du cri des branches sèches, du frôlement des feuilles qui tombent, de la plainte confuse des bêtes de proie que la prévoyance d'un hiver rigoureux alarme sur leurs petits, de rumeurs, de soupirs, de gémissements, quelquefois semblables à des voix humaines, qui étonnent l'oreille et saisissent le cœur. Le voyageur n'échappe pas même, à l'abri des temples, aux sensations qui le poursuivent. Les voûtes des vieilles églises rendent les mêmes bruits que les profondeurs des vieilles forêts, quand le pied du passant solitaire interroge les échos sonores de la nef, et que l'air extérieur qui se glisse entre les ais mal joints ou qui agite le plomb des vitraux rompus, marie des accords bizarres au sourd retentissement de sa marche. On dirait quelquefois le chant grêle d'une jeune vierge cloîtrée qui répond au mugissement majestueux de l'orgue ; et ces impressions se confondent si naturellement en automne, que l'instinct même des animaux y est souvent trompé. On a vu des loups errer sans défiance, à travers les colonnes d'une chapelle abandonnée, comme entre les fûts blanchissants des hêtres ; une volée d'oiseaux étourdis descend indistinctement sur le faîte des grands arbres, ou sur le clocher pointu des églises gothiques. A l'aspect de ce mât élancé, dont la forme et la matière sont dérobées à la forêt natale, le milan resserre peu à peu les orbes de son vol circulaire, et s'abat sur sa pointe aiguë comme sur un plat d'armoiries. Cette idée aurait pu prémunir Jeannie contre l'erreur d'un pressentiment douloureux, quand elle arriva sur les pas de Dougal, à la chapelle de Glenfallach, vers laquelle ils s'étaient dirigés d'abord, parce que c'est là qu'était marqué le rendez-vous des pèlerins. En effet, elle avait vu de loin un corbeau à ailes démesurées s'abaisser sur la flèche antique, et s'y arrêter avec un cri prolongé qui exprimait tant d'inquiétude et de souffrance qu'elle ne put s'empêcher de le regarder comme un présage sinistre. Plus timide en s'approchant davantage, elle égarait ses yeux autour d'elle avec un saisissement involontaire, et son oreille s'effrayait au faible bruit des vagues sans vent qui viennent expirer au pied du monastère abandonné.

C'est ainsi que, de ruines en ruines, Dougal et Jeannie parvinrent aux rives étroites du lac Kattrinn ; car, dans ce temps reculé, les bateliers étaient plus rares, et les stations du pèlerin plus multipliées. Enfin, après trois jours de marche, ils découvrirent de loin les sapins du Balva, dont la verdure sombre se détachait avec une hardiesse pittoresque entre les forêts desséchées ou sur le fond des mousses pâles de la montagne. Au-dessus de son revers aride, et comme penchées à la pointe d'un roc perpendiculaire d'où elles semblaient se précipiter vers l'abîme, on voyait noircir les vieilles tours du monastère, et se développer, au loin, les ailes des bâtiments à demi écroulés.

Les pèlerins arrivèrent enfin au parvis de la vieille église, où un des plus anciens ermites de la contrée était ordinairement chargé d'attendre leurs offrandes, et de leur présenter des rafraîchissements et un asile pour la nuit. De loin, la blancheur éblouissante

Cet ermite, c'était le sévère Ronald, le moine centenaire de Balva.

du front de l'anachorète, l'élévation de sa taille majestueuse qui n'avait pas fléchi sous le poids des ans, la gravité de son attitude immobile et presque menaçante, avaient frappé Jeannie d'une réminiscence mêlée de respect et de terreur. Cet ermite, c'était le sévère Ronald, le moine centenaire de Balva.

Pendant que le reste des pèlerins se reposaient sur les pierres du vestibule, ou se distribuaient, chacun suivant sa dévotion particulière, dans les nombreuses chapelles de l'église souterraine, Ronald se signa et s'assit. Dougal l'imita; Jeannie, obsédée d'une inquiétude invincible, essayait de tromper l'attention obstinée du saint prêtre en laissant errer la sienne sur les nouveaux objets de curiosité qui s'offraient à ses regards dans ce séjour inconnu. Elle observait avec une curiosité vague le cintre immense des voûtes antiques, la majestueuse élévation des pilastres, le travail bizarre et recherché des ornements et la multitude de portraits poudreux qui se suivaient dans des cadres délabrés sur les innombrables panneaux de boiseries. C'était la première fois que Jeannie entrait dans une galerie de peinture, et que ses yeux étaient surpris par une imitation presque vivante de la figure de l'homme, animée au gré de l'artiste de toutes les passions de la vie. Elle contemplait émerveillée cette succession de héros écossais, différents d'expression et de caractère, et dont la prunelle mobile, toujours fixée sur ses mouvements, semblait la poursuivre de tableaux en tableaux, les uns avec l'émotion d'un intérêt impuissant et d'un attendrissement inutile, les autres avec la sombre rigueur de la menace et le regard foudroyant de la malédiction. L'un d'eux, dont le pinceau d'un artiste plus hardi avait pour ainsi dire, devancé la résurrection, et qu'une combinaison, peu connue alors d'effets et de couleurs, paraissait avoir jeté hors de la toile, effraya tellement Jeannie de l'idée de le voir se précipiter de sa bordure d'or et traverser la galerie comme un spectre, qu'elle se réfugia en tremblant vers Dougal.

Dougal quitta le monastère, déjà riche en imagination de tous les biens qu'il fondait sur le succès de son pèlerinage, mais Jeannie resta toujours également triste. Rien ne pouvait la distraire du souvenir de Trilby.

* *
*

Le lendemain d'un jour où la batelière avait conduit jusque vers le golfe de Clyde la famille du laird de Roseneiss, elle retournait vers l'extrémité du lac Long à la merci de la marée qui faisait siller son bateau à une égale distance des syrtes d'Argail et de Lennox, sans qu'elle eût besoin de recourir au jeu fatigant de ses rames ; debout sur la barge étroite et mobile, elle livrait aux vents ses longs cheveux noirs dont elle était si fière, et son cou d'une

blancheur que le soleil avait faiblement nuancée sans la flétrir
s'élevait avec un éclat singulier au-dessus de sa robe rouge des ma-
nufactures d'Ayr. Son pied nu, imposé sur un des côtés du frêle
bâtiment, lui imprimait à peine un balancement léger qui repoussait et rappelait la vague agitée, et l'onde excitée par cette résis-

Jeannie contemplait émerveillée cette succession de héros écossais

tance presque insensible revenait bouillonnante, s'élevait en blan-
chissant jusqu'au pied de Jeannie, et roulait autour de lui son
écume fugitive. La saison était encore rigoureuse, mais la température s'était sensiblement adoucie depuis quelque temps, et la
journée paraissait à Jeannie une des plus belles dont elle eût con-

servé le souvenir. Les vapeurs qui s'élèvent ordinairement sur le lac, et s'étendent au-devant des montagnes sous la forme d'un rideau de crêpe, avaient peu à peu élargi les losanges flottants de leurs réseaux de brouillards. Celles que le soleil n'avait pas encore tout à fait dissipées se berçaient sur l'occident comme une trame d'or tissue par les fées du lac pour l'ornement de leurs fêtes. D'autres étincelaient de points isolés, mobiles, éblouissants comme des paillettes semées sur un fond transparent de couleurs merveilleuses. C'étaient de petits nuages humides où l'oranger, la jonquille, le vert pâle, luttaient suivant les accidents d'un rayon ou le caprice de l'air contre l'azur, le pourpre et le violet. A l'évanouissement d'une brume errante, à la disparition d'une côte abandonnée par le courant, et dont l'abaissement subit laissait un libre passage à quelque vent de travers, tout se confondait dans une nuance indéfinissable et sans nom qui étonnait l'esprit d'une sensation si nouvelle qu'on aurait pu s'imaginer qu'on venait d'acquérir un sens; et pendant ce temps-là les décorations variées du rivage se succédaient sous les yeux de la voyageuse. Il y avait des coupoles immenses qui couraient au-devant d'elle en brisant sur leurs flancs circulaires tous les traits du soleil couchant, les unes éclatantes comme le cristal, les autres d'un gris mat et presque effacé comme le fer, les plus éloignées à l'ouest cernées à leur sommet d'auréoles d'un rose vif qui descendaient en pâlissant peu à peu sur les flancs glacés de la montagne, et venaient expirer à sa base dans des ténèbres faiblement colorées qui participaient à peine du crépuscule. Il y avait des caps d'un noir sombre qu'on aurait pris de loin pour des écueils inévitables, mais qui reculaient tout à coup devant la proue et découvraient de larges baies favorables aux nautoniers. L'écueil redouté fuyait, et tout s'embellissait après lui de la sécurité d'une heureuse navigation. Jeannie avait vu de loin les barques errantes des pêcheurs renommés du lac Goyle. Elle avait jeté un regard sur les fabriques fragiles de Portincaple. Elle contemplait encore avec une émotion qui se renouvelait tous les jours sans s'affaiblir cette foule de sommets qui se poursuivent, qui se pressent, qui se confondent, ou ne se détachent les uns des autres que par des effets inattendus de lumière, surtout dans la saison où disparaissent sous le voile monotone des neiges, et la soie argentée des sphaignes[1], et la marbrure foncée des granits, et les écailles nacrées des récifs. Elle avait cru reconnaître à sa gauche, tant le ciel était transparent et pur, les dômes du Ben-More et du Ben-Néathan ; à sa droite, la pointe âpre du Ben-Lomond se distinguait par quelques saillies obscures que la neige n'avait pas couvertes, et qui hérissaient de crêtes foncées la tête chauve du roi des montagnes. Le dernier plan de ce tableau rappelait à Jeannie une tradition fort répandue dans ce pays, et que son esprit, plus disposé que jamais aux émotions vives et aux idées merveilleuses, se retraçait alors sous un aspect nouveau. A la pointe même du lac, monte vers le ciel la masse énorme du Ben-Arthur, surmontée de deux noirs rochers de basalte dont l'un paraît penché sur l'autre comme l'ouvrier sur le socle où il a déposé les matériaux de son travail journalier. Ces pierres colossales furent apportées des cavernes de la montagne sur laquelle régnait Arthur le géant, quand des hommes audacieux vinrent élever aux bords du Forth les murailles d'Édimbourg[2]. Arthur, banni de ses hautes solitudes par la science d'un peuple téméraire, fit un pas jusqu'à l'extrémité du lac Long, et imposa sur la plus haute montagne qui s'offrit devant lui les ruines de son palais sauvage. Assis sur un de ses rochers et la tête appuyée sur l'autre, il tournait des regards furieux sur les remparts impies qui usurpaient ses domaines et qui le séparaient pour toujours du bonheur et même de l'espérance ; car on dit qu'il avait aimé sans succès la reine mystérieuse de ces rivages, une de ces fées que les anciens appelaient des nymphes et qui habitent des grottes enchantées où l'on marche sur des tapis de fleurs marines, à la clarté des perles et des escarboucles de l'Océan. Malheur au bateau aventureux qui effleurait en courant la surface du lac immobile, quand la longue figure du géant, vague comme une vapeur du soir, s'élevait tout à coup entre les deux rochers de la montagne, appuyait ses pieds difformes sur leurs sommets inégaux, et se balançait au gré des vents en étendant sur l'horizon des bras ténébreux et flottants qui finissaient par l'embrasser d'une large ceinture. A peine son manteau de nuages avait

---

1. Genre de plantes cryptogames de la famille des mousses.
2. Capitale de l'Écosse.

mouillé ses derniers plis dans le lac, un éclair jaillissait des yeux redoutables du fantôme, un mugissement pareil à la foudre grondait dans sa voix terrible, et les eaux bondissantes allaient ravager leurs bords.

Cependant les ombres d'une nuit si précoce, dans une saison où tout le règne du jour s'accomplit en quelques heures, commen-

Ces pierres colossales furent apportées des cavernes de la montagne.

çaient à remonter du lac, à gravir les hauteurs qui l'enveloppent, à voiler les sommets les plus élevés. La lassitude, le froid, l'exercice d'une longue contemplation ou d'une réflexion sérieuse, avaient abattu les forces de Jeannie, et, assise dans un épuisement inexplicable à la poupe de son bateau, elle le laissait dériver du côté des boulingrins[1] d'Argail vers la maison de Dougal, en dormant à demi,

---

1. Pièces de gazon.

quand une voix partie de la rive opposée lui annonça un voyageur. La pitié seule qu'inspire un homme égaré sur une côte où n'habitent pas sa femme et ses enfants, et qui va leur laisser compter beaucoup d'heures d'attente et d'angoisses, dans l'espérance toujours déçue de son retour, si l'oreille du batelier se ferme par hasard à sa prière ; cet intérêt que les femmes surtout portent à un proscrit, à un infirme, à un enfant abandonné, pouvait seul forcer Jeannie à lutter contre le sommeil dont elle était accablée, pour retourner sa proue, depuis si longtemps battue des eaux, vers les joncs marins qui bordent le long golfe des montagnes. Qui aurait pu le contraindre à traverser le lac à cette heure, disait-elle, si ce n'était le besoin d'éviter un ennemi, ou de rejoindre un ami qui l'attend ? Oh ! que ceux qui attendent ce qu'ils aiment ne soient jamais trompés dans leur espérance ; qu'ils obtiennent ce qu'ils ont désiré !...

Et les lames si larges et si paisibles se multipliaient sous la rame de Jeannie, qui les frappait comme un fléau. Les cris continuaient à se faire entendre, mais tellement grêles et cassés, qu'ils ressemblaient plutôt à la plainte d'un fantôme qu'à la voix d'une créature humaine, et la paupière de Jeannie, soulevée avec effort du côté du rivage, ne lui dévoilait qu'un horizon sombre dont rien de vivant n'animait la profonde immobilité. Si elle avait cru apercevoir d'abord une figure penchée sur le lac, et qui étendait contre elle des bras suppliants, elle n'avait pas tardé à reconnaître dans le prétendu étranger une souche morte qui balançait sous le poids des frimas deux branches desséchées. S'il lui avait semblé un instant qu'elle voyait circuler une ombre à peu de distance de son bateau, parmi les brumes tout à fait descendues, c'était la sienne que la dernière lumière du crépuscule horizontal peignait sur le rideau flottant, et qui se confondait de plus en plus avec les immenses ténèbres de la nuit. Sa rame, enfin, frappait déjà les fûts sifflants des roseaux du rivage, quand elle en vit sortir un vieillard si courbé sous le poids des ans qu'on aurait dit que sa tête appesantie cherchait un appui sur ses genoux, et qui ne maintenait l'équilibre de son corps chancelant qu'en se confiant à un jonc fragile qui cependant le supportait sans fléchir ; car ce vieillard était nain, et le plus petit, selon toute apparence, qu'on eût jamais vu en Écosse. L'étonnement de Jeannie redoubla, lorsque, tout caduc qu'il paraissait, il s'élança légèrement dans la barque, et prit place en face de la batelière, d'une manière qui ne manquait ni de souplesse ni de grâce.

— Mon père, lui dit-elle, je ne vous demande point où vous vous proposez de vous rendre, car le but de votre voyage doit être trop éloigné pour que vous puissiez espérer d'y arriver cette nuit.

Elle vit sortir des roseaux un vieillard courbé sous le poids des ans.

— Vous êtes dans l'erreur, ma fille, lui répondit-il; je n'en ai jamais été aussi près, et depuis que je suis dans cette barque, il me semble que je n'aie plus rien à désirer pour y parvenir, même quand une glace éternelle la saisirait tout à coup au milieu du golfe.

— Cela est étonnant, reprit Jeannie. Un homme de votre taille et de votre âge serait connu dans tout le pays s'il y faisait son habitation, et à moins que vous ne soyez le petit homme de l'île de Man dont j'ai entendu souvent parler à ma mère, et qui a enseigné aux habitants de nos parages l'art de tresser avec des roseaux de longs paniers, dont les poissons (retenus par quelque pouvoir magique) ne peuvent jamais retrouver l'issue, je répondrais que vous n'avez point de toit sur les côtes de la mer d'Irlande.

— Oh ! j'en avais un, ma chère enfant, qui était bien voisin de ce rivage, mais on m'en a cruellement dépossédé !

— Je comprends alors, bon vieillard, le motif qui vous ramène sur les côtes d'Argail. Il faut y avoir laissé de bien tendres souvenirs pour quitter dans cette saison et à cette heure avancée les riants rivages du lac Lomond, bordé d'habitations délicieuses, où abonde un poisson plus exquis que celui de nos eaux marines, et un wiskey plus salutaire pour votre âge que celui de nos pêcheurs et de nos matelots. Pour revenir parmi nous, il faut aimer quelqu'un dans cette région des tempêtes, que les serpents eux-mêmes désertent à l'approche des hivers. Ils se glissent vers le lac Lomond, le traversent en désordre comme un clan de maraudeurs qui vient de lever l'impôt noir, et cherchent à se réfugier sous quelques rochers exposés au midi. Les pères, les époux, les amants ne craignent pas cependant d'aborder des contrées rigoureuses quand ils s'attendent à y rencontrer les objets auxquels ils sont attachés ; mais vous ne pourriez songer sans folie à vous éloigner cette nuit des bords du lac Long.

— Ce n'est pas là mon intention, dit l'inconnu. J'aimerais cent fois mieux y mourir !

— Quoique Dougal soit fort réservé sur la dépense, continua Jeannie qui n'abandonnait pas sa pensée, et qui n'avait prêté qu'une légère attention aux interruptions du passager, quoiqu'il souffre, ajouta-t-elle avec un peu d'amertume, que la femme et les filles de Coll Cameron, qui est moins aisé que nous, me surpassent dans les fêtes du clan, il y a toujours dans sa chaumière du pain d'avoine et du lait pour les voyageurs ; et j'aurais bien plus de plaisir à vous voir épuiser notre bon wiskey qu'à ce vieux moine de Balva qui n'est jamais venu chez nous que pour y faire du mal.

— Que m'apprenez-vous, mon enfant? reprit le vieillard en affectant le plus grand étonnement; c'est précisément vers la chaumière de Dougal le pêcheur que mon voyage est dirigé ; c'est là, s'écria-t-il en attendrissant encore sa voix tremblante, que je dois revoir tout ce que j'aime, si je n'ai pas été trompé par des renseignements infidèles. La fortune m'a bien servi de me faire trouver ce bateau!...

— Je comprends, dit Jeannie en souriant. Grâces soient ren-

Que m'apprenez-vous, mon enfant? reprit le vieillard en affectant le plus grand étonnement.

dues au petit homme de l'île de Man! Il a toujours aimé les pêcheurs.

— Hélas! je ne suis pas celui que vous pensez; un autre sentiment m'attire dans votre maison. Apprenez, ma jolie dame, car ces lumières boréales qui baignent le front des montagnes, ces étoiles qui tombent du ciel en se croisant et qui blanchissent tout l'horizon, ces sillons lumineux qui glissent sur le golfe et qui étincellent sous votre rame; la clarté qui s'avance, qui s'étend et vient trembler jusqu'à nous depuis ce bateau éloigné, tout cela m'a permis de remarquer que vous étiez fort jolie; apprenez, vous disais-je donc, que je suis le père d'un follet qui habite maintenant chez Dougal le pêcheur; et si j'en crois ce qu'on m'a raconté, si j'en crois surtout votre physionomie et votre langage, je comprendrais à peine à l'âge où je suis parvenu qu'il eût pu choisir une autre demeure. Il n'y a que peu de jours que j'en suis informé, et je ne l'ai pas vu, le pauvre enfant, depuis le règne de Fergus. Cela tient à une histoire que je n'ai pas eu le temps de vous raconter; mais jugez de mon impatience ou plutôt de mon bonheur, car voici le rivage.

Jeannie imprima au bateau un mouvement de retour, et jeta sa tête en arrière en appuyant une main sur son front.

— Eh bien! dit le vieillard, nous n'abordons pas?

— Aborder! répondit Jeannie en sanglotant. Père infortuné! Trilby n'y est plus!..,.

— Il n'y est plus! et qui l'en aurait chassé? Auriez-vous été capable, Jeannie, de l'abandonner à ces méchants moines de Balva, qui ont causé tous nos malheurs?

— Oui, oui, dit Jeannie avec l'accent du désespoir en repoussant le bateau du côté d'Arroqhar. Oui, c'est moi qui l'ai perdu, qui l'ai perdu pour toujours!...

— Vous, Jeannie, vous si charmante et si bonne. Le misérable enfant! Combien il a dû être coupable pour mériter votre haine!...

— Ma haine! reprit Jeannie en laissant tomber sa main sur la rame et sa tête sur sa main: Dieu seul peut savoir combien je l'aimais!...

— Tu l'aimais! s'écria Trilby en couvrant ses bras de baisers (car ce voyageur mystérieux était Trilby lui-même, et je suis fâché d'avouer que si mon lecteur éprouve quelque plaisir à cette explication, ce n'est probablement pas celui de la surprise!) tu l'aimais! ah! répète que tu l'aimais! ose le dire à moi, le dire pour moi, car ta résolution décidera de ma perte ou de mon bonheur.

Accueille-moi, Jeannie, comme un ami, comme ton esclave, comme ton hôte, comme tu accueillais du moins ce passager inconnu. Ne refuse pas à Trilby un asile secret dans ta chaumière!...

Et en parlant ainsi, le follet s'était dépouillé du travestissement bizarre qu'il avait emprunté la veille aux Shoupeltins du Shetland. Il abandonnait au cours de la marée ses cheveux de

Ma haine! reprit Jeannie en laissant tomber sa tête sur ses mains : Dieu seul peut savoir combien je l'aimais!...

chanvre et sa barbe de mousse blanche, son collier varié d'algue et de criste marine qui se rattachait d'espace en espace à des coquillages de toutes couleurs, et sa ceinture enlevée à l'écorce argentée du bouleau. Ce n'était plus que l'esprit vagabond du foyer, mais l'obscurité prêtait à son aspect quelque chose de vague qui ne rappelait que trop à Jeannie les prestiges singuliers de ses derniers rêves, les séductions de cet amant dangereux du sommeil qui occupait ses nuits d'illusions si charmantes et si redoutées, et le tableau mystérieux de la galerie du monastère.

— Oui, ma Jeannie, murmurait-il d'une voix douce mais faible comme celle de l'air caressant du matin quand il soupire sur le lac; rends-moi le foyer d'où je pouvais t'entendre et te voir, le coin modeste de la cendre que tu agitais le soir pour réveiller une étincelle, le tissu aux mailles invisibles qui court sous les vieux lambris, et qui me prêtait un hamac flottant dans les nuits tièdes de l'été. Ah! s'il le faut, Jeannie, je ne t'importunerai plus de mes caresses. je ne te dirai plus que je t'aime, je n'effleurerai plus ta robe, même quand elle cédera en volant vers moi au courant de la flamme et de l'air. Si je me permets de la toucher une seule fois, ce sera pour l'éloigner du feu près d'y atteindre quand tu t'endormiras en filant. Et je te dirai plus, Jeannie, car je vois que mes prières ne peuvent te décider, accorde-moi pour le moins une petite place dans l'étable : je conçois encore un peu de bonheur dans cette pensée ; je baiserai la laine de ton mouton parce que je sais que tu aimes à la rouler autour de tes doigts; je tresserai les fleurs les plus parfumées de la crèche pour lui en faire des guirlandes, et lorsque tu rempliras l'aire d'une nouvelle litière de paille fraîche, je la presserai avec plus d'orgueil et de délices que les riches tapis des rois; je te nommerai tout bas : Jeannie, Jeannie!... et personne ne m'entendra, sois-en sûre, pas même l'insecte monotone qui frappe dans la muraille à intervalles mesurés, et dont l'horloge de mort interrompt seule le silence de la nuit. Tout ce que je veux, c'est d'être là, et de respirer un air qui touche à l'air que tu respires; un air où tu as passé, qui a participé de ton souffle.

Jeannie s'aperçut qu'elle s'était trop éloignée du rivage; mais Trilby comprit son inquiétude et se hâta de la rassurer en se réfugiant à la pointe du bateau.

— Va, Jeannie, lui dit-il, regagne sans moi les rives d'Argail, où je ne puis pénétrer sans la permission que tu me refuses. Abandonne le pauvre Trilby sur une terre d'exil pour y vivre condamné à la douleur éternelle de ta perte; rien ne lui coûtera si tu laisses tomber sur lui un regard d'adieu! Malheureux! que la nuit est profonde!

Un feu follet brilla sur le lac.

— Le voilà, dit Trilby; mon Dieu, je vous remercie, j'aurais accepté votre malédiction à ce prix !

— Ce n'est pas ma faute, dit Jeannie, je ne m'attendais point,

Combien de fois, las de grelotter au bord du lac, entre les branches des arbres desséchés...

Trilby, à cette lumière étrange, et si mes yeux ont rencontré les vôtres... si vous avez cru y lire l'expression d'un consentement dont, en vérité, je ne prévoyais pas les conséquences, vous le savez, l'arrêt du redoutable Ronald porte une autre condition. Il faut que Dougal lui-même vous envoie à la chaumière. Et d'ailleurs votre bonheur même n'est-il pas intéressé à son refus et au mien?

Vous êtes aimé, Trilby, vous êtes adoré des nobles dames d'Argail, et vous devez avoir trouvé dans leurs palais...

— Les palais des dames d'Argail ! reprit vivement Trilby. Oh! depuis que j'ai quitté la chaumière de Dougal, quoique ce fût au commencement de la plus mauvaise saison de l'année, mon pied n'a pas foulé le seuil de la demeure de l'homme ; je n'ai pas ranimé mes doigts engourdis à la flamme d'un foyer pétillant. J'ai eu froid, Jeannie, et combien de fois, las de grelotter au bord du lac, entre les branches des arbustes desséchées qui plient sous le poids des frimas, je me suis élevé en bondissant, pour réveiller un reste de chaleur dans mes membres transis, jusqu'au sommet des montagnes! combien de fois je me suis enveloppé dans les neiges nouvellement tombées et roulé dans les avalanches, mais en les dirigeant de manière à ne pas nuire à une construction, à ne pas compromettre l'espérance d'une culture, à ne pas offenser un être animé ! l'autre jour, je vis en courant une pierre sur laquelle un fils exilé avait écrit le nom de sa mère; ému, je m'empressai de détourner l'horrible fléau, et je me précipitai avec lui dans un abîme de glace où n'a jamais respiré un insecte. — Seulement, si le cormoran, furieux de trouver le golfe emprisonné sous une muraille de glace qui lui refuse le tribut de sa pêche accoutumée, le traversait en criant d'impatience pour aller ravir une proie plus facile au Firth de Clyde ou au Sund du Jura, je gagnais, tout joyeux, le nid escarpé de l'oiseau voyageur, et sans autre inquiétude que de le voir abréger la durée de son absence, je me réchauffais entre ses petits de l'année, trop jeunes encore pour prendre part à ses expéditions de mer, et qui, bientôt familiarisés avec leur hôte clandestin, car je n'ai jamais manqué de leur porter quelque présent, s'écartaient à mon approche pour me laisser une petite place parmi eux au milieu de leur lit de duvet. Ou bien, à l'imitation du mulot industrieux qui se creuse une habitation souterraine pour passer l'hiver, j'enlevais avec soin la glace et la neige amoncelées dans un petit coin de la montagne qui devait être exposé le lendemain aux premiers rayons du soleil levant; je soulevais avec précaution le tapis des vieilles mousses qui avaient blanchi depuis bien des années sur le roc, et au moment d'arriver à la dernière couche, je me liais de leurs fils d'argent comme un enfant de ses langes, et je m'endormais protégé contre le vent de la nuit sous mes courtines de velours; heureux, surtout, quand je m'avisais que tu avais pu les fouler en allant payer la dîme du grain ou du poisson. Voilà, Jeannie, les superbes palais que j'ai habités, voilà le riche accueil que j'ai reçu depuis que je suis séparé de toi, celui de l'escarbot frileux que j'ai quelquefois, sans le savoir, dérangé au fond de sa retraite, ou de la mouette étourdie qu'un orage subit forçait à se réfugier près de moi dans le creux d'un vieux saule miné par l'âge et le feu dont les noires cavités et l'âtre comblé de cendre marquent le rendez-vous habituel des contrebandiers. C'est là, cruelle, le bonheur que tu me reproches. Mais, que dis-je? Ah! ce temps de misère n'a pas été sans bonheur! Quoiqu'il me fût défendu de te parler, et même de m'approcher de toi sans ta permission, je suivais du moins ton beau bateau du regard, et des follets moins sévèrement traités, compatissants à mes chagrins m'apportaient quelquefois ton souffle et tes soupirs! Si le vent du soir avait chassé de tes cheveux les débris d'une fleur d'automne, l'aile d'un ami complaisant la soutenait dans l'espace jusqu'à la cime du rocher solitaire, jusque dans la vapeur du nuage errant où j'étais relégué, et la laissait tomber en passant sur mon cœur. Un jour même, t'en souvient-il? le nom de Trilby avait expiré sur ta bouche, un lutin s'en saisit et vint charmer mon oreille de cet appel involontaire. Je pleurais alors en pensant à toi, et les larmes de ma douleur se changèrent en larmes de joie : est-ce près de toi qu'il m'était réservé de regretter les consolations de mon exil?

* * *

Au détour d'un petit promontoire qui lui avait caché un moment le reste du lac, la barque de Jeannie se trouva si près de la barque de Dougal que, malgré l'obscurité, il aurait infailliblement remarqué Trilby, si le lutin ne s'était précipité dans les flots à l'instant même où le pêcheur préoccupé y laissait tomber son filet.
— En voici bien d'une autre, dit-il en le retirant, et en dégageant de ses mailles une boîte d'une forme élégante et d'une matière précieuse qu'il crut reconnaître à sa blancheur si éclatante et à son

poli si doux pour de l'ivoire incrusté de quelque métal brillant, et enrichi de grosses escarboucles orientales, dont la nuit ne faisait qu'augmenter la splendeur.

— Imagine-toi, Jeannie, que depuis le matin je ne cesse de remplir mes filets des plus beaux poissons bleus que j'aie jamais pêchés dans le lac; et, pour surcroît de bonne fortune, je viens d'en

Empresse-toi donc de la porter à la chaumière, et reviens en hâte vider nos filets.

tirer un trésor ; car si j'en juge par le poids de cette boîte et par la magnificence de ses ornements, elle ne contient rien moins que la couronne du roi des îles ou les joyaux de Salomon. Empresse-toi donc de la porter à la chaumière, et reviens en hâte vider nos filets dans le réservoir de la rade, car il ne faut pas négliger les petits profits, et la fortune ne me fera jamais oublier que je suis un simple pêcheur.

La batelière fut longtemps sans pouvoir se rendre compte de ses idées. Il lui semblait qu'un nuage flottait devant ses yeux et obscurcissait sa pensée, ou que, transportée d'illusion en illusion par un songe inquiet, elle subissait le poids du sommeil et de l'accablement au point de ne pouvoir se réveiller. En arrivant à la chaumière, elle commença par déposer la boîte avec précaution, puis s'approcha du foyer, détourna la cendre encore ardente, et s'étonna de trouver des charbons enflammés comme à la veillée d'une fête. Le grillon chantait de joie sur le bord de sa grotte domestique, et la flamme vola vers la lampe qui tremblait dans la main de Jeannie, avec tant de rapidité que la chambre en fut subitement éclairée. Jeannie pensa d'abord que sa paupière était frappée enfin à la suite d'un long rêve par la clarté du matin ; mais ce n'était pas cela. Les charbons étincelaient comme auparavant ; le grillon joyeux chantait toujours, et la boîte mystérieuse se trouvait toujours à l'endroit où elle venait d'être placée, avec ses compartiments de vermeil, ses chaînes de perles et ses rosaces de rubis. — Je ne dormais pas ! dit Jeannie... je ne dormais pas ! — Fortune déplorable ! continua-t-elle en s'asseyant près de la table et en laissant retomber sa tête sur le trésor de Dougal. Que m'importent les vaines richesses que renferme cette cassette d'ivoire ? Les moines de Balva pensent-ils avoir payé à ce prix la perte du malheureux Trilby : car je ne puis douter qu'il ait disparu sous les flots, et qu'il faille renoncer à le revoir jamais ! Trilby, Trilby ! dit-elle en pleurant, et un soupir, un long soupir lui répondit. Elle regarda autour d'elle, elle prêta l'oreille pour s'assurer qu'elle s'était trompée. En effet, on ne soupirait plus. — Trilby est mort ! s'écria-t-elle, Trilby n'est pas ici ! D'ailleurs, ajouta-t-elle avec une maligne joie, quel parti Dougal tirera-t-il de ce meuble qu'on ne peut ouvrir sans le briser ? qui lui apprendra le secret de la serrure fée qui doit rouler sur ces émeraudes ? Il faudrait savoir les mots magiques de l'enchanteur qui l'a construite, et vendre son âme à quelque démon pour en pénétrer le mystère. — Il ne faudrait qu'aimer Trilby et que lui dire qu'on l'aime, repartit une voix qui s'échappait de l'écrin merveilleux. Condamné pour toujours si tu refuses, sauvé pour toujours si tu consens, voilà ma destinée.

*
* *

Deux voix se firent entendre auprès d'elle, au-dessous du chemin de traverse qu'elle avait pris pour arriver plus tôt au bord du lac, mais qu'on ne pouvait parcourir avec un fardeau considérable, tandis que Dougal arrivait ordinairement par l'autre, chargé des plus beaux de ses poissons, surtout lorsqu'il amenait un hôte à la

Elle prêta l'oreille pour s'assurer qu'elle s'était trompée.

chaumière. Les voyageurs suivaient la route inférieure et marchaient lentement comme des hommes occupés d'une conversation sérieuse. C'étaient Dougal et le vieux moine de Balva que le hasard venait de conduire sur le côté opposé, et qui était arrivé à temps pour passer dans la barque du pêcheur, et pour lui demander l'hospitalité. On peut croire que Dougal n'était pas disposé à la refuser au saint commensal du monastère dont il avait reçu ce jour-là même tant de bienfaits signalés, car il n'attribuait pas à une autre protection le retour inespéré des trésors de la pêche, et la découverte de cette boîte, si souvent rêvée, qui devait contenir des trésors bien plus réels et bien plus durables. Il accueillit donc le vieux moine avec plus d'empressement encore que le jour mémorable où il avait de-

Jeannie s'arrêta comme malgré elle pour écouter.

mandé le bannissement de Trilby, et c'était des expressions réitérées de sa reconnaissance, et des assurances solennelles de la continuation des bontés de Ronald, qu'avait été frappée l'attention de Jeannie. Elle s'arrêta comme malgré elle pour écouter, car elle avait craint d'abord, sans se l'avouer, que ce voyage n'eût un autre objet que la quête ordinaire d'Inverary, qui ne manquait jamais de ramener, dans cette saison, un des émissaires du couvent; sa respiration était suspendue, son cœur battait avec violence ; elle attendait un mot qui lui révélât un danger pour le captif de la chaumière, et quand elle entendit Ronald prononcer d'une voix forte :

— Les montagnes sont délivrées, les méchants esprits sont vaincus : le dernier de tous a été condamné, elle conçut un double motif de se rassurer, car elle ne doutait point des paroles de Ronald.

— Ou le moine ignore le sort de Trilby, dit-il, ou Trilby est sauvé et pardonné de Dieu comme il paraissait l'espérer.

Plus tranquille, elle gagna la baie où les bateaux de Dougal étaient amarrés, vida les filets pleins dans le réservoir, étendit les filets vides sur la plage après en avoir exprimé l'eau avec soin pour les prémunir contre l'atteinte d'une gelée matinale, et reprit le sentier des montagnes avec ce calme qui résulte du sentiment d'un devoir accompli, mais dont l'accomplissement n'a rien coûté à personne.

— Le dernier des méchants esprits a été condamné, répéta Jeannie ; ce ne peut pas être Trilby, puisqu'il m'a parlé ce soir, et qu'il est maintenant à la chaumière, à moins qu'un rêve n'ait abusé mes esprits. Trilby est donc sauvé, et la tentation qu'il vient d'exercer sur mon cœur n'était qu'une épreuve dont il ne se serait pas chargé lui-même, mais qui lui a été probablement prescrite par les saints. Il est sauvé, et je le reverrai un jour ; un jour certainement ! s'écria-t-elle ; il vient lui-même de me le dire : mille ans ne sont qu'un moment sur la terre pour ceux qui ne doivent se quitter jamais !

La voix de Jeannie s'était élevée de manière à se faire entendre autour d'elle, car elle se croyait seule alors. Elle suivait les longues murailles du cimetière qui à cette heure inaccoutumée n'est fréquenté que par les bêtes de rapine, ou tout au plus par de pauvres enfants orphelins qui viennent pleurer leur père. Au bruit confus de ce gémissement qui ressemblait à une plainte au sommeil, une torche s'exhaussa de l'intérieur jusqu'à l'élévation des murs de l'enceinte funèbre et versa sur la longue tige des arbres les plus voisins des lumières effrayantes. L'aube du Nord, qui avait commencé à blanchir l'horizon polaire depuis le coucher du soleil, déployait lentement son voile pâle à travers le ciel et sur toutes les montagnes, triste et terrible comme la clarté d'un incendie éloigné auquel on ne peut porter du secours. Les oiseaux de nuit, surpris dans leurs chasses insidieuses, resserraient leurs ailes pesantes et se laissaient rouler étourdis sur les pentes du Cobler, et l'aigle épouvanté

Puis elle laissa retomber sa tête et mourut.

criait de terreur à la pointe de ses rochers, en contemplant cette aurore inaccoutumée qu'aucun astre ne suit et qui n'annonce pas le matin.

Jeannie avait souvent ouï parler des mystères des sorcières, et des fêtes qu'elles se donnaient dans la dernière demeure des morts, à certaines époques des lunes d'hiver. Quelquefois même, quand elle rentrait fatiguée sous le toit de Dougal, elle avait cru remarquer cette lueur capricieuse qui s'élevait et retombait rapidement; elle avait cru saisir dans l'air des éclats de voix singuliers, des rires glapissants et féroces, des chants qui paraissaient appartenir à un autre monde, tant ils étaient grêles et fugitifs. Elle se souvenait de les avoir vues, avec leurs tristes lambeaux souillés de cendre et de sang, se perdre dans les ruines de la clôture inégale, ou s'égarer comme la fumée blanche et bleue du soufre dévoré par la flamme, dans les ombres des bois et dans les vapeurs du ciel. Entraînée par une curiosité invincible, elle franchit le seuil redoutable qu'elle n'avait jamais touché que de jour pour aller prier sur la tombe de sa mère. — Elle fit un pas et s'arrêta. — Vers l'extrémité du cimetière, qui n'était d'ailleurs ombragé que de cette espèce d'ifs dont les fruits, rouges comme des cerises tombées de la corbeille d'une fée, attirent de loin tous les oiseaux de la contrée; derrière l'endroit marqué pour une dernière fosse qui était déjà creusée et qui était encore vide, il y avait un grand bouleau qu'on appelait L'ARBRE DU SAINT. et qui était un objet de vénération pour le peuple.

Jeannie écouta, retint son souffle, baissa la tête pour entendre sans distraction, fit encore un pas, écouta encore. Elle entendit un double bruit semblable à celui d'une boîte d'ivoire qui se brise ou d'un bouleau qui éclate, et au même instant elle vit la longue réverbération d'une clarté éloignée courir sur la terre, blanchir à ses pieds et s'éteindre sur ses vêtements. Elle suivit timidement jusqu'à son origine le rayon qui l'éclairait; il aboutissait à L'ARBRE DU SAINT, et devant L'ARBRE DU SAINT il y avait un homme debout dans l'attitude de l'imprécation, un homme prosterné dans l'attitude de la prière. Le premier brandissait un flambeau qui baignait de lumière son front impitoyable, mais serein. L'autre était immobile. Elle reconnut Ronald et Dougal. Il y avait encore une voix, une voix éteinte comme le dernier souffle de l'agonie, une voix qui sanglotait faiblement le nom de Jeannie, et qui s'évanouit dans le bouleau. — Trilby! cria Jeannie... et laissant derrière elle toutes les fosses, elle s'élança dans celle qui l'attendait sans doute, car personne ne trompe sa destinée. — Jeannie, Jeannie! dit le pauvre Dougal. — Dougal! répondit Jeannie en étendant vers lui sa main tremblante, et en regardant tour à tour Dougal et L'ARBRE DU SAINT, Daniel, mon bon Daniel, mille ans ne sont rien sur la terre... rien, reprit-elle en soulevant péniblement sa tête; puis elle la laissa retomber et mourut. Ronald, un moment interrompu, reprit sa prière où il l'avait laissée.

* * *

Il s'était passé bien des siècles depuis cet événement quand la destinée des voyages, et peut-être aussi quelques soucis du cœur, me conduisirent au cimetière. Il est maintenant loin de tous les hameaux, et c'est à plus de quatre lieues qu'on voit flotter sur la même rive la fumée des hautes cheminées de Portincaple. Toutes les murailles de l'ancienne enceinte sont détruites; il n'en reste même que de rares vestiges, soit que les habitants du pays aient employé leurs matériaux à de nouvelles constructions, soit que les terres des boulingrins d'Argail, entraînées par des dégels subits, les aient peu à peu recouverts. Cependant la pierre qui surmontait la fosse de Jeannie a été respectée par le temps, par les cataractes du ciel et même par les hommes. On y lit toujours ces mots tracés d'une main pieuse : *Mille ans ne sont qu'un moment sur la terre pour ceux qui ne doivent se quitter jamais.* L'ARBRE DU SAINT est mort, mais quelques arbustes pleins de vigueur couronnaient sa souche épuisée de leur riche feuillage, et quand un vent frais soufflait entre leurs scions verdoyants, et courbait, et relevait leurs épaisses ramées, une imagination vive et tendre pouvait y rêver encore les soupirs de Trilby sur la fosse de Jeannie. Mille ans sont si peu de temps pour posséder ce qu'on aime, si peu de temps pour le pleurer !...

TABLE DES MATIÈRES

Charles Nodier	5
Jean-François les Bas-bleus	15
Histoire du chien de Brisquet	33
L'homme et la fourmi	39
Le bibliomane	53
Polichinelle	75
Baptiste Montauban	93
Le songe d'or	115
CHAPITRE PREMIER. Le Kardouon	117
CHAPITRE II. Xaïloun	120
CHAPITRE III. Le fakir Abhoc	124
CHAPITRE IV. Le docteur Abhac	126
CHAPITRE V. Le roi des Sables	129
CHAPITRE VI. Le sage Lockman	131
CHAPITRE VII. L'esprit de Dieu	135
CHAPITRE VIII. La fin du songe d'or	137
Trésor-des-Fèves et Fleur-des-Pois	139
Le Génie Bonhomme	173
Hurlubleu	187
Léviathan le Long	225
Voyage pittoresque et industriel dans le Paraguay. — Roux et la Palingénésie australe	257
Trilby ou le Lutin d'Argail	279

Paris. — Imp. Alcide Picard et Kaan, 102, rue de Tolbiac 598. K. P.

Paris. — Imprimerie Alcide Picard et Kaan
192, rue de tolbiac ,192

www.ingramcontent.com/pod-product-compliance
Lightning Source LLC
Chambersburg PA
CBHW060358170426
43199CB00013B/1914